国家自然科学基金青年项目“连带责任治理对供应商集群内机会主义行为的影响机制研究”（71702053）
湖南省哲学社科基金项目“社会网络视角下农产品供应商的投机行为治理模式创新与应用研究”（17YBA126）
湖南省社科成果评审委员会项目“全渠道整合对企业绩效的影响研究”（XSP19YBC257）

供应链合作关系中的连带责任治理模式研究

胡琴芳　张广玲　王凤玲◎著

吉林大学出版社
长春

图书在版编目（CIP）数据

供应链合作关系中的连带责任治理模式研究 / 胡琴芳，张广玲，王凤玲著 .—长春：吉林大学出版社，2019.10

ISBN 978-7-5692-5751-9

Ⅰ . ①供… Ⅱ . ①胡… ②张… ③王… Ⅲ . ①供应链管理—责任制—研究 Ⅳ . ① F252.1

中国版本图书馆 CIP 数据核字（2019）第 232479 号

书　　名　供应链合作关系中的连带责任治理模式研究
GONGYINGLIAN HEZUO GUANXI ZHONG DE LIANDAI ZEREN ZHILI MOSHI YANJIU
作　　者：胡琴芳　张广玲　王凤玲　著
策划编辑：李伟华
责任编辑：李伟华
责任校对：卢　婵
装帧设计：汤　丽
出版发行：吉林大学出版社
社　　址：长春市人民大街 4059 号
邮政编码：130021
发行电话：0431-89580028/29/21
网　　址：http：//www.jlup.com.cn
电子邮箱：jdcbs@jlu.edu.cn
印　　刷：北京虎彩文化传播有限公司
开　　本：787mm × 1092mm　1/16
印　　张：17.25
字　　数：270 千字
版　　次：2019 年 10 月　第 1 版
印　　次：2019 年 10 月　第 1 次
书　　号：ISBN 978-7-5692-5751-9
定　　价：88.00 元

前　言

随着供应链管理重要性的日益凸显，核心企业与聚集在同一地理区域的供应商集群合作的情况越来越普遍。但是，由于供应商与核心企业的目标不一致以及信息不对称，其固有的机会主义倾向在同级供应商数量增加的情况下变得愈加严重，直接影响核心企业对产品质量的控制。对此，已有部分企业尝试将小额贷款领域盛行的连带责任治理模式引入到对供应商集群的管理实践当中，意在对集群内的供应商以小组的形式进行治理，规定小组内所有的供应商都为其中任一成员的机会主义行为共同承担责任，以有效抑制它们的机会主义行为。但是，理论研究领域对这一现象尚缺乏应有的关注，在供应链合作关系中实施连带责任治理的关键前因有哪些？连带责任治理对供应链合作伙伴的机会主义行为是否具有显著的抑制作用？如果有，其抑制作用产生的原因是什么？其实施的边界条件又是什么？这些都是亟待深入探讨的问题。鉴于此，本书运用实证研究方法，系统地探讨供应链合作关系中连带责任治理模式的实施前因、作用机理及其实施效果，并据此提出相应的机会主义行为治理的方法与建议。

本书内容分为五大部分，共有十个主题。第一部分是对相关理论研究的述评与展望，包括三个主题：一是研究的相关理论；二是对小团体治理研究的进展与启示；三是对多代理人之间的横向监督机制研究的述评与展望。第二部分是连带责任治理模式的前因研究，包括两个主题：一是对小团体治理的前因研究；二是对基于茶业供应链的嵌入式多案例的研究，对连带责任治理的驱动因素进行系统性的探讨。第三部分是对连带责任治理模式的中介机制的研究，涉及两个主题：一是对供应商集群内连带责任治理影响机会主义行为的核心中介机制的研究；二是对渠道关系中不同类别连带责任治理影响机会主义行为的多个中介机制的研究。第四部分是对连带责任治理模式的调节机制的研究，涉及两个主题：一是基于萨林斯的互惠理论视角探讨供应商集群内实施连带责任治理的边界条件；二是分析企业监督对供应商集群内连带责任治理效果的影响。第五部分是对连带责任治理模式的效果的研究，着重探讨连带责任治理在供应商集群中的有效性。

本书由胡琴芳、张广玲、王凤玲共同撰写。其中，胡琴芳独立撰写第二章第一节、第三章第二节、第四章第一节，并负责全书最后的总纂，胡琴芳与张广玲共同撰写第一章第二节、第二章第二节、第三章第一节、第五章，胡琴芳与王凤玲共同撰写第一章第一节、第四章第二节，张广玲与王凤玲共同撰写第一章第三节。

本书的主要观点可以归纳为以下几个方面。

（1）多种因素驱动连带责任治理模式在供应商集群内的实施。首先，任务非程序化和绩效模糊性是核心企业实施连带责任治理的内在驱动力，因此，核心企业应着力考察集群内供应商的相关生产与经营行为的特征，若具有非程序化程度高且绩效难以测量等显著特点，则采取连带责任治理模式将有利于降低其治理成本，且提高治理效果；其次，预期收益是集群内供应商愿意接受连带责任治理的根本驱动因素，据此，核心企业要努力提高供应商对合作期间获得更高利益的预期，如稳定收入来源、提高收入水平等，以充分调动其自愿接受并配合连带责任治理的积极性和主动性；再者，核心企业还应考虑自身与供应商之间的相互依赖强度和相互依赖不对称程度，只有当二者都较高时，才能够切实减少实施连带责任治理的阻力；最后，连带责任治理的实施对供应商集群网络内的关系因素和地理因素也有要求，核心企业应选择社会资本性强且地理集中程度高的供应商集群作为实施连带责任治理的首选对象，以确保其更顺利地推行。

（2）连带责任治理能够有效抑制供应商集群内的机会主义行为。大部分核心企业通过与集群内供应商采取一对一地签订合同或建立关系规范的方式对它们进行治理。但近年来由供应商机会主义行为引发的质量问题事件频频发生，表明这些方式的治理效果不佳。对此，核心企业可采取连带责任治理，让地理毗邻的供应商相互之间对机会主义行为承担连带责任，充分刺激它们的“理性人”意识，促使其产生强烈的相互监督动机并积极付诸行动，使机会主义行为得到有效抑制，从而从供应链源头消除对企业产品质量不利的因素。

（3）横向筛选、横向监督、自我威慑等社会机制是连带责任治理产生效果的主要原因。其中，横向监督是连带责任治理模式的核心中介机制。在集群内，供应商们长期处在一个较为狭窄的地理空间内，日常交往频繁、社会关系复杂。在这种社会网络情境下，核心企业若让供应商们共同承担违约责任，实质上是强化了它们之间的相互依赖关系，进而催生非正式的社会机制即横向监督，使集群内供应商自治得以实现。此外，供应商合作伙伴所处的非正式网络内还存在横向筛选、自我威慑等其他社会机制。因此，核心企业在制定管理供应商集群的具体措施时，要转变传统的治理思路，不能一味地依赖自身对供应商的直接监督与管理，或仅是消极应对供应商所嵌入社会网络的影响，而应厘清连带责任的不同类型及其独特的作用机制，积极利用供应商所处的集群内的横向网络关系，通过增强它们之间的相互依赖程度来促使相互约束、相互制衡局面的出现。

（4）供应商集群内的社会关系显著影响连带责任治理的实施效果。核心企业在具体实施连带责任治理时必须考虑供应商小组内部成员之间的关系。集群内的供应商们长期处于一个较为狭窄的地理空间内，日常交往频繁，形成了慷慨互惠、等价互惠和消极互惠等不同的交换关系。连带责任治理在具有不同互惠特征的供应商小组内的实施效果是不一样的，甚至截然相反。具体而言，供应商集群内的等价互惠关系和消极互惠关系都会强化连带责任与横向监督之间、连带责任与机会主义行为的关系，实际上对连带责任治理的效果起着强化作用；而慷慨互惠关系则会弱化连带责任与横向监督之间、连带责任与机会主义行为之间的关系，实际上弱化了连带责任治理的效果。

（5）供应商集群内的网络中心性显著影响连带责任治理的实施效果。集群内供应商领导者的网络中心性越强，越能抑制其他供应商成员的机会主义行为，并使供应商之间的连带责任对供应商机会主义行为的抑制作用得到强化。供应商领导者处于社会网络中心，能够通过信息优势和声望优势有效控制其他成员的机会主义行为。在实施连带责任治理的情况下，供应商领导者依然可以利用自身优势制定内部行为规则、发起集体活动，使负连带责任的供应商成员有更多相互监督的途径和机会；同时，其身份的特殊性提高了连带责任惩罚的可置信程度，因而强化了供应商成员因负连带责任而进行相互监督的动机，提高了连带责任的有效性。

（6）核心企业监督显著影响连带责任治理的实施效果。首先，核心企业监督会弱化供应商之间的连带责任对横向监督的正向作用。核心企业若是一味地对集群内的供应商进行监督，既会强化其集群内的认同感，又会刺激他们对集群外对象的消极偏见，这不仅会导致横向监督的积极性降低，还会引发不利于核心企业的行为，如集体隐瞒、集体包庇。其次，核心企业的监督作用与横向的监督作用之间在一定程度上相互替代，一是由于核心企业的监督使供应商的相互监督所能提供的信息的价值大大降低；二是由于核心企业的监督能对供应商起到一定的威慑作用，使其不敢贸然采取违约行动，因而降低了横向监督在抑制机会主义行为上的有效性。最后，核心企业监督会弱化供应商之间的连带责任对其机会主义行为的抑制作用。其原因在于，核心企业对供应商的直接监督可能会引发其反感与厌恶，甚至会导致集体性违约现象的出现；同时，核心企业在监督活动上的加强会减少信息不对称，因而会削弱供应商之间的连带责任通过降低信息不对称而对其机会主义行为产生抑制作用。

（7）核心企业使用渠道权力显著影响连带责任治理的实施效果。核心企业通过渠道权力的使用能够减少集群内供应商的机会主义行为，但会弱化供应商之间的连带责任对供应商机会主义行为的抑制作用。一方的渠道权力意味着占有另一方所需的资源以及对其采取报复性惩罚的能力，因此，核心企业对渠道权力的使用会在供应商集群内产生有效的威慑作用。但是，在实施连带责任治理的情况下，由于承担连带责任的供应商们在利益上休戚与共，关系嵌入程度非常高，核心企业若较多地使用渠道权力，对供应商进行频繁的监督与检查，就会强化它们的群体内社会认同和群体外消极偏见，使之对核心企业产生集体性的不满和反感，甚至引发共谋行为，导致连带责任治理失效。

总而言之，在供应链合作关系治理研究领域，连带责任治理模式作为一种新型的具体可行的网络治理模式，是一个颇有意义和有趣的研究主题。本书对连带责任治理模式的实施前因、作用机理及其实施效果进行了系统性的探讨，有望对供应链合作关系治理模式研究做出新的贡献，同时也能为核心企业破解上下游合作伙伴机会主义行为治理难题提供有价值的对策和建议。但是，不论是从研究深度还是从研究广度来说，本书对连带责任治理模式的研究都是远远不够的，尚有很多内容值得进一步挖掘和拓展。我们希望本书能够起到抛砖引玉的作用，期待涌现出更多有价值的关于连带责任治理模式的研究成果，将这一主题研究推向更高水平。

作 者

2019 年 6 月

目 录

第一章　相关理论与研究述评

第一节　研究的相关理论

一、委托代理理论

（一）委托代理理论的产生与发展

在20世纪60年代末70年代初，委托代理理论（Principal-agent Theory）开始兴起。当时在这个理论研究领域做出突出贡献的学者主要有Wilson（1969）、Ross（1973）、Mirrless（1976）、Holmstrom（1979）、Grossman和Hart（1983）等人。在早期阶段，对委托代理理论的探究源自对Aroow-Debreu体系中企业“黑箱”理论的不同看法，因此，他们尝试着从信息不对称和激励等方面入手，试图找到打开企业内部这个暗箱的通道（刘有贵、蒋年云，2006）。此后，委托代理理论日益得到更多学者的认可与深入探讨，逐渐成为契约理论最重要的领域之一（如Rogenson，1985；Fudenberg等，1990；Fred和Jacques，1996；Ariane，1998；Erica等，2000）。

自21世纪初以来，研究者们逐渐关注动态委托代理关系、多层委托代理关系等更为复杂的内容。例如，Roberta（2011）对动态委托代理关系中的代理人市场——声誉模型进行了研究。其研究结果表明，在竞争性的经理市场中，经理的市场价值取决于他过去的经营绩效，因此，即使没有显性激励，他也会保持努力工作的积极性。Andrea 等（2010）探讨了各有两个委托人和两个代理人的委托代理模型并进行了实例讨论。他们研究发现，当委托人没有提供间接信息方案的时候，简单机制的稳健平衡就会被打破。同时，当简单机制均衡分析中不能得到委托人提供的间接机制时，盈利分析均衡也无法实现。此外，Okura 和 Zhang（2012）基于委托代理理论着重讨论了时间序列情境下小团体贷款模型的构建问题，发现动态激励措施可有效解决借款者合谋的问题。

随着委托代理理论的发展，我国研究者们纷纷将该理论引入到对经济管理相关问题的探讨中来。例如，李丽君、黄小原（2003）在信息对称和信息不对称情境下分别探讨了生产商和销售商之间的定价问题，根据转移价格和推销成本等因素构建了相应的定价模型；冯根福（2004）应用双重委托代理理论对股权高度集中的上市公司治理问题进行了分析，据此提出了上市公司治理的基本思路和设想；刘银国（2007）则运用委托代理理论对国有企业激励机制问题进行了探讨，在强调激励国有企业经营者必要性的基础上，剖析了目前的激励现状与不足，并提出了具体的解决措施。

近年来，国内越来越多的研究者采用定量研究的方法对委托代理相关问题进行研究。例如，王剑、陈运森（2011）实证检验了委托代理理论和行为科学分别对相对业绩评价实践问题的解释力；王文莉等（2015）基于双重委托代理理论，在收集和整理陕西省农村信用社近 5 年的统计数据的基础上，对股权集中度、股权制衡度与农村信用社财务绩效、服务范围之间的关系进行了回归分析。研究结果表明，当前我国农村信用社普遍存在股权分散的问题，而且股东间的制衡机制也未形成；陶建平、谭偲凤（2016）基于多任务委托代理理论，构建了一个关于新型农业经营主体联保贷款的博弈分析框架，实证分析银行如何通过激励机制和违约制裁的设立来破解其融资困境。

（二）委托代理理论的主要内容

下面主要对委托代理关系的定义、种类、基本假设、代理问题及其治理机制等内容进行简述。

1. 委托代理关系的定义和种类

目前，学术界对于委托代理关系的定义还没有形成一个一致的界定。概括说来，主要存在广义的委托代理关系和狭义的委托代理关系两类说法。对于广义的委托代理关系的研究，主要以 Pratt 和 Zeckhauser（1985）为代表。他们认为，当一方对另一方的行为产生依赖时，委托代理关系随之产生；其中，采取行动的一方被称为代理方，受影响的一方被称为委托方。关于狭义的委托代理关系的研究则以 Jensen 和 Meckling（1972）为代表。他们认为，委托代理关系是一种合约关系，在这种合约关系中，委托方通过授予代理方一定的决策权，使其以自己的名义采取相应的行动。

一般而言，根据委托代理关系的复杂程度，可将其分为两大类，即基本委托代理关系和复杂委托代理关系（栗志坤，2010）。基本委托代理关系是最简单的委托代理关系。在基本委托代理关系中，委托人和代理人都只有一个，双方之间的关系也只存在一期；在关系存续期间中，代理人只承担着一项任务。

相对于基本委托代理关系而言，复杂委托代理关系则变化多样，包括多种子类型，具体分类及其特征简述如下。

（1）多代理人委托代理关系。在多代理人委托代理关系中，只有一个委托人，但有多个代理人，他们承担的任务相同。在这类委托代理关系中，“搭便车”的情况比较普遍，这是因为在多个代理人同时完成一项任务的过程中，委托人能够获得的只是团队产出，无法将每个代理人的努力程度区分开来。在本书的研究情境中，核心企业与供应商集群就是一种典型的多代理人委托代理关系。

（2）多任务委托代理关系。多任务委托代理关系即意味着一个代理人同时承担多项任务。在这类委托代理关系中，由于一个代理人很难在完成多项任务上合理分配自己的精力，因而存在“扭曲效应”。

（3）多层委托代理关系。与上述委托代理关系不一样的地方在于，这类委托代理关系存在着第三方，即委托人委托第三方行使对代理人的监督或考察等权利。在多层委托代理关系中，可能会出现第三方与代理人合谋情况的发生。

（4）多委托人委托代理关系。与多代理人委托代理关系正好相反，多委托人委托代理关系由多个委托人和一个代理人构成。在这类委托代理关系中，由于多个委托人的存在，委托人之间是一种竞争关系。

（5）多期委托代理关系。与上述所有委托代理关系不同，多期委托代理关系模型引入了时间因素，即委托人与代理人之间的合作是多期的，这能够有效地缓解信息不对称问题的负面影响，不过也存在“棘轮效应”（Weitzman，1980），使代理人的努力积极性降低。

2. 委托代理关系的基本假设

委托代理理论沿袭的研究范式是以理性人假设为基础的新古典经济学，在有关委托人与代理人之间的关系方面，提出了两个基本的假设前提（刘有贵、蒋年云，2006）。

第一个基本假设是指委托人与代理人之间存在明显的目标不一致。由于绝大部分委托代理模型都是以经济关系为中心，因此，委托人和代理人都受到自利的驱动，具体表现为以利润或效用的最大化为目标（Bergen 等，1992）。而在委托代理关系中，委托人的效用与代理人的成本之间具有直接的相关关系；代理人的效用与委托人的成本则是等价的（刘有贵、蒋年云，2006）。由此可见，委托人与代理人之间的目标显然互相矛盾，意味着代理人会为了获得一己私利而采取损害委托人的利益的行动，这一点在组织间的委托代理关系中表现得尤为突出。

第二个基本假设是指委托人与代理人之间存在显著的信息不对称。这种信息不对称性主要体现在委托人处于不完全信息的位置，意味着它对代理人行动方面的信息既不精确也不完备，而代理人却拥有委托人想获取的完全信息。之所以这样，最根本的原因在于，对一己私利的追求导致代理人不愿意与委托人分享完整的信息，甚至还会促使代理人向委托人传递虚假信息（Bergen 等，1992）。这种对委托人不利的信息不对称几乎是所有委托代理关系的特点。

3. 委托代理关系的两大代理问题

由于委托人与代理人之间的目标不一致，以及委托人不能准确且全面地掌握代理人行为方面的信息，因此，为了使自身利益得到最大化的满足，代理人可能不会按照双方最先约定的那样采取行动，从而导致代理问题的产生（Eisenhardt，1989）。现实中的代理问题主要有两大类：第一大类是逆向选择问题，是指代理人根据事前的信息不对称而实施不利于委托人目标实现的行动；第二大类是败德行为问题，是指代理人利用事后的信息不对称和不完备契约而采取损害委托人利益的行为。Sappington（1991）据此提出一个核心观点，即在委托代理理论研究领域，最关键的研究问题就是在委托人与代理人双方存在目标冲突和信息不对称的前提下，委托人如何设计出一个最优的合同以促使代理人为实现其利益目标做出最大限度的努力。

逆向选择问题产生于委托人与代理人签订合同之前，根源在于代理人可能会隐藏不利于委托人实现目标的信息，即“隐藏信息”（Hidden Information）。当企业雇佣新员工或营销人员，选择分销商、广告代理商或供应商时，这类问题就时常发生。Bergen 等（1992）对隐藏信息模型（Hidden Information Model）进行了详细分析，认为委托代理关系的问题在于，委托人不知道代理人是否真正具有它所要求的特征。该模型提出，为了解决隐藏信息问题，委托人可以采取三种措施。第一种措施是筛选（Screening），即通过收集代理人没有提供的信息来诊断代理人的资质。比如，销售经理通过与销售人员进行私人面谈、查看个人档案或能力测试等方法，对他进行更全面的了解。当委托人易于通过其他渠道获得关于潜在代理人的重要信息时，筛选是一个能有效解决隐藏信息问题的办法。第二种措施是通过代理人的行为获取信号（Signaling），即代理人通过一些途径向委托人传递关于其资质的信号。若是代理人确实具备委托人所要求的能力，他就会主动通过一些行为方式来说服委托人相信自己就是合适的人选。例如，为了能够获得更高的薪资待遇，销售人员会主动去参加夜大的MBA课程学习，这种行为实质上就能够给其未来的雇佣者传递一种信号，即该销售人员积极上进，且具有较高的专业能力。第三种措施是通过委托人的行动为代理人提供自我选择（Self-selection）的机会。Bergen等（1992）认为，委托人不能只是做信息的消极接收者，还应主动创造机会，通过自我选择的方式促使代理人暴露其能力或意愿。例如，一家企业需要招聘一个兼具技术能力和销售知识的销售人员，为此要求所有应聘人员参加一个为期较长、要求严格的培训项目。在这种情况下，那些缺乏相关能力的应聘人员就会主动放弃这次培训机会，或者在参加培训过程中选择中途退出，这样最终就能通过自我选择的方式招聘到最优秀的人员。

败德行为问题往往发生在委托人和代理人签订合同之后，解决该问题的关键在于，委托人如何对代理人的绩效进行评估和奖励，以及采取何种信息策略来进行正确评估，从而激励代理人主动采取利于实现委托人目标的行动。在现实中，营销高管在为销售人员、中间商以及辅助商设计相应的薪酬和激励制度时，这类问题就会产生。由此可见有效解决这类问题对营销实践工作的重要意义。因此，Bergen等（1992）构建了隐藏行为模型（Hidden Action Model）。他们提出的这个模型涉及对委托人和代理人之间关系的三个基本假设。其中，第一个假设是，委托人和代理人都具有自利导向，即以追求利益（或效用）最大化为目标。该假设能够反映营销领域中诸多委托代理关系追求的目标，即使双方追求的是更大范围内的社会目标，比如改善社区的文化氛围，该理论还是适用的（Mitnick，1987）。第二个假设是，委托人身处不完全信息的环境当中。虽然委托人了解代理人的一些特征和能力，但是对其工作表现的了解却是非常有限的。相反，代理人却掌握着委托人想获得的所有信息。例如，营销经理清楚地知道销售人员上个星期打了多少个销售电话，但却无法准确地掌握该销售人员为每个销售电话所做的准备工作以及电话销售过程中所付出的努力程度。这种信息不对称问题在所有委托代理关系中都存在，其问题在于，受到自利动机的驱使，代理人不愿意与委托人共享其所掌握的全部信息，甚至还向委托人提供虚假信息。隐藏行为模型的第三个假设是，产出结果除了受代理人表现的影响之外，还会在一定程度上受到市场经济条件、竞争者行动、技术变化等环境因素的影响。环境的不确定性导致这种影响是无法避免的，因为这些因素无时无刻不处于变化当中，且其变化趋势也因不受委托人或代理人的控制而无法准确预测。这使得在制定合同时，很难将所有可能遇到的问题都写入合同当中。Bergen 等（1992）还认为，当委托人和代理人的风险偏好和目标不一致时，双方会采取不一样的行动，从而也会导致代理问题的出现。风险偏好是指个体或企业对风险的偏好程度（Arrow，1974；Pratt，1964）。风险规避型个体或企业会偏好安全与稳定，因而会寻求一切确保目标实现的保障。而风险中性型个体或企业则对风险或安全都是持中间态度。在绝大部分隐藏行为模型中，委托人都被认为是风险中性型的，而代理人则被认为是风险规避型的。原因在于，委托人的资源丰富，可以进行多样化投资，分散风险，而代理人却更多的是将所有资源聚集在一个地方，无法分散其风险。

4. 委托代理关系的治理机制

鉴于以上两大代理问题，不少研究者纷纷提出了颇具针对性的解决措施。其中，具有代表性的是实证主义流派的研究者提出的致力于解决代理问题的两大治理机制（Jensen 和 Meckling，1976；Fama，1980；Amihud 和 Lev，1981；Fama 和 Jensen，1983），即：第一是基于结果的合同，这能够较有效地制约代理人的机会主义行为。基于结果的合同给予代理人的奖励取决于它是否采取了与委托人相同的行动，因此，这会激励代理人在具体行为的选择上趋向与委托人的选择保持高度一致，从而使双方之间的冲突程度得以下降。例如，Jensen 和 Meckling（1976）描述了管理者的企业所有权的增加如何减少他们的机会主义行为。第二是信息制度，它也能更好地抑制代理人的机会主义行为。由于信息制度给委托人提供了关于代理人实际行为的信息，使代理人意识到自己不能够欺骗委托人，从而使代理人的机会主义行为得到抑制。例如，Fama（1980）描述了有效资本和劳动力市场在抑制管理者机会主义行为上的信息效应。Fama 和 Jensen（1983）分析了董事会在监督和控制管理者行为方面的信息优势。同样，Eisenhardt（1989）也认为，投资建立完备的信息制度（如预算体系、汇报程序、董事会、其他管理层的设立）和制定基于代理人行动之结果的合同是委托人的两个合理选择。但同时她也指出了后一种选择的缺陷，认为基于结果的合同是通过将代理人的偏好与委托人的偏好联合在一起来对代理人产生激励，但也将风险转移到代理人身上。因此，只有当结果不确定程度低、转移到代理人的风险的成本低时，基于结果的合同才具有吸引力；而当结果不确定程度增加时，即使基于结果的合同具有激励作用，但转移给代理人的风险成本也会增加，还是对委托人不利。

由以上分析可知，基于结果的合同和信息制度这两种不同的治理机制实质上具有一个基本共同点，即都片面地强调委托人在抑制代理人机会主义行为上的单方面的努力。相反，很少有研究者从代理人的角度对治理机制进行设计和检验。如前文所述，代理人具有委托人所需要的完备信息，而且具有更好的监督能力。尤其在多代理人同时存在的情境下，代理人相互之间的了解更加透彻，而且相互影响的效应更为明显（刘有贵、蒋年云，2006）。进一步地，根据多代理人委托代理理论（Holmstrom，1979），多个代理人行为方面的信息并非不能被观察到，但仅仅通过委托人自身的直接监督去获取这些信息的成本实在太高；与之相较而言，代理人之间相互监督的成本则会低很多。因此，若是通过对治理机制的合理设计，实现代理人横向监督对委托人监督的替代，就可以达到在降低治理成本的基础上更有效地抑制代理人机会主义行为的目的（Heide，1994）。

（三）委托代理理论在营销领域中的应用

委托代理理论被广泛应用于经济、金融、会计、组织行为、政治科学和社会学等学科研究领域（Bergen 等，1992）。鉴于本书的研究主题，下面仅对委托代理理论在营销领域中的应用进行阐述。

委托代理理论在营销领域中的应用非常普遍，这是由于营销的本质就是交易，而“代理关系是所有交易的重要构成”（Arrow，1985）。从委托代理理论的角度看，绝大部分产品与服务都是通过制造商或是特许方的代理人即中间商（如批发商、零售商或特许经营者）进行分销。而且，终端顾客也可以被认为处于委托代理关系之中，因为他试图从卖方那里获得准确的产品信息和想要的产品利益，而卖方就变成了他的代理人（Coughlan，1988）。近年来，在市场营销及其相关领域，越来越多的研究者将委托代理理论应用于对一系列营销问题的分析与检验当中，具体包括以下几个方面：（1）销售人员管理。销售经理与销售人员之间是一种典型的委托代理关系，因此，销售经理在招聘、激励和控制销售人员等方面的问题都能够从委托代理理论的角度进行分析。但是，当前大部分文献仅聚焦于其中一个问题，即：在各种条件下如何制订最合适的销售佣金计划。（2）渠道协调与控制。分销渠道是由一系列委托代理关系组成的。例如，制造商依赖转售商代表它行使多种功能，包括提供展示空间、区域广告、点对点促销、实施价格战略等。但是，由于制造商和转售商在目标与偏好上的差异导致他们在渠道收益和成本如何分配上产生冲突。如果一个权力大的制造商试图通过提供相对较低的毛利给某转售商来增加自己的利润，那么该转售商就不会有足够的动力去进行产品促销，继而会通过减少促销努力或抬高销售价格的方式采取投机行为，最终使制造商的利益受损。因此，从委托代理理论的角度分析，制造商应该采取激励相容措施对分销渠道成员进行控制，如定价机制、对渠道成员行动自由的限制（如促销限额）、特许规定等，以促使其采取与自身目标一致的行动。（3）促销与其他市场信号决策。当顾客进行购买决策时，他们会从制造商、分销商或零售商那里搜索关于不同品牌的信息。但问题在于，有些劣质品牌的生产者会受利益的驱使而通过促销或鼓吹的方式误导顾客相信他们的产品质量比实际情况要更好。从委托代理理论的视角看，这类问题就是典型的隐藏信息问题。

因此，顾客作为委托人必须增加制造商（即代理人）的数量以从中实现选择上的优化。

二、网络治理理论

近年来，关于网络治理理论的研究非常丰富（如 Caniëls 和 Gelderman，2007；Chua 等，2012；Crisan 等，2011；Gu 等，2010；Vinhas 等，2012；Wathne 和 Heide，2004）。但是，因本书的研究定位所致，下面仅对网络治理的概念、特点及其作用机制等方面的相关文献进行回顾，以期在文献评述中阐明对本项目研究方向的启发。

（一）网络治理的概念

自 20 世纪 80 年代起，研究者们开始对供应链领域中的网络现象进行关注，如“准企业”（Eccles，1981）、“柔性专业化”（Piore 和 Sabel，1984）、“组织网络”“企业间网络”（Uzzi，1996，1997）、“网络组织形式”（Powell，2003）等。虽然名称不同，但这些现象都存在共同的本质特征，即以非正式社会制度为特点的企业间的协调，这是与企业内科层结构以及企业间正式合同关系不同的地方。这种企业间的协调就是一种“网络治理”（Network Governance）（Jones 等，1997）。不少研究者对网络治理的定义进行界定，他们主要围绕两个关键概念进行：一个是交换和关系中的互动模式；另一个是独立主体之间的资源流动。强调第一个关键概念的研究者们一般将研究焦点放在横向的或水平的交换模式（Powell，2003）、相互依赖的长期性循环交换（Larson，1992）、非正式的企业间的协作（Kreiner 和 Schultz，1993）以及双向沟通（Powell，2003）等关键要素上。强调第二个关键概念的研究者们则将聚焦点定位于由合法的独立主体构成的非科层组织集群之间的资源流动（Miles 和 Snow，1986，1992；Alter 和 Hage，1993）以及互动主体的独立性。总的来说，这些研究者所使用的术语各不相同，但都只是说明了网络治理的部分内涵，而没有体现其整体性（Jones 等，1997）。因此，在综合前人已有研究的基础上，

Jones 等（1997）给出了网络治理的完整定义，即：在由多个合作伙伴构成的具有选择性、持久性和结构性的集合中，企业依靠社会性因素而不是法律性因素形成与各个合作伙伴之间关于产品和服务的交易合约以适应环境变化，并对交易进行调整和保护。这正是本研究采取的关于网络治理的定义。

根据 Jones 等（1997）的观点，网络治理的出现与发展需要四个必要条件，具体包括：第一，稳定供应下的需求不确定。需求的不确定程度提高，会使企业的垂直一体化面临折旧或季节性的风险增加，因而企业更倾向于采取外包或转包的方式来提高应对外部环境的灵活度。第二，人力专用资产的高度定制化交换。由于定制化交换会导致不同成员之间的相互依赖性，从而增加了他们之间对协调的需要；而且，高度定制化与需求不确定同时存在时，还会强化成员在行为上的不确定性，需要通过非正式的社会制度进行约束。第三，时间压力下的复杂任务。任务复杂性是指完成某一产品或服务的提供需要进行大量不同的专门化的投入，这使成员之间在行为上相互依赖；而在时间压力并存的情况下，任务复杂性会使一系列交换之间的协调难以实现。第四，网络内成员之间的频繁交换。频繁的交换促进成员之间隐性知识的转移，并通过深化他们之间的持续互动实现“干中学”。需要指出的是，这四个交换条件中的任何一个都无法单独导致网络治理的出现，只有在共同存在时才会使网络治理作为一种优于市场和科层的组织形式出现并发展（Jones 等，1997）。

（二）网络治理的特点

网络治理在供应链合作关系治理方面具有独特优势，与 Heide（1994）提出的单边治理和双边治理这两种供应链关系治理模式有着本质的不同，具体体现在治理情境、治理基础、治理手段和治理效果等方面（见表 1-1）。其中，单边治理是指核心企业通过权力或地位优势促使合作伙伴采取有利于其目标实现的活动（Jaworski，1988）；双边治理指核心企业与合作伙伴基于信任和社会认同创造灵活性、信息分享和团结等共同行为期望的过程（Yang等，2012）。尽管诸多研究表明这两种治理模式可以对合作伙伴产生规范、约束或激励作用，在一定程度上抑制其机会主义行为，但它们的研究情境却有一个本质的共同点，即以核心企业与供应链合作伙伴的二元关系为研究对象（Heide等，2007；Ghosh和John，2009；Kashyap等，2012；Yang等，2012）。这表明两种治理模式都暗含了一个理论预设——当多个合作伙伴并存时，它们之间是相互独立、没有关联的，核心企业与之仅是二元关系的简单集合（Kirsch，2004）。已有不少研究者明确指出，二元关系研究的一个基础假设是其他关系条件保持不变，这与实际情况大相径庭（Wilkinson，2001）。在现实中，不同二元关系之间有着千丝万缕的联系，一关系中的行动会受到另一关系中行动的影响，或会影响另一关系中的行动（Wathne和Heide，2004）。正如Heide（1994）早就提出的"单个的二元关系都是嵌入在更大范围的关系情境当中，这种关系情境会影响对二元关系中机会主义的治理效果"。[①] 所以，为了更好地实现理论研究与实践领域的对接，不少研究者倡导将供应链合作关系治理的分析视角从二元关系拓展到网络关系（Wathne和Heide，2004；Vinhas等，2012）。

表1-1　网络治理与单边治理、双边治理的区别

	单边治理	双边治理	网络治理
治理情境	治理者与被治理者之间的二元关系	治理者与被治理者之间的二元关系	被治理者之间的网络关系
治理基础	治理者的权力/地位优势	治理者与被治理者之间的关系准则	被治理者网络内部的集体性规范
治理手段	治理者对被治理者的过程控制和结果控制	治理者与被治理者的共同规划、共同解决问题、双边调整和适应	被治理者网络内部的限制进入、集体监督与制裁等
治理效果	治理者的直接控制导致治理成本高，且易引起被治理者的反感和抵触	治理者需要与被治理者进行频繁的调整与互动，使治理成本较高且效率较低	被治理者网络内部的自治大大节约了治理者的成本，且效果更好

资料来源：胡琴芳等（2016）。

① Heide J. B. Interorganizational governance in marketing channels. Journal of Marketing，1994，58（1），p.81.

（三）网络治理的作用机制

网络治理的核心作用机制是社会性因素，即非正式的社会机制，如限制进入、文化氛围、集体监督与制裁、声誉等（Jones 等，1997）。在相同的交易条件下，这些非正式社会机制的存在是网络治理优于其他治理形式的根本原因。不过，不同的社会机制在网络治理中的作用不尽相同。限制进入主要是通过地位最大化和关系契约等途径实现网络内部的协调。在地位最大化策略中，较低地位的成员不被接纳，其结果是交易只在具有相似地位的成员之间进行；关系契约的作用则在于提高某个成员与一小部分其他成员之间的互动频率（Jones 等，1997）。文化氛围是指广泛共享的愿景和价值观制度，一般由特定行业、职业或专业的知识组成，它指引着独立实体的行动并确定它们之间的典型行为模式（Gordon，1991；Abrahamson 和 Fombrun，1992）。因此，文化氛围能够通过社会化过程建立共同一致的期望，使每个成员协调地工作，并且使用特定语言对复杂惯例和信息进行总结，以及详细规定"非特定意外情况下对合适行为的心照不宣的理解"，以实现对网络内部协调的促进（Camerer 和 Vepsalainen，1988）。集体制裁是指网络内成员对那些违反集体规范、价值观或目标的成员进行惩罚，具体包括闲聊、流言、排斥、破坏等方式（Jones 等，1997）。但是，由于制裁成本的存在，成员常常不愿执行社会规范，而由元规范（是指对那些不惩罚行为不端者的成员进行惩罚的规范）所支持的集体制裁才使这些社会规范能够予以执行（Axelrod，1985）。在网络治理中，当一个成员推荐那些在表现上不符合预期标准的成员时，该成员的声誉就会受到损害。因此，集体制裁实际上惩罚的是那些没有充分筛选或是没有惩罚行为表现不良者的成员。这样，集体制裁通过增加网络内成员的机会主义成本而降低了其行为的不确定性，并降低了成员相互监督的成本，激发了他们筛选和监督同伴的动机，从而保障交易的顺利进行。声誉是指对网络内成员的个性、技能、可信性以及其他对交易来说重要的特性进行的评估（Jones 等，1997）。随着环境不确定性程度的增加，交易各方越来越关注他们自己和其他成员的声誉信息。因此，声誉通过提供关于网络内成员可信度和善意的信息而使行为不确定性降低，也起到保障交易顺利进行的作用。不过，虽然这些社会机制的具体特点和作用各不相同，但它们的形成及其作用的发挥都具有一个共同的基础，即结构嵌入（Jones 等，1997）。结构嵌入是指网络的总体结构或架构，能够提供“更有效的关于成员行动的信息”（Granovetter，1992）。由此可见，网络治理不囿于关注单个合作伙伴，而是着眼于其所嵌入的整个网络关系，利用非正式社会机制对它们进行协调与治理，以节约核心企业的治理成本，提高治理效果。

由上可见，这些社会机制特征各异。关于这一点，Jones 等（1997）进行了较深入的梳理与归纳，其内容大致可总结为两点：第一，不同社会机制的作用方式各不相同。例如，限制进入主要是通过地位筛选的方式实现网络内部的协调，意即较低地位的成员不被接纳，交易最终只在具有较高地位的成员之间进行；集体制裁是指网络内成员主动对那些违反集体规范、价值观或目标的成员进行惩罚，具体包括流言、排斥等方式；声誉则指对网络内成员的个性、技能、可信度以及其他重要特性进行评估，从而对成员形成内部压力。第二，不同社会机制在网络治理中的效果不尽相同。Jones 等（1997）将网络治理的效果分为实现内部协调与确保交易顺利进行两大类，其中，限制进入的效果最好，通过筛选实现同质化后，既能有效实现网络内部的协调（Camerer 和 Vepsalainen，1988），又能使交易顺利进行；集体制裁因增加了网络内成员的机会主义成本而降低了其行为的不确定性（Axelrod，1985），从而确保交易目标的实现；声誉则缓和了信息不对称矛盾，也起到保障交易顺利进行的作用。

三、互惠理论

（一）互惠概念的产生与发展

所谓互惠，通常是指一套被社会接受的关于向另一方提供资源的一方要求另一方回馈的交易规则（Wu 等，2006）。不论是人际之间的交换活动，还是组织与组织之间的交换活动，都以互惠为基本准则，意即在交换关系中，行动者相互之间都能为对方提供有价值的行为，如果其中一方采取了对另一方有价值的行为，那么另一方就有义务或有责任采取同样的有价值行为予以回报（Blau，1964）。因此，互惠一直被认为是社会交换理论的核心特征，常用于对各种关系现象的解释（邹文篪等，2012）。

最初明确提出互惠概念的是 Gouldner（1960），他基于社会学领域中的功能理论认为，如果甲方给乙方提供了积极功能（Positive Function），那么乙方就会根据甲方对自己的积极功能而提供相应的回报。这种互惠原则可以相应落实为两个具体的要求，即：第一，对于帮助过自己的对象，行动者应该提供帮助予以回报；第二，对于帮助过自己的对象，行动者不应回报以伤害。在此基础上，Gouldner（1960）进一步剖析了互惠的基本特点，认为互惠能够维持社会体系的稳定性，避免社会体系的不稳定性；同时，互惠是一个具有普适性的概念，在每种人际关系中普遍存在，并适用于所有文化。但是，在不同的文化情境下，行动者遵循的具体互惠规范又与其文化息息相关，打上了文化的烙印，显示出典型的文化特定性。遗憾的是，Gouldner（1960）只是在文中提及互惠的文化特定性，而没有对这个问题进行深入而具体的分析与探讨。因此，以 Gouldner（1960）的互惠理论为基础，之后有不少学者对互惠概念进行了广泛应用，并进行了积极的拓展。其中，颇具代表性的是美国人类学家萨林斯（Marshall Sahlins）在其 1972 年出版的著作《Stone Age Economics》中提出的互惠理论（需要说明的是，由于此著作已被我国学者张经纬、郑少雄和张帆翻译成中文，即《石器时代经济学》，并已于 2009 年由三联书店出版，因此文中所提到的相关内容都援引自中文版）。

（二）萨林斯的互惠理论

萨林斯（1930—）是美国著名的人类学家，先后著有《石器时代经济学》（1972）、《文化与实践理由》（1972）、《历史之岛》（1985）、《甜蜜的悲哀》（2000）等享誉世界的著作，对推进当代人类学乃至整个社会科学领域研究的发展做出了重大贡献。其中，《石器时代经济学》的主要贡献之一是提出了互惠关系的分类观，并将互惠关系与亲属关系的距离、亲属关系的等级、财富等因素联系起来进行深入解析。

在《石器时代经济学》一书中，萨林斯高度强调这样的观点，即：作为人类学研究者，应该“凭借人类学的敏锐观察，才能了解我们本身的经济”，从而构建“一种真正的人类学的经济学（Anthropological Economics）”[①]。因此，他坚定地认为“理性与文化绝不是对立的”，认为经济活动是“文化序列中一个不可分割的领域”，而不再“绝然独立”[②]。所以，对人类的经济活动的理解，“离不开与其息息相关的生活领域”，即“经济活动是具体生活形式中，价值体系与社会关系的物质表述”[③]。基于此，他采取民族志方法，对美拉尼西亚地区斐济人的生产、生活等各个方面进行了研究，剖析了“斐济人的理性”如何“运行于斐济这个相对的文化序列之中”，以证实“其价值体系的每一个部分都有其相应的合理性”[④]。通过长期的实地调查，萨林斯（2009）研究发现，在传统社会的交换过程中，尽管存在着纯粹和简单的交易关系，“但在实物交易和单纯的赠礼之间，还存在着许多转变和变化”[⑤]；尤其是在现实的交换关系中，“互惠的种类多种多样”，可以分为很多“相关亚类型”[⑥]。因此，基于长期田野工作获取的第一手观察资料，以及通过对习俗方面的总结与撰写，

① 马歇尔·萨林斯著. 张经纬，郑少雄，张帆译. 石器时代经济学. 北京：三联书店，2009，第 7 页。

② 马歇尔·萨林斯著. 张经纬，郑少雄，张帆译. 石器时代经济学. 北京：三联书店，2009，第 1 页。

③ 同上。

④ 马歇尔·萨林斯著. 张经纬，郑少雄，张帆译. 石器时代经济学. 北京：三联书店，2009，第 3 页。

⑤ 马歇尔·萨林斯著. 张经纬，郑少雄，张帆译. 石器时代经济学. 北京：三联书店，2009，第 223 页。

⑥ 马歇尔·萨林斯著. 张经纬，郑少雄，张帆译. 石器时代经济学. 北京：三联书店，2009，第 221 页。

萨林斯（2009）在吸收 Gouldner（1960）的互惠观的基础上进行了拓展，提出了更具文化适应性的互惠理论。

1. 互惠的三个维度

萨林斯（2009）提出了具有普适性的互惠的三个维度。第一个维度是“回馈的时限性”（Immediacy of Returns），指的是受惠者必须回报以清偿其义务的时机，其变化范围包括从即时回报到无期限。因此，相对低的回报即时性反映的是在未来某一刻的互惠回馈，相对高的回报即时性所指的是几乎同时发生的互惠回馈。第二个维度是“回馈的等价性”（Equivalence of Returns），指的是受惠者回报的内容和数量，包括从一对一的完全对等的回报到完全不同的回报。低的回报等价性是指受惠者所回报的东西在价值上与所接受的不同，或是指其所回报的东西在内容上与所接受的不同；相反，高的回报等价性是指受惠者提供价值相等的回报或内容高度相同的回报。第三个维度是“利益”（Interest），意即交换过程中受惠者所回馈的利益的性质，包括无约束的自利、互利、利他。根据上述三个维度的不同，萨林斯（2009）将行动者在交换活动中形成的互惠关系分成三种具体的类型，即慷慨互惠（Generalized Reciprocity）、等价互惠（Balanced Reciprocity）和消极互惠（Negative Reciprocity）。

图 1-1 从回馈的及时性、等价性和利益三个维度对三类互惠关系的特点进行了简要归纳和比较。下文对三种互惠类型分别进行解析与阐述。

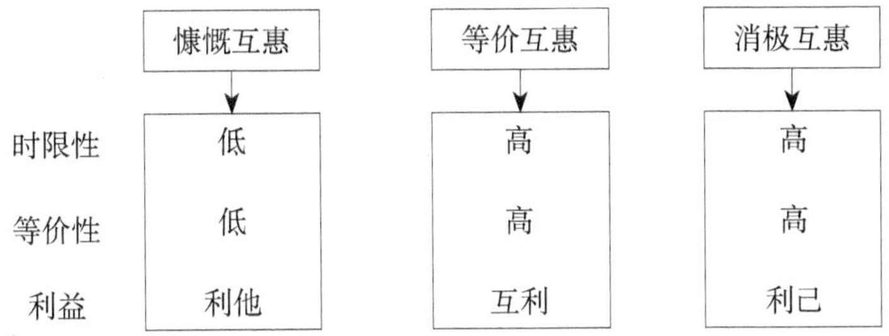

图 1-1　三种互惠类型的特点

资料来源：根据 Sparrowe 和 Liden（1997）的资料进行整理。

2. 互惠的三种类型

（1）慷慨互惠

从图 1–1 可以看出，慷慨互惠关系的基本特点是回馈的时限性程度低、回馈的等价性程度低，而利他程度高。因此，本研究将慷慨互惠定义为行动者在交换活动中形成的以回馈时间不确定、回馈价值不确定且仅关注他人利益为主要特点的互惠关系。

首先，在回馈的时限性方面，慷慨互惠关系中的施惠者不会对受惠者有直接的回馈期求，“即使有期望也是含蓄的”（萨林斯，2009），对于回馈的时限得取决于受惠者的负担和有能力进行回馈的时间，而其回馈“可能因之迅速抵达，但也可能永远不会兑现”，从而导致“有人甚至终生无法惠及自身或他人”情况的出现（萨林斯，2009）。

其次，在回馈的等价性方面，慷慨互惠关系中的行动者进行交换时，个人色彩特别浓，受人情限制的程度高，交换物的物质因素往往被社会因素所压制，因此，双方相互之间不能在人情方面进行公开计算，而是采取忽略的态度。这意味着，慷慨互惠关系中施惠者的给予行为，应该是一种“毫不计较的义务”（萨林斯，2009），因此，对于受惠者回馈的价值，取决于他自身的需要和负担，无法在数量或质量上实现与赠与物的匹配。

最后，在利益方面，“‘慷慨互惠’被认为是利他的交换过程，这个过程谨守着惠及他人的路径，如果可能或者必要的话，他人也会报以回馈。理想类型就是马林诺斯基的‘纯馈赠’。其他民族志中的表达方式有‘分享’‘款待’‘送礼’‘帮助’与‘慷慨’”[①]。由此可见，在慷慨互惠关系中，施惠者具有很强的利他倾向，自愿采取给予行动而并不期望受惠者在预定的时间内回馈等价的东西。

综上所述，萨林斯（2009）认为慷慨互惠关系的一个典型标志是持之以恒的单向流动，意即慷慨互惠关系中的个体或群体相互之间以对方利益

---

① 马歇尔·萨林斯著．张经纬，郑少雄，张帆译．石器时代经济学．北京：三联书店，2009，第 224 页。

为着眼点，不会计较回报的时间与价值，不强调互惠的义务性。因此，慷慨互惠与“弱互惠”这一概念非常类似，其行动者在交换过程中以建立长期的交换关系为目的，以社会交换为主要形式，表现出一种牺牲自己成就他人的仁爱精神，因而常常在以中国为代表的集体主义文化情境中发生（邹文篪等，2012）。

（2）等价互惠

如图 1-1 所示，等价互惠处于互惠连续体的中间，其基本特点是回馈的时限性程度高、回馈的等价性程度高，以及互利程度高。因此，本研究将等价互惠定义为行动者在交换活动中形成的以即时回馈、等价回馈以及相互受益为主要特点的互惠关系。

首先，在回馈的时限性方面，等价互惠要求相互交换行为发生在同一时间，即施惠者的给予行动一旦发生，受惠者在回馈的时间上是毫不延迟的，若无法实现即时回馈，也要在短时间内偿还（邹文篪等，2012）。正如萨林斯提出的，“在有限的时间内，未能实现等价的互惠，人们之间的关系便随之瓦解”[①]。不过，与慷慨互惠相似的是，等价互惠中的行动者也不会公开对回馈的时间进行讨价还价，其不同点在于双方会自动遵守互惠规范，给予即时的回报。

其次，在回馈的等价性方面，与慷慨互惠相比，等价互惠的个人色彩要少一些，受人情限制的程度要低一些。从社会交换理论的角度来讲，等价互惠关系中的行动者更加注重交换内容的经济性，即个体之间或群体之间能够“以明确的经济和社会目的面对彼此”，或者说，“交换过程的物质目的至少和社会目的一样重要”[②]。因此，在等价互惠关系中，行动各方对交换内容的价值是否相当这一点非常敏感，受惠者要主动按照互惠规范提供给施惠者与所受价值和内容都相称的回报。

---

① 马歇尔·萨林斯著．张经纬，郑少雄，张帆译．石器时代经济学．北京：三联书店，2009，第 225 页。

② 同上。

最后，在利益方面，与慷慨互惠仅关注他人利益的特点不同，等价互惠中的行动者都寻求一种“交换条件”的交易，会相互维护双方的利益，使彼此都能从中受益。因此，等价互惠强调交换过程中各方利益的平等性（邹文篪等，2012）。

综上所述，在完全的等价互惠关系中，行动者相互之间进行的是相同种类、相同数量的物品在同一时间内的交换活动。在慷慨互惠中，行动者通过相互之间普遍存在的社会关系来维系物品的长期单向流动；而在等价互惠中，行动者之间的社会关系会随着物品交换的变化而不同。因此，萨林斯（2009）研究发现，在其他的许多民族志中，等价互惠常常具体表述为“礼物的交换”“买卖”等形式，实际上表明了等价互惠的本质特征。

（3）消极互惠

从图 1–1 可以得知，消极互惠处在与慷慨互惠完全相反的一端，因此，消极互惠的基本特点是回馈的时限性程度高、回馈的等价性程度高，以及自利程度高。鉴于此，本研究将消极互惠定义为行动者在交换活动中形成的以即时回馈、等价回馈以及仅关注一己私利为主要特点的互惠关系。

首先，在回馈的时限性方面，由于消极互惠是“最个人化的交换”，是一种“只进不出的企图”，其交换过程“就是为了攫取实际利益”（萨林斯，2009），因此，行动各方都会公开地讨价还价，在回报时间上进行明确的规定，甚至一味地要求对方为自己付出，自己则只顾索取而已（邹文篪等，2012）。

其次，在回馈的等价性方面，萨林斯（2009）认为，消极互惠是“最为经济”的一种互惠关系，行动者在进行交换活动时，各自盘算着自己的利益，其主要目的就是“为了增加额外的收益”。在消极互惠关系中，行动者相互之间已经不是给对方提供帮助，而是强调你争我夺的直接竞争，其采取交换行动的唯一目的就是进行纯粹的经济交换（邹文篪等，2012）。因此，行动各方必然会高度强调回馈资源的等价性，甚至“还集中了对报偿和利益的贪求”（萨林斯，2009）。

最后，在利益方面，消极互惠关系中的交换行动体现出高度自利性的特点，行动各方会尽力维护自己的利益以实现其利益的最大化，有时甚至还会不惜通过损害对方的利益来达到这一目的（李双燕、万迪昉，2008）。因此，萨林斯（2009）认为能够反映消极互惠特性的民族志术语有“投机”“诈骗”“行窃”“滑头”“强取”等。

（三）互惠理论的应用

萨林斯的互惠理论已经被许多研究者用于他们的分析框架或通过获取田野作业数据来进行检验，尤其是“对交换理论的发展具有重要影响”（Befu，1977）。例如，Johnson（1974）将萨林斯的互惠理论应用于分析居住在美国檀香山的日裔美国人的赠礼行为，着重对比分析了慷慨互惠与等价互惠之间的区别。他认为，慷慨互惠的赠礼行为主要发生在大家庭和朋友圈内的亲密关系之间，对受惠者需要回礼的价值和时间期限都没有明确规定，而且这种赠礼行为具有很高的社交性，往往与施惠者的财产状况和受惠者的需求保持一致。与慷慨互惠相反，等价互惠的赠礼行为一般是在规定场合中发生，对不论是回礼的价值还是时间都有明确规定，是一种典型的“一报还一报”的交换行为。而且，由于货币是交换媒介，等价互惠中的借贷关系可以进行直接计算，因而通过这种赠礼而建立和维持的关系不会考虑当中可能存在的社会性。Befu（1977）则在社会文化环境下对基于三种互惠关系而产生的交换行为进行了对比性分析，认为社会文化环境为行动者采取不同交换行为提供了一个平台，若没有文化情境，关于交换行为的分析没有任何意义。他由此得出结论：在互惠这一个连续体中，慷慨互惠、消极互惠和等价互惠虽分别处于其两个终端和中端，但具体的位置点会随着具体文化情境的不同而各异。

更有研究者认为，萨林斯的互惠理论与我国学者费孝通提出的“差序格局”具有异曲同工的意义。与差序格局理论一样，萨林斯的互惠理论同样包含着传统人际关系中的“差”与“序”的意涵，反映出以个体为中心的、由亲密到疏远而渐次构成的社会关系网络的典型特征（张江华，2010）。

例如，常向群（2009）通过在我国江村的田野作业，研究证实了萨林斯的三种互惠类型的广泛存在。同时，也有部分研究者试着将萨林斯的互惠理论引入到我国组织情境中，分析组织内心理契约、领导—下属交换关系等问题（Sparrowe和Liden，1997；Coyle和Conway，2005）。例如，Wu等（2006）根据萨林斯对三种互惠类型的特征的描述，开发了适用于我国组织情境的互惠量表并对其有效性进行了检验，然后验证了互惠在社会交换过程中的中介作用，以促进对社会交换"黑箱"的研究，使该领域的研究从内容阶段转移到过程导向阶段，同时也揭示了互惠的普遍性和文化独特性，因而具有重要的理论意义和现实意义。

当然，也有一些研究者针对萨林斯的互惠理论发出了质疑之声。例如，Lebra（1975）批评萨林斯将亲密距离、社交性和慷慨这三个决定三种交换形式互相转换的变量以一对一的方式互相关联，与现实情况不相符合；而且，他认为萨林斯提出的互惠模型仅限于关注行动者基于自身来选择不同的互惠行为，而没有考虑与其他行动者之间的互动。Wu等（2006）则通过实证检验发现等价互惠与心理授权、情感承诺、组织信任、退出意向四个变量的关系强度和慷慨互惠与它们之间的关系强度是一样的，从而否定了萨林斯关于等价互惠处于由慷慨互惠和消极互惠构成的互惠连续体的中间位置的观点。他们认为，出现这一相反结论的根本原因在于中国传统文化与西方文化的区别。在西方社会中，人们认为与等价互惠相对应的"互利"交换就是一种经济交易，在社会关系中不可能存在对等价、即时回报的预期；与之不同的是，在中国社会中，对物质和社会情感都予以回报的规范对关系的建立和培养都很重要，因而等价互惠中对即时、对等回报的要求合情又合理，甚至还是初建关系之存在信任的重要标志。这种解释正好回应了Gouldner的观点，即互惠规范虽具有文化上的稳定性，但"其作用会在不同文化中表现出一定程度的差异"（Gouldner，1960）。

第二节 小团体治理模式研究述评

一、引言

多代理人委托代理关系在经济活动中普遍存在，比如组织内的销售经理与多个销售人员之间，组织间的制造商与多个供应商或分销商之间（Bergen 等，1992），等等。在这类委托代理关系中，对于委托人而言，代理人本身的机会主义行为——缘于与委托人目标不一致及信息不对称——在同级代理人增多的情境下，而变得愈加难以控制（Sharma 和 Zeller，1997；Sharma，1997）。因此，如何实现对多个同级代理人的有效治理一直是实践领域和理论研究领域共同关注的重要课题。

针对这一问题，已有研究大多聚焦于两种传统的非市场治理模式，即单边治理（如 Ghosh 和 John，2009；Kashyap 等，2012）和双边治理（如 Heide 等，2007；Yang 等，2012）。研究结果表明，根据具体情境选择不同的治理模式，可以规范、约束或激励代理人，从而在一定程度上限制其机会主义行为。但是，关于这两种治理模式的研究都暗含了一个理论预设，即多个代理人之间相互独立，没有关联。所以，其分析层次都是二元的委托人—代理人关系，多代理人之间则仅被看作这种二元关系的简单集合（Kirsch，2004）。近年来，虽然有不少关于组织间关系治理的研究文献力倡“网络治理”模式（如 Cai 等，2009；Jung 和 Lake，2011），但仍偏重于强调委托人的网络中心地位，忽视了处于同一层级的代理人之间关系的重要性。而在现实中，代理人之间往往通过各种社会网络（如行业协会或私人关系）形成错综复杂的社会连带关系，相互影响彼此的决策与行为（Gu 等，2010）。因此，若要对多代理人进行有效治理，委托人不能囿于关注自身与代理人之间的垂直关系，更要考虑代理人与代理人之间的水平关系对其行为与绩效的影响。而理论研究领域对这一点尚缺乏应有的关注及系统性的探讨。

我们基于社会网络视角认为，对多代理人治理进行研究，更合适的分析层次应是异于单边治理与双边治理的第三种非市场治理模式水平的团队或团体关系（Kirsch，2004）。因此，本文将小团体治理模式引入到多代理人委托代理关系情境当中，在梳理文献的基础上深入探讨小团体治理的内涵及其与两种传统非市场治理模式的区别，并系统分析小团体治理的前因与运行机制，最后对该领域的未来研究进行简要展望。

二、小团体治理的概念

（一）小团体治理的内涵

在理论研究领域，关于小团体治理的重要性已达成共识，但其内涵还是较为模糊。首先，小团体的英文是 clan，它的本义是“氏族”，是一个社会学概念，指的是以血缘为纽带结成的社会基层单位。Ouchi 和 Price（1978）首次将这个词引入到组织管理领域，用来描述工业化社会背景下出现的产业组织特征。这种产业组织以“小团体”的形式存在，是一种非正式的社会结构，类似于亲属网络，其成员遵守共同的价值观。后来的研究者在此基础上进行了拓展和深化，使得小团体的内涵日趋丰富。例如，Chua 等（2012）认为，虽然小团体是一种非正式的社会结构，但具有文化同质性的特点，加上固有的社会性特征，所以应从社会资本的角度对其进行定义。因此，他们认为，小团体是具有强社会资本的团体。综合这些具有代表性的观点，本文认为，小团体是一种具有强社会资本的非正式的社会结构，具有社会性、文化同质性、非正式性等特征。

其次，小团体治理的内涵。现有文献中关于小团体治理的解释有多种，它们部分重叠又不完全一致（Chua 等，2012）。概括起来，可以分为两类观点。第一类观点认为，小团体治理是利用共同价值观使所有成员的行为和目标保持一致的治理过程。Jaworski 等（1993）研究发现，采取小团体治理模式可以防止内部成员的行为偏离社会准则。Kohli 和 Kettinger（2004）认为小团体治理产生于成员对根深蒂固的“共同协议”的遵守，其实施过程就是利用现有小团体的非正式权力使成员的行为与目标实现对接的过程。至于小团体是如何产生的，他们都没有进行探讨（Chua 等，2012）。第二类观点认为，小团体治理是通过社会化机制使小团体得以建立并逐渐发展，最终使得所有成员树立并遵守共同的价值观、信念和准则。Rowe 和 Wright（1998）提出了小团体治理的具体形成机制，比如培训。这类机制可以减少成员在偏好和观念上的差异性，促进小团体的形成与发展。Choudhury 和 Sabherwal（2003）强调有必要通过传播共同的价值观和准则来建立小团体。他们认为，只有成功地进行部署和安排，小团体治理才会生效，尤其是共同价值观和准则的传播，能够有力地促成组织目标的实现。综观这两类关于小团体治理的定义，既有共同点又有不同点。其共同点在于，两者都强调了小团体治理是通过共同价值观对小团体成员的行为及其之间的关系产生影响，最终实现共同目标；其不同点在于对小团体治理对象的看法，前者认为是对现有小团体进行治理，后者则认为始于建立新的小团体（Chua 等，2012）。

综上所述，本文认为，小团体治理是指通过组建新的小团体或利用现有小团体，以共同价值观为核心将小团体成员的行为统一起来，以最终实现共同目标的过程。这一定义将上述两类观点糅合在一起，既涵括了小团体治理的不同生成机制，又强调了两类观点的共同点，凸显出小团体治理的独特特点，主要表现在：第一，小团体治理的对象有两类，包括已有小团体和新建小团体；第二，小团体治理的特有手段是共同价值观；第三，小团体治理的目的是通过统一成员的行为，达成一致的目标；第四，小团体治理不是一种静止的状态，而是一个动态的过程。

（二）小团体治理与单边治理、双边治理的区别

在多代理人委托代理关系情境中，传统的非市场治理模式有单边治理和双边治理两种。单边治理是指委托人通过权力或地位优势影响代理人去采取有利于委托人目标实现的活动（Jaworski，1988）。双边治理则指委托人和代理人双方基于信任和社会认同创造灵活性、信息分享和团结等共同

行为期望的过程（Yang 等，2012）。本文引入的小团体治理与单边治理、双边治理有着本质的不同，是第三种非市场治理模式。下面分别从治理主体、治理基础、治理手段、监督方式、激励体系和关系长度六个方面对小团体治理与单边治理、双边治理的区别进行分析（见表 1–2）。

表 1–2　小团体治理与单边治理、双边治理的区别

	单边治理	双边治理	小团体治理
治理主体	他治，单向	他治，双向	自治，多向
治理基础	权力 / 地位优势	关系准则	微观社会契约
治理手段	过程控制；结果控制	共同规划；共同解决问题；双边调整和适应	互惠；合理权威；共同价值观
监督方式	单向的纵向监督	双向的纵向监督	横向监督
激励体系	中短期；与结果和行为挂钩	长期；与对双方共同利益和目标的认同、承诺及行为表现挂钩	长期；内化，通过实现整体利益来实现个体利益
关系长度	确定的关系长度或具体结束机制	开放式关系，自动结束机制	开放式关系，无期限性

资料来源：根据相关文献整理。

1. 治理主体

治理存在于治理者与被治理者之间（Heide，1994）。在多代理人委托代理关系的治理模式上，不论是采取单边治理还是双边治理，其直接治理主体都是委托人，即通过委托人的行动来抑制代理人的机会主义行为。对于代理人来说，这两种治理模式都属于“他治”，其区别仅在于治理方向的不同。显然，在单边治理中，委托人在组织层级中或是组织间的地位上处于更高位置（Chua 等，2012），实施的是委托人对代理人的单向治理。双边治理强调的是委托人与代理人之间的关系契约、合作以及相互沟通的行为，因而其具体的治理措施是双向的，对委托人和代理人有着相互的约束力。小团体治理则与单边治理、双边治理有着本质的不同，其直接的治理主体是小团体的内部成员，即代理人本身（Kirsch，1997；Kohli 和 Kettinger，2004；Chua 等，2012）。即使推选产生小团体领导者，它还是具有代理人的身份，属于小团体的一员（Kirsch 等，2010）。所以，小团体治理实施的是多代理人之间的相互治理，通过横向监督和同级制裁促使小团体的共同价值观发挥作用，实现内部自治。而且，由于小团体由多个成员组成，每个代理人既受到其他所有成员的监督与制约，又对其他所有成员进行不同程度的监督与制约，因而小团体的内部自治具有显著的多向性特征。

2. 治理基础

根据前文的定义可知，单边治理的基础是权力或地位优势，即委托人利用自身在组织内的正式权威或是渠道中的地位优势控制、影响多个代理人的活动，强调的是委托人单方面的监管与干涉，体现出它与多个代理人之间关系的不对称性。双边治理的基础是关系准则。在这种治理模式中，委托人与多个代理人为了共同的目标一起商讨并制定相应对策，使用关系契约和规范化控制手段进行治理，体现出双边关系的对称性。小团体治理则是以小团体内部各个代理人之间存在的微观社会契约为基础。这种微观社会契约与双边治理中的关系准则有着本质的不同。关系准则存在于委托人与代理人之间，是以信任为基础产生的共同行为期望（Yang 等，2012），其本身不是一种协议，而是一类特定的交易准则，包括灵活性、信息分享和团结（Heide 和 John，1992）。通过关系准则，双方行为指向维持整体关系而非追求单方目标。微观社会契约则存在于代理人之间，是指共同具有小团体成员身份的代理人经过长期互动而形成的一种隐性协议。这种隐性协议不是具有法律约束力的文件，而是每个成员抱持的一种重视彼此之间“关系议题”的信念（Heide 等，2007）。这种非正式的社会契约有利于增强内部成员的行为趋同性，制约其机会主义行为。

3. 治理手段

三种非市场治理模式的治理手段各不相同。单边治理是运用市场驱动或垂直的权力来管制委托人与代理人之间的关系，其治理手段主要有行为控制与结果控制两种。双边治理是依靠委托人与代理人的合作来协调二者之间的关系，其作用的发挥取决于双方采取共同行动的程度，主要用三个维度来衡量，即共同规划、共同解决问题以及双边的调整和适应（Heide

和 John，1990）。而小团体治理的基本治理手段是互惠、合理权威以及共同价值观（Ouchi，1979）。互惠准则促使代理人互相帮助，共同提高；小团体领导者产生于小团体内部，他本身也是代理人，其合理权威往往来自于个人特质或传统规范，具有明显的横向监督优势和社会连带优势；共同价值观则是小团体治理模式的独特治理手段（Ouchi，1980）。只有当代理人的行为真正受到共同价值观的影响时，小团体治理才出现（Kirsch 等，2010），一方面，符合共同价值观的行为会得到其他代理人的认可和褒奖；另一方面，当代理人的行为偏离共同价值观时，就会遭受排斥、孤立等社会制裁方式的约束。

4. 监督方式

Rindfleisch（2000）认为，在委托代理关系中，委托人对代理人的动机总是抱持怀疑态度，并通过具体的行为方式表现出来。Samaha 等（2011）也通过研究发现，在合作关系中，若一方感知到另一方的机会主义倾向，就会认为自己过于仁慈，从而会加强对对方行为的监督。因此，在单边治理和双边治理中，委托人往往会花大量的时间和精力去直接监督代理人的行为。但是，委托人的时间和精力毕竟有限，尤其在对多个代理人进行监督时，难免会顾此失彼。而且，这种直接的监督方式获取信息的成本非常高，甚至难以实施；即使实施，效果也不一定理想，有时还会引起代理人的反感和抵触，甚至激发其更严重的机会主义行为（Heide 等，2007）。但是，若采取小团体治理模式，监督方式就发生了质的变化，效果也明显不同。Powell（1990）认为，处于某一社会网络中的成员，其正式商业地位与社会角色是融为一体的，个体声誉是其可信度的最为明显的信号，这会促使成员之间相互监督的意愿增强，对不合作的成员进行惩罚的意愿也增强，从而能够更好地抑制网络内部成员的机会主义行为。可见，在横向网络情境下采取小团体治理模式，使得监督方式由原来的委托人监督转变为代理人之间的相互监督，由纵向监督转为横向监督，由直接监督转为间接监督。从委托人的角度来说，代理人监督不仅减少了监督成本，而且由于代理人对彼此的情况更为熟悉，能够获得纯粹靠委托人监督所无法获取的隐性信息，从而比委托人的直接监督更易实施，实施效果也更好。

5. 激励体系

激励体系也是治理的关键组成因素（Heide，1994）。一般说来，单边治理中的激励体系与代理人的行为绩效、结果绩效有着直接、明确的关联，注重短期效果，具体形式体现为物质报酬，比如交易折扣、销售奖励等。双边治理的激励体系设计则更注重长期性，较少与代理人的具体绩效挂钩，而是取决于代理人对双方共同利益和目标的态度与认同程度。与双边治理一样，小团体治理的激励体系也具有长期性的特点，但二者的内在机制却完全不同。双边治理强调的是委托人与代理人之间关系的长期性，而小团体治理则偏重于多个代理人之间关系的长期性，即通过社会化过程，促使代理人之间形成共同的价值观。在这些共同价值观的驱动下，各个代理人逐渐实现小团体目标的内化，使之抱持一种信念，即个体目标会通过共同目标的达成来实现（Ouchi，1980）。这种信念促使他们主动寻求自己的行为方式与共同认可的行为方式保持一致（Kirsch 等，2010），自发减少机会主义行为，从而产生客观上有利于委托人的结果。

6. 关系长度

三种非市场治理模式在关系长度上也是有区别的。在单边治理中，委托人分别与多个代理人以合同的方式建立关系，关系开始和结束的时间在合同中都有明确表示，因而其关系长度是确定的，一旦有一方违背合同，具体的结束机制就会发生作用（Heide，1994）。双边治理中的关系则具有开放性的特点，没有一个明确的、可预见的结束时点，但是双方的信任一旦遭到破坏，合作就难以为继，会自动结束。与双边治理一样，在小团体治理中，代理人之间的关系也是开放性的。但是，如前文所述，小团体是具有强社会资本的集合，代理人之间除了具有共同的小团体成员身份之外，还有各类私人连带关系，比如亲情、友情。这种连带关系往往先于小团体成立之时产生，不会轻易地因合作关系的破裂而受到影响。因此，强社会资本的特性是小团体治理得以持续运行的源动力，决定了代理人之间关系的无期限性。

三、小团体治理的前因

小团体治理的前因有目标一致性、任务程序化、绩效模糊性和社会资本性等。通过已有文献可知，有关这些前因的研究是逐步推进和不断深化的（Kirsch 等，2010）。本文根据该领域研究者们关注焦点的不同，将其划分为两个阶段。第一阶段是 20 世纪后期，研究者们（Ouchi，1980；Eisenhardt，1985；Kirsch，1997）关注的是小团体内部的单个代理人因素，主要围绕“目标一致性”“绩效模糊性”和“任务程序化”三个因素进行讨论。第二阶段是 21 世纪初期，有少数学者（Kirsch 等，2010；Chua 等，2012）开始将关注点从单个代理人因素扩展到各个代理人之间的关系因素。其中，Kirsch 等（2010）明确提出“社会资本”是小团体治理的关键前因，是区别于其他治理模式的核心特征。下面对这四个前因一一进行分析。

（一）目标一致性

目标一致性是指代理人之间的目标不相互排斥的程度（Ouchi，1980）。Ouchi（1980）基于交易成本理论提出，低目标一致性是致使委托人对多个代理人关系进行协调时产生较高交易成本的两个原因之一（另一原因是下文分析的绩效模糊性）；根据条件的不同可以区分出市场、层级和小团体这三种基本的治理模式。具体地说，当多代理人之间的目标一致性程度较低时，对其采取市场模式较为有效，而当他们之间的目标一致性程度较高时，对其采取小团体治理模式则更为有效。这是因为，如果多代理人之间的目标一致性程度较低，他们就会为追求私利而各行其是，采取不一致的努力程度。当委托人与他们进行交易协调时，会产生较高的交易成本。在这种情况下，委托人若想对其进行有效管制，适合采取市场治理模式，通过价格机制进行调节，使交易成本降低。相反，如果多个代理人之间的目标高度一致，他们进行相互帮助的可能性大大提高，甚至产生相互依赖（Ouchi，1980）。在这种条件下，如果能够通过社会化机制对他们进行协调和治理，使个体逐渐社会化到集体当中，并将集体目标作为自己的目标，主动去采取有利于集体的行为，那么既使他们自发减少了自己的机会主义行为，也降低了委托人监督他们行为的需要，从而大大降低了交易与协调成本。而小团体治理模式的核心机制就是社会化机制，它在协调目标一致、相互依赖的代理人关系时非常有效（Ouchi，1980）。Chua 等（2012）的最新研究为这一观点提供了有力的实证论证和支持。他们以 IT（Information Technology）项目小组作为研究对象，项目小组成员来自不同部门，具有不同技术背景，且没有共同合作的经历，唯一相同的是项目目标，即按时、按质地达到客户提出的工程要求。在这种情况下，该项目小组负责人对小组成员采取了非正式的小团体治理模式，即通过培养和传播共同的价值观和信念，制定并执行一致的行为准则，增强成员之间的良性互动，以此引导和影响他们的行为，最终实现预期目标。

（二）任务程序化

任务程序化是指委托人可以预先详细规定代理人行动的程度（Eisenhardt，1985）。任务程序化程度越高，委托人越倾向于使用基于行动的契约对多代理人进行约束。这是因为高度程序化的工作使得代理人的行为变得非常明确，甚至接近完全信息的程度，增强了委托人对它们的可控性。相反，若代理人所承担任务的程序化程度较低，意味着委托人难以预先详细规定具体的实施要求与步骤，继而在任务完成过程当中，也就难以鉴别代理人行动的合适程度（Kirsch，1997）。在这种情况下，要对多代理人采取结果控制或是行为控制都无法达到预期效果。更好的途径便是采取小团体治理模式，通过共同的价值观与信念对他们的行为进行约束，促使其通力合作去实现既定目标。Ouchi（1977）最先提出任务程序化是选择治理模式的前因。不过，他当时使用的概念是“关于转换过程的知识”，意指委托人对投入到产出这一过程的了解程度。如果委托人对这一过程的了解程度不够，就无法对代理人的行为进行监管和指导，也就无法实现对他们的有效治理。而委托人具备的关于转换过程的知识与其委任给代理人的任务特征密切相关（Eisenhardt，1985）。例如，Ouchi（1979）对罐头厂和研究实验室案例进行比较分析时发现，管理者由于对前一种工作的技术完全了解，仅须对员工行为和机器运行进行观察即可实现有效治理；而对于后一种工作的规则，管理者无法进行详细定义和准确说明，只能依赖于“仪式化”的治理模式即小团体治理模式对其进行约束。正是由于委托人关于转换过程的知识与任务特征之间的密切相关性，后来的学者在研究治理前因时，将“关于转换过程的知识”与“任务程序化”视为同质概念，进行互换使用（如 Eisenhardt，1985；Kirsch 等，2010）。

（三）绩效模糊性

绩效模糊性是指代理人的绩效不能被具体测量的程度，包括对代理人行为绩效和结果绩效的测量（Eisenhardt，1985）。这是委托人选择治理模式的重要影响因素，可以部分解释对多代理人采取小团体治理模式的原因（Kirsch 等，2010）。Ouchi（1977）研究发现，绩效的可测量性是对比分析委托人在行为控制、结果控制和小团体治理三种不同模式之间进行选择的重要条件。结果表明，当委托人很难对代理人的过程绩效与结果绩效进行衡量时，实施行为控制和结果控制等治理模式都不奏效。在此基础上，Ouchi（1980）明确提出 “绩效模糊性”这一概念，分为行为绩效模糊性和结果绩效模糊性两个维度，并将社会学中的“小团体”概念引入到组织治理情境当中，认为高绩效模糊性是采取小团体治理模式的一个必要条件。此后，关于治理前因的研究多是遵循这一基本框架，将行为绩效与结果绩效的模糊性作为选择合适治理模式的必要前提，对它或进行实证检验，或进行理论上的深化与拓展。例如，Eisenhardt（1985）基于组织理论与代理理论提出，委托人面临信息不完全时有两种选择：一是通过采用成本核算与预算系统、增加管理层级等监管机制获取关于代理人行为方面的信息，然后采取相应的奖惩措施；二是基于结果因素（如盈利率）对代理人进行奖惩。他认为这两种选择都是委托人制定治理策略时的重要影响因素，建议合并入一个变量，即“信息体系”。据此，委托人可以通过优化“信息体系”来弥补任务程序化程度的不足。Kirsch（1997）则对比分析了四种治理模式，包括行为控制、结果控制、小团体治理和自治理。他同样提出，如何在这四种治理模式中做出恰当的选择，行为的可观察性与结果的可测量性是必须考虑的前置因素。其中，当治理者无法获取被治理者的行为信息且难以测量其结果时，小团体治理模式是合乎情境的选择。在最近的研究中，Kirsch 等（2010）着重分析了基于小组的小团体治理的前因，也明确提出高结果绩效模糊性与高行为绩效模糊性是其必要前提，并对此进行了实证分析与验证。

（四）社会资本性

社会资本性是小团体治理的重要前因，更是区别于其他治理模式的关键特征。如前文所述，小团体治理的对象是由多个处于同一层级的代理人组成的小团体，这些成员不是相互独立的个体，而是处于复杂的社会网络当中，彼此之间有着千丝万缕的联系，社会因素在其间起着重要作用。已有研究也认为，小团体治理是一种“族化”或社会化的过程（Kirsch 等，2010）。正由于小团体特有的社会性特征，社会资本性成为小团体治理模式的关键前因。Nahapiet 和 Ghoshal（1998）将社会资本分为三个维度，即结构性社会资本、关系性社会资本和认知性社会资本。社会资本的结构性维度是指多个代理人之间联结的整体模式，即接触的对象构成以及相应的接触方式；关系性维度是指多个代理人通过相互联系而建立起来的私人关系种类，比如尊长、友谊等；认知性维度是指多个代理人共享的特有表达方式、解释和意涵体系等资源。Kirsch 等（2010）提出这三类社会资本是小团体治理的前因，小团体内部的领导者和其他所有成员都可利用社会资本因素推进其内部的有效治理。Chua 等（2012）则认为社会资本是代理人之间的关系中所固有的。因此，他们将小团体定义为“具有强社会资本的集体”，小团体治理是通过各个代理人相互之间的结构性、关系性和认知性连带，使他们抱持共同的价值观与信念，并遵从内部特有的行为准则的活动。同时，他们还进一步分析了小团体治理在IT项目情境中的实施途径，并对这一观点进行了实证检验。

四、小团体治理的规范要求

所谓规范要求，是指为了促使小团体治理有效运行而又不会产生过多的绩效监督与控制成本，内部网络中的所有成员必须遵守的基本社会契约，其本质就是小团体治理的基本手段（Ouchi，1980）。迄今，关于小团体治理规范要求的研究文献较少，而且内容零散，唯有Ouchi专门对此进行了系统的分析。他提出小团体治理模式运行的规范要求有三个，即：互惠、合理权威和共同价值观。其中，互惠机制具有普遍性，在任何交易关系中都存在；合理权威在科层组织和小团体的运行中都起作用，只是其来源和具体表现各异；共同价值观则是小团体治理的特有规范要求。本文以Ouchi的观点为框架，对多代理人委托代理关系情境中小团体治理的具体规范要求一一进行分析。

（一）互惠

互惠分为直接互惠和间接互惠两种模式。所谓直接互惠，是指人们会帮助那些以前给予过他们帮助或是以后会帮助他们的对象，而对于损害其利益的对象，则会采取报复行动（Rabin，1993）。简言之，就是“以善报善，以恶报恶”。间接互惠是指某人实施帮助行为后并没有得到被帮助者的回报，但可以获得因其帮助行为而产生的其他人对他的声誉的认可，这会使之受益。已有研究认为，互惠是人际关系互动的基本准则，具有社会普遍性，而且与交往频率呈正相关关系（Gouldner，1960）。因此，在由多个代理人组成的小团体内部，互惠的规范作用尤为显著，因为这些代理人往往具有地缘优势或是社会连带优势，彼此之间的互动频率非常高。例如，给同一家生产企业提供农产品的农户居住在同一个村庄，日常往来活动非常频繁；销售同一制造商产品的分销商因常常参加该制造商举办的新产品发布会、年终答谢会等活动而建立私交关系。由此表明，属于同一小团体的代理人会互相提供帮助，形成一种互帮互助的良好氛围；反之，若某代理人试图采取欺骗或背叛行为，一旦被发现，除了要承受来自委托人的惩罚外，还会遭受其他所有代理人的制裁（Ouchi，1979）。由此可见，互惠机制促使理性的代理人因对未来回报的预期和未来损失的规避而更愿意选择互相帮助，促进彼此绩效的提高，从而客观上产生对委托人有利的结果。

（二）合理权威

合理权威是小团体治理成功运行的一个重要规范要求，即通过小团体内部的领导者对其他代理人的工作和行动进行引导、指导和监督，以促成共同目标的有效实现（Faraj 和 Sambamurthy，2006）。小团体领导者的产生方式有多种，一般情况下是通过代理人内部推荐或选举。由此产生的小团体领导者往往具有某种颇有影响力的个人特质，或者具有某种传统规范认同的权威。当然，也可以由委托人指定产生。例如，丰田在其供应商内部组建自愿学习小组时，要求每组成员中至少有一个是与丰田合作多年的直属供应商在小组中承担领导任务（Dyer 和 Nobeoka，2002）。小团体领导者的产生方式虽然多样，但这些方式都具有一个共同的特征，即领导者本身仍具有代理人身份，是小团体内部的成员。可见，与科层组织中的正式权威不同，小团体领导不是正式的行政职位，也不是其他代理人的上级。正因为这一特征，与委托人的正式权威相较而言，小团体领导者的非正式权威在抑制代理人的机会主义行为方面有着不可比拟的优势。其一，它具有横向监督优势。小团体领导者可以经常拜访其他代理人而不会引起他们的反感，这种非正式的拜访行为可以搜集到更多内部信息，尤其是隐性信息，从而降低信息不对称程度，实际上对代理人起着监督作用，对其机会主义倾向具有威慑的效果。其二，它具有社会连带优势。作为非正式的社会结构，小团体内部成员之间有着各种非正式的交往，使得小团体领导者与其他代理人之间的交流方式更多，交流频率更高，从而可以更好地利用其自身特质或传统地位对其他代理人产生正向影响，减少他们的机会主义行为。

（三）共同价值观

共同价值观是小团体治理模式特有的规范要求。Dyer 和 Nobeoka（2002）认为，小团体内部的各个代理人之间通过结构性连带、关系性连带和认知性连带实现信息共享，最终导致共同价值观的形成。而且，代理人之间的嵌入程度越深，他们共享的价值观就越广泛（Jones 等，1997）。因此，通过频繁而深度的互动，共同价值观在小团体内部得以形成并扩散，成为小团体治理模式特有的为其他治理模式所不具备的规范要求，其作用主要体现在两个方面：一方面，共同价值观是小团体治理的输入机制，即实现代理人的自动选择和差异化（Kirsch 等，2010）。如前所述，较高的绩效模糊性是小团体治理的前因，这意味着每个代理人的行为绩效、结果绩效难以与其他代理人区分开来，是融合在一起的。因此，为了能够有效地实现共同目标，代理人选择同一小团体成员的核心标准是具有相同或相似的条件与基础，其中就包括相同或相似的价值观。这种自我选择的最后结果是，属于同一小团体的多个代理人往往持有相同或相似的价值观，或至少认同小团体已有的价值观，且与其他小团体区别开来，实现“相称匹配”（Pasupuleti，2010）。另一方面，共同价值观是小团体治理的社会化机制，意即在多个代理人中促成共同价值观的泛化，使得最初仅是持认同态度的代理人也会通过这种社会化过程将共同价值观内化，最终消除所有代理人的个体利益与小团体利益的分歧，使其产生强烈的共同体感（Ouchi，1980）。这种共同体感能强化代理人对其所属小团体的忠诚，以及对自己采取偷懒、违约等机会主义行为时的羞耻感或内疚感，形成一种内在的约束力，从而降低他们采取机会主义行为的概率。

五、案例分析——基于连带责任的小团体治理

如前文分析所示，由于单边治理和双边治理的普遍应用及其逐渐显露出来的固有弊端，这两种非市场治理形式并不能帮助企业有效治理多代理人的机会主义这一“痼疾”。因此，已有企业率先在实践中尝试第三种非

市场治理形式，即小团体治理。具有代表性的案例是福建华虹茶业对其上游茶叶供应商实施基于连带责任的小团体治理模式。

该案例之所以具有代表性，是因为：第一，华虹与上游茶叶供应商之间是典型的组织间多代理人委托代理关系，吻合本文理论分析的研究情境。第二，由于采取了小团体治理模式，华虹取得了较以前更好的治理效果，体现了小团体治理模式的现实可行性。第三，在当前我国农产品质量问题频频发生的环境下，华虹的成功无疑为其他相关生产企业从源头上解决产品质量问题提供了有益借鉴，揭示了小团体治理模式的可推广性。

下面对该案例进行具体剖析。

福建省华虹茶业有限公司是安溪乌龙茶最大出口商之一，采取的经营模式是我国现代农产品供应链体系中常见的“企业＋农户”模式，其上游茶叶供应商以农户为主，生产规模不大，但数量众多，二者之间构成了典型的组织间多代理人委托代理关系。为了使茶农严格遵守企业在使用农药方面的规定，以达到国外目标市场制定的关于茶叶农残的严格标准，华虹对茶农采取“联作制”的治理方式，即：遵循自愿组合的原则，由 8 ～ 12 户茶农结合成一个小组，每组组员推选出一名组长，然后以小组的名义和企业签订合作协议；协议的核心是“联”，即连带责任之义，若组内某一成员违反使用农药规定而无人制止或举报，被华虹检查出来后，整个小组的茶农将集体接受惩罚。

华虹对上游茶农采取的基于连带责任的“联作制”实质上就是本文所研究的小团体治理模式。实地调研的结果表明，相对于以往实施的一对一签订购销合同（单边治理）或是双方边界人员凭私人交情进行口头承诺（双边治理）的方式而言，这种基于连带责任制的小团体治理对茶农的机会主义行为具有更好的管制作用。运用本文所分析的理论，可以对基于连带责任的小团体治理模式的实施前因和运行规范要求的作用进行很好的解释。

（一）前因分析

第一，高目标一致性。实地调研发现，对于与华虹合作的茶农来说，茶叶是其家庭主要甚至唯一的经济来源，可见通过出售茶叶获取经济收入是其共同目标。目标的一致性促使他们愿意与华虹签订“联作制”的合作协议，通过互相协作，共同提高茶叶的产量和质量，以提高茶叶的市场价值。第二，低任务程序化。关于使用农药方面的规定实质上是对茶农施药行为的约束，而所签合同条款只能对其进行笼而统之的说明，无法详细规定具体的实施要求与步骤，如调查资料所示，“不允许乙方使用非甲方提供的农药，用药时应保持农药的原包装标志，不允许混装拆装。……稀释倍数和安全间隔期符合标准要求”。第三，高绩效模糊性。这与施药行为的低程序化特征密切相关。因为低程序化意味着企业无法对茶农施药行为的合理程度进行鉴别，即使派专人对其进行现场监督，也无法获取准确、有效的绩效信息，还会使监督成本大大增加。在这种情况下，更好的选择是采取小团体治理模式，通过共同价值观实现内部约束和监督。第四，高社会资本性。由于农村社会是地域上相对集中与封闭的“熟人社会”，小组内的茶农之间平常有着频繁的生活往来，有的甚至是亲密的亲缘、血缘关系，由此构成的联作小组具有强社会资本性的特征，形成了小团体治理的关键前因。

由于上述四个原因，采取基于连带责任的小团体治理模式对上游茶农的机会主义行为进行治理，对华虹来说是合乎情境的合理选择。

（二）规范要求的作用分析

从实地调研所获信息来看，互惠、合理权威以及共同价值观这三个规范要求的作用在华虹实施的“联作制”中有着明显的体现。第一，互惠的作用。中国传统文化中的“报”（回报、报答、报恩等）这一关系交换准则构成了互惠规范的基础，激励处于同一小组的茶农互相帮助、互相交流，共同提高茶叶种植水平和制茶技艺。连带责任制的实施使得茶农之间的这种连接更为紧密，强化了小组成员的集体意识，使之更为团结，目标一致性程度更高。第二，合理权威的作用。推选出的组长往往是“村庄能人”，其个人能力或是传统规范所形成的合理权威使之能够对小组成员的行为起着监管作用。连带责任制的实施则强化了这种监管，因为组长既处于小组管理者的位置，又是小组成员，同样会受到连带责任的约束。此外，连带责任制还会强化小组成员之间的横向监督。由于农村生产和生活的特点，茶农之间存在相对更为顺畅的信息流通渠道，因此，这种横向监督较之企业实施的纵向监督而言成本更低、效果更明显。第三，共同价值观的作用。茶农长时间共同生活在相对封闭的社会环境中，由此形成的人际关系准则以及传承于同宗祖先的行为要求实际上早已内化成了他们的共同价值观，如“同心同德”“善有善报、恶有恶报”“忠信”“孝悌”，等等。连带责任制的实施，使得这些共同价值观对茶农的行为有着更为强大的约束作用。

基于以上分析，本研究形成图 1–2 所示的概念框架。

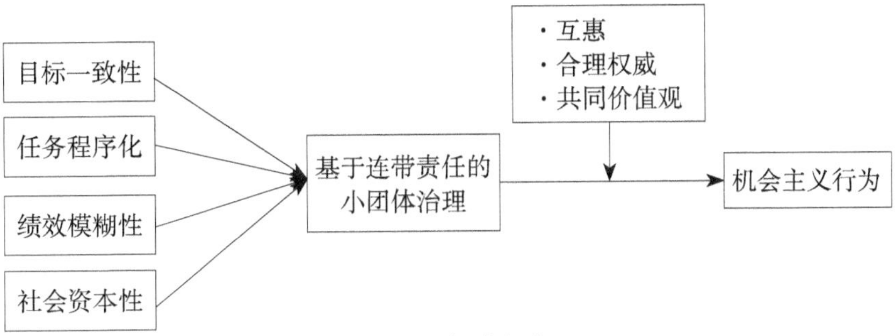

图 1–2 概念框架

六、结论与未来研究展望

（一）结论

本文基于多代理人委托代理关系情境，对小团体治理的内涵、外延、前因及其运行的规范要求进行了系统的理论分析和案例论证，得出以下几点结论：（1）小团体治理是以共同价值观为核心将小团体内所有代理人的行为统一起来，最终实现共同目标的过程；与单边治理和双边治理相比，小团体治理在治理主体、治理基础、治理手段、监督模式、激励体系和关系长度等方面有着本质的不同。因此，它是第三种非市场治理模式。（2）小团体治理的前因主要有：目标一致性、任务程序化、绩效模糊性和社会资本性。

一般说来，小团体内部代理人的目标一致性越高、任务程序化越低、绩效模糊性越高、社会资本性越强，采取小团体治理模式的效果就越好。（3）小团体治理的互惠、合理权威、共同价值观三个规范要求对代理人的机会主义行为起着积极的制约作用。其中，互惠使得代理人之间互相帮助、共同提高，促成客观上有利于委托人的结果的出现；具有合理权威的小团体领导者来自于内部，同为代理人的身份特征使其在影响其他代理人的行为方面具有横向监督优势和社会连带优势；共同价值观是小团体治理的特有规范要求，对代理人的行为具有内在的约束力。

本文的贡献主要体现在两个方面：第一，内容上涵括了小团体治理的内涵、外延、前因及其运行的规范要求，是对小团体治理模式的系统分析与全面概括；第二，已有关于小团体治理的研究主要集中在组织内情境，且聚焦于组织内的 IS（Information System）项目管理的狭隘范围（如 Kirsch，2004；Chua 等，2012），本文则在此基础上将小团体治理模式的应用范围拓展到多代理人委托代理关系情境，从而为组织间关系治理研究提供了一种更具实际意义的分析范式。

（二）未来研究展望

关于小团体治理模式的研究还是一个较新的领域，相关理论有待今后进一步的探索与完善，重点可以从以下几个方面进行。

第一，核心理论的模型化及其实证检验。本文对小团体治理的内涵与外延、前因与运行机制进行了定性分析与初步阐述，只是提炼出小团体治理模式的概念框架而已。在对多个代理人进行治理时，委托人如何利用小团体治理模式有效抑制他们的机会主行为，则需要以本文的概念框架为基础构建具有可操作性的研究模型，深入探讨小团体治理的作用机理，并通过实证分析对其效果进行检验。因此，小团体治理理论的模型化及其实证检验是后续研究的关键方向。

第二，关键变量的界定与测量。小团体治理是一复杂的非市场治理模式，其内涵十分丰富，涉及到多个关键构念，如横向监督、互惠、合理权威、共同价值观等，而本文只是从定性的角度对它们进行描述性分析。因此，在后续研究中，需要将这些关键构念与多代理人委托代理关系这一具体情境结合起来，对其操作化定义进行准确界定和科学测量，以深化对小团体治理模式的理解与把握。

第三，基于中国传统文化背景的本土化研究。小团体治理模式的核心是通过同一小团体内多个代理人之间的关系互动实现“自治”，从而产生客观上有利于委托人的结果。在中国传统文化背景下，受儒家“爱有等差”观念的深刻影响，每个人会根据周围人与自身关系的亲疏远近而适用不同的反应准则，以至于人际关系形成一种“差序格局”，这与西方的人际互动方式迥然不同。而现有关于小团体治理模式的研究基本上都是在西方国家或地区的文化背景下进行的。因此，若是将小团体治理模式用于分析中国传统文化背景下组织内或组织间关系的治理问题，可能会得出与已有研究成果完全不同的结论。这是一个有待继续深入研究的重要课题。

第三节 横向监督机制研究述评

在组织内以及组织间委托代理关系中，由于双方利益目标不一致以及信息不对称等，代理人在交易中为谋取一己私利而频繁机会主义行事，成为长期困扰委托人的治理难题(Wang等，2013)。随着市场经济的繁荣发展，传统二元委托代理关系已经逐渐演变成复杂的“一对多”网络关系形态，如一个经理同时管辖多个员工，或者一个供应商同时拥有多个分销商的多代理人委托代理关系在实践中越来越普遍。委托方与代理方利益目标不一致和信息不对称等问题在此复杂网络关系背景下也变得愈发严重，不同主体间冲突问题也变得更加复杂和难以控制。如何更加有效地进行多代理人委托代理关系治理，已成为学术界和企业界当前亟待解决的新难题。本文基于对横向监督相关国内外文献的全面回顾，围绕“何为横向监督”“为何要横向监督”“如何驱动代理人横向监督”，以及“横向监督效果如何”

这几个主题进行系统阐述和分析，并在明晰横向监督现有研究整体理论框架的基础上，提出未来可以通过对组织间横向监督相关问题的深入探讨进一步拓展横向监督的理论研究和应用范围。

一、何为横向监督

（一）横向监督的内涵

横向监督（Peer Monitoring）的概念最早由 Stiglitz（1990）在银行小额贷款领域的研究中提出，是区别于委托人的纵向监督而言的。然而，此后的研究对横向监督的表述并未统一，国外学者们陆续使用过 peer monitoring，mutual monitoring，horizontal monitoring，lateral monitoring，mutual supervision 和 peer control 等相关术语（Loughry 和 Tosi，2008），而国内学者则将其统称为“横向监督”（胡琴芳等，2016）。此外，不同学者从不同角度对组织内和组织间横向监督也进行了不同的界定。组织内员工管理研究应用最广泛的是 Loughry 和 Tosi（2008）对横向监督的定义。他们认为横向监督包括观察注意同事的工作努力和行为表现，赞许同事的出色工作，当面纠正其偏差行为，举报不诚实行为，以及对大家的表现进行讨论等。另外，也有学者认为，组织内横向监督泛指基于群体规范影响同事工作努力程度的所有行为，包括监督、惩罚，以及帮助和激励等一系列具体行为（Kandel 和 Lazear，1992）。还有些学者则认为，组织内横向监督狭义上仅包括对同事的不当行为进行监督和惩罚（Barron 和 Gjerde，1997）。Hu 等人（2016）则在现有研究基础上进一步明确了组织间多代理人委托代理关系情境下横向监督的含义，认为组织间横向监督指同级成员间（例如分销商之间或供应商之间）主动监察彼此的行为并积极做出反应，具体表现为观察、纠正、议论、举报等（Hu 等，2016）。其中，参与横向监督的每一个代理人既是监督者也是被监督者，而委托人则在其中扮演发起和设置者的角色（Kirsch 等，2010）。

（二）横向监督的类型

在组织内部员工管理领域，学者们根据不同的标准将横向监督划分成不同的维度和类型，主要包括直接横向监督与间接横向监督、进取型监督和平衡型监督，以及正监督与负监督等。Loughry 和 Tosi（2008）根据员工对所观察到的同事行为是否直接或当面做出反应，将横向监督分为直接横向监督和间接横向监督。其中直接横向监督是指对同事的出色表现当面提出表扬，对不当行为直接予以纠正，或者采取举报等直接行动。而间接横向监督则并不对同事的不良表现直接做出回应，仅在背后进行议论，或者避免与其交往和共事等。王艳梅等（2008）根据团队共同规范是否支持产出提高将横向监督分为进取型监督和平衡型监督两种。其中进取型监督是指以提高集体产出为目的，鼓励团队成员提高努力程度、排斥偷懒行为的相互监督。平衡型监督则是指团队成员间为保持一致的生产率，既排斥过于努力又排斥偷懒行为的相互监督。Calvó -Armengol 和 Jackson（2010）根据监督手段的不同将横向监督分为正监督和负监督。其中正监督是指个体通过降低其他人实施某一行为的成本进行监督，而负监督是指个体通过增加其他人未实施某一行为的成本进行监督。

二、为何要进行横向监督

现有研究目前仍主要聚焦于委托人—代理人二元关系层面的纵向监督机制在委托代理关系治理中的应用。然而，已经有许多学者在研究中直指纵向监督存在诸多负面影响和固有缺陷。首先，委托人纵向监督成本高昂且信息获取低效。纵向监管过程中，委托人通常需要花费大量的时间和精力去搜集代理人的信息，直接监督代理人的行为表现。而由于时间精力有限，当存在多个代理人时，难以避免会顾此失彼（胡琴芳、张广玲，2015）。其次，纵向监督同时存在惩戒效应和挤出效应。虽然纵向监督的惩戒效应能在一定程度上减少机会主义行为并提高绩效，但挤出效应会使代理人的自我决定和评估受限，导致代理人内在动机减少，过度重视监督部分而在未监督方面减少努力等（Joseph 和 Thevaranjan，1998），相应带来的成本损失也不容小觑。第三，纵向监督负面影响委托代理关系质量。纵向监督向代理人传达了他们不受信任的直接讯号，负面影响委托代理双方关系质量（Stump 和 Heide，1996）。第四，委托人纵向监督增加代理人机会主义的风险。纵向监督通常被看成是来自委托方的具有侵犯性的冒失控制形式，容易招致被监督方的抵触和反感，甚至有可能引发被监督方的报复性机会主义。Heide 等（2007）在研究中也指出，纵向的行为监督会增加合作伙伴的机会主义行为。最后，过度的纵向监督会负面影响代理人的创新性以及代理人的满意、承诺和公平感知等（Thibaut 和 Walker，1975）。综上，纵向监督的实施虽然也能为委托人带来某些积极结果，但同时也需要监督方承担较大的风险和代价，不仅包括监管所需的高昂经济成本和信息搜集成本，同时还须承担因垂直监管的侵入性所导致的关系破坏以及被监督方机会主义被激发的风险等。在当前多代理人委托代理关系的新形势下，纵向监督的上述缺陷更为凸显。而相比之下，横向监督由于主要依靠同级代理人间非正式的相互控制（如社会化、准则和同伴压力等）来规范成员彼此的行为（Jaworski 和 Macinnis，1989），不仅更加契合多代理人网络关系治理情境，在许多方面更具有传统纵向监督机制无法替代的优势。例如，对于委托人而言，代理人之间的横向监督不仅能降低其直接监督成本，而且由于代理人对彼此的情况更熟悉，能够获得委托人纵向监督所无法获取的隐性信息，因而更易实施且监督效果更好，对代理人机会主义有更强的威慑作用（胡琴芳、张广玲，2015）。此外，横向监督在提高对代理人行为的监管效率和组织绩效方面更是优势明显。

三、如何驱动代理人参与横向监督

（一）横向监督产生的必要条件

代理人参与横向监督必须满足两个基本前提：（1）有监督动机。横向监督小组内代理人成员间必须在一定程度上利益相关，也即某一个成员的行为表现会对其他成员的福利状况产生较大影响。只有在这种利益捆绑之下，每一个代理人的利益都会因为其他人的行为而受到直接影响，代理人才会有动力去参与实施对同级成员的横向监督（何慧超，2013）。（2）具备横向监督能力。代理人本身必须具备监督和影响其他代理人成员行为的能力，比如代理人成员之间的地理临近性和透明的信息结构等，使得代理人更容易获取其他成员的行为表现等方面的信息等，唯此横向监督才具有可操作性。

（二）横向监督的驱动因素

综观现有研究，横向监督的前置驱动因素研究主要围绕激励体系设计、代理人的社会性需求以及横向监督能力要素等展开。

首先，委托方激励体系设计的核心在于通过外在的奖励和惩罚等经济激励实现代理人间利益相关，主要包括团队激励组合和收益分享计划，以及连带责任等其他激励方式的设置。根据代理理论，由于存在委托方与代理人的利益、目标不一致以及信息不对称等问题，委托人倾向运用团队激励组合方式实现代理人个体利益目标与集体利益目标的捆绑和统一，以此驱动代理人之间横向监督（Welbourne 等，1995）。Kandel 和 Lazear（1992）以合伙制企业如何避免合伙人“搭便车”为切入点，开创性地分析了利润分享方案促使横向监督产生的条件。Barron 和 Gjerde（1997）认为，补偿计划也会影响组员间横向监督的水平。此外，研究还表明，不仅仅是团队激励，其他激励方式（如连带责任惩罚、举报有奖等）也能引发代理人间强烈的横向监督意愿。Stiglitz（1990）在对团体贷款的研究中指出，贷款小组内成员为彼此的违约行为承担连带惩罚会引发成员间强烈的横向监督动机，而且连带责任越大，横向监督意愿就越强。胡琴芳等人（2016）在供应商集群内机会主义治理的实证研究中也证实，供应商小组成员间为彼此的违规行为承担连带责任和惩罚的规定会显著提高供应商相互监督的意愿。另外，委托方在对多代理人监管中实施举报有奖等奖罚并举的激励政策，同样可以有效驱动代理人参与对同级成员的横向监督（张闯和秦冬露，

2016）。越来越多的供应商企业在渠道机会主义治理中鼓励分销商对其他经销商成员的机会主义行为进行举报，一经查实，有不当行为的经销商接受惩罚的同时，举报者也会得到相应的奖励和补偿，此举大大提高了渠道成员相互监督的意愿，也有效抑制了渠道机会主义。综上，企业激励体系设计的根本在于使代理人间高度利益相关，由此，出于保护自身利益的动机，成员相互间的横向监督就会自发产生（Fischer 和 Huddart，2008）。

第二，驱动代理人参与横向监督的社会性需求主要包括“不公平规避”心理、对激励体系的公平信念以及声誉维持和社会赞许等。研究表明，在许多采用固定工资或计件工资的工作场所，即便不存在奖励或惩罚等经济刺激，仍然存在横向监督现象，而这便是由员工的“不公平规避”心理所导致（Mohnen 等，2008）。“不公平规避”是人类的一种普遍社会心理，即大家追求保持相似生产率的一种状态，无论投入程度高于群体平均水平还是低于群体平均水平，都会给员工带来负面的心理成本（Li，2009）。因此，“不公平规避”心理的存在会导致即便经济利益不相关，员工也会自发地观察与调整自己的行为以尽量保持和大家一致（Bandiera 等，2010）。对相关激励体系的感知公平和认同也会积极影响代理人参与横向监督的意愿。此外，Welbourne 等（1995）认为，引入收益分享计划并不意味着必定会导致代理人之间横向监督，随之而来的更加错综复杂和流动的组织网络会导致权力分散，必须有效地管理社会力量才能达到期望的效果，而其中会积极影响横向监督水平的规范力量之一就是参与横向监督的代理人之间对该激励体系的公平信念。另外，代理人成员也会受声誉维持、社会接受与赞许等社会利益动机的驱动而参与实施横向监督，因为群体中任何人都有被群体接纳、避免遭受排斥的社会需求动机（Loughry 和 Tosi，2008）。

第三，横向监督能力要素主要包括同级成员间的社会连带和社会资本以及地理临近性和组织信息结构。组员间的社会连带可以促进横向监督和横向压力，是因为成员间可以基于社会连带获取更优质的信息从而更易实现互相监督。Kirsch 等（2010）也明确提出，社会资本是横向监督等治理方式的关键前因，也是其区别于其他传统治理模式的核心特征。此外，Mohnen（2008）对组织内横向监督的研究表明，组织的信息结构对横向监督也有直接影响，员工间的绩效信息越透明，横向监督越容易产生。

第四，员工的归属感、互惠关系、雇佣关系以及个体差异因素等也对代理人横向监督有影响。Goh 和 Sandhu（2013）研究提出，员工的归属感以及互惠关系越强，横向监督就会越显著。Freeman 等（2010）也认为，良好的雇佣关系也会导致更多的代理人间的横向监督发生。此外，还有部分学者关注了不同人群对横向监督敏感度的差异。例如，Bellemare 等（2010）检验了性别差异对横向监督的影响，结果表明，男性员工对横向监督的反应比女性员工要大得多，因此其绩效变化更明显。而且，相同条件下低生产率的工人比高生产率的工人对横向监督也更加敏感，从而前者的绩效改变也会更多（Bandiera 等，2010）。

总结发现，现有文献对横向监督影响因素的研究大多是对组织内部层面以及代理人个体影响因素的考察，而目前对代理人网络关系层面、情境层面以及组织间关系层面等相关影响因素还鲜有涉及，相关影响机制也不够明晰。

四、横向监督的效果

研究表明，横向监督虽然与当前多代理人委托代理关系情境更加契合，在很多方面具备其他传统纵向治理机制难以企及的优势，但同时也伴随着不容小觑的风险和代价。委托人只有在充分地权衡利弊之后，才能做出是否以及如何实施横向监督治理模式的理性决策。

（一）横向监督的积极影响

首先，代理人间的横向监督不仅能够直接降低委托人的监督成本和提高对代理人相关信息的搜寻效率，而且能比纵向监督更加有效地抑制代理人的机会主义行为。Powell（1990）研究提出，在非正式的社会网络中，代理人之间会进行相互间的监督，且对不合作的成员进行惩罚，这能更好地抑制网络内部成员的机会主义行为。胡琴芳和张广玲（2015）也在对小团体治理研究总结归纳的基础上提出，代理人间的横向监督不仅直接降低了委托人的监督成本，而且由于代理人对彼此的情况更熟悉，能够获得委托人的监督所无法获取的隐性信息，因而更易实施且监督效果更好，对代理人的机会主义也存在更强的威慑作用。Knez 和 Simester（2001）基于航空公司的二手数据研究提出，成员间互相监督能有效防止“搭便车”行为。Lepine 和 Dyne（2001）也指出，参与横向监督的员工观察到同事有违反规范的表现时会直接采取措施纠正其不恰当的行为，因此横向监督机制在降低代理人道德风险和不当行为方面发挥着积极作用（Lepine 和 Dyne，2001）。

此外，横向监督还可以积极影响代理人的行为和绩效水平。在银行小额贷款领域的研究中，有学者证实了横向监督不仅对代理人资金使用效率存在积极影响（Stiglitz，1990），还在解决代理人的偿还意愿以及提高偿还率方面发挥着重要作用（Besley 和 Coate，1995）。此外，大量有关组织内员工管理横向监督的研究也证实了横向监督不仅对员工绩效存在积极影响（Loughry 和 Tosi，2008），对公司和团队绩效亦存在显著的正面效应（Knez 和 Simester，2001）。

（二）横向监督的负面效应

任何事物都有两面性。我们在关注横向监督在多代理人网络关系治理中积极影响的同时，也不能忽视横向监督的成本和风险问题。研究表明，尽管横向监督在提高代理人努力水平方面具有传统纵向治理机制无法替代的优势，但是横向监督的收益也往往伴随着高昂的员工监督成本，过多的横向监督也会带来对团队绩效的负面影响（Paal 和 Wiseman，2011）。比如，基于利润共享的激励方案虽然能驱动代理人之间的横向监督，但却可能会导致雇佣关系紧张等不良后果。过多的横向监督还会降低成员的内在激励（Orr，2001）。此外，横向监督事实上并非适用于所有的代理人网络关系治理情境。研究表明，横向监督虽然对基于过程的团队治理具有正面效应，但对基于功能的团队治理则会产生负面影响（Winter，2010）。

五、结论与展望

（一）研究结论

本章通过对多代理人委托代理关系中横向监督相关研究成果的全面回顾，详细阐述并剖析了“何为横向监督”“为何要横向监督”“如何驱动代理人横向监督”，以及“横向监督的效果”。研究发现，横向监督主要指多代理人网络中同级成员间主动监察彼此的行为，并积极做出观察、纠正、议论和举报等一系列反应；横向监督主要是在传统纵向治理机制已不能很好契合当前多代理人委托代理关系治理的背景下应运而生；委托人可以通过经济性的激励体系设计、对代理人社会心理需求的激发，以及对代理人横向监督能力要素的积极建设等驱动代理人积极参与彼此间的横向监督；然而，横向监督在带来积极影响的同时也伴随着不容忽视的成本风险。本章不仅明晰了横向监督研究的整体理论框架，对于弥补现有研究具有一定的理论价值，也为未来有关横向监督问题的继续深入研究提供了基础。同时，本研究也为企业深入认识横向监督以及如何在多代理人治理中更加高效地运用横向监督机制提供了更加全面和系统的指导。

（二）研究展望

基于对横向监督现有文献的全面梳理，发现现有研究依然存在一些不足。现有横向监督相关研究主要聚焦组织内部多代理人管理（即员工管理）情境，虽然也取得一些重要研究成果，但对同样运用横向监督机制进行组织间多代理人网络治理的情境却严重关注不足，对组织内横向监督的相关研究结论在组织间多代理人横向监督情境下的适用性问题，以及组织间多代理人委托代理关系独特情境下横向监督所面临的新问题，都尚缺乏清晰和深入的认知。因此，未来研究可以考虑围绕以下几个方面继续展开。

第一，组织间横向监督的分类研究。尽管现有组织内的横向监督治理模式的相关研究将横向监督初步划分为直接横向监督与间接横向监督、进取型监督与平衡型监督以及正监督与负监督等不同类型，但这些都是基于组织内员工管理的情境，与组织间多代理人治理的情境存在较大差异，原有分类及其标准并不完全契合组织间多代理人的网络情境。因此，未来研究可以在参考已有分类标准，并在结合组织间关系具体情境基础上，通过大量实证调研，重新科学界定组织间的横向监督的内涵和维度，并对相关重要变量进行操作化定义和测量开发。

第二，影响企业组织代理人参与横向监督的前置因素及其影响机理的研究。基于对横向监督现有文献的梳理我们发现，虽然有不少研究通过定性或者定量的方法探讨了影响组织内代理人参与横向监督的诸多因素，但是对组织间关系治理的现有研究却很少有专门针对影响企业组织参与同级成员间横向监督的驱动因素进行探讨。因此，基于已有组织内横向监督研究的启发，未来可以在组织间多代理人委托代理关系背景下，进一步研究委托方企业采取的渠道激励体系中哪些重要和独特属性会影响代理商的横向监督的意愿和水平、代理商感知委托方企业横向监督机制的公平性以及代理商所处渠道网络的信息结构是否影响其参与横向监督的意愿和水平。

第三，多代理人企业网络中横向监督对合作伙伴机会主义的治理机制的研究。在以往横向监督的研究中，绝大多数仍聚焦于组织内部横向监督的前置因素、影响效果和边界条件等，且以定性分析、概念框架分析和数理推导居多，关于组织间横向监督治理模式的实证研究极少且不够深入。因此，未来研究可以在借鉴已有组织内部横向监督概念框架的基础上构建组织间横向监督机制对渠道网络机会主义的作用机理模型，并通过实证方法对其影响效果和强度进行检验。同时，也可以对影响企业网络中横向监督实施效果的相关独特权变因素（如多代理人企业网络特征、企业间关系等）展开定性探索和量化分析。

第四，中国文化背景下组织间横向监督治理模式的本土化研究。在中国传统文化的熏陶下，中国人历来重视自己在熟人圈子中的面子或声誉等，并且行为和决策皆受其影响，即便是在生意圈子和商业交易中亦如此，这一点与西方国家存在较大差异。然而，目前尚无研究关注中国本土背景下相关独特“文化”要素对组织间横向监督的影响。因此，未来研究可以考虑围绕该问题展开深入探讨和实证分析，为中国市场中组织间关系治理提供更加完善的指导。

本章小结

本章共分为三部分，具体包括研究的相关理论、小团体治理模式研究述评和横向监督机制研究述评。在第一部分，主要是对委托代理理论、网络治理理论、互惠理论等本研究的主要理论基础进行了介绍和阐释。在第二部分，主要是基于多代理人委托代理关系的情境，通过对相关研究文献进行梳理，系统剖析了小团体治理的内涵、外延、前因及其规范要求，并进行了案例论证。最后对该领域的未来研究进行了简要展望，以期为连带责任治理模式的研究提供重要启示。在第三部分，主要是基于国内外有关多代理人横向监督机制研究的全面回顾，系统梳理并详细阐述“何为横向监督”“为何要横向监督”“如何驱动代理人横向监督”以及“横向监督的效果”，在明晰横向监督相关研究整体理论框架的基础上，提出未来进一步拓展多代理人横向监督研究的具体方向，主要包括组织间委托代理关系中多代理人横向监督机制的分类研究与测量开发、企业（代理人）参与横向监督的驱动因素考察、组织间横向监督机制对代理商机会主义行为的治理效果和作用机理模型构建与实证检验，以及中国文化背景下组织间横向监督机制的本土化研究等。

第二章　连带责任治理模式的前因研究

第一节　连带责任治理的驱动因素

一、引言

在供应链合作关系中，核心企业与聚集在同一地理区域的供应商集群合作的情况十分普遍，如八马集团与茶叶供应商集群之间的合作、广汽丰田与零部件供应商集群之间的合作（王炳成等，2009）。根据委托代理理论，由于供应商与核心企业的目标不一致以及信息不对称，其固有的投机倾向在同级供应商数量增加的情况下变得愈加严重（Bergen 等，1992），直接影响核心企业的产品质量（Noordewier 等，1990）、品牌声誉（Czinkota 等，2014）甚至顾客关系管理（Kumar 等，2011）。对此，近年来，有少数核心企业在长期采取单边、双边等传统治理模式皆收效不佳的情况下，尝试一种新的治理模式——连带责任治理，意即对集群内供应商以小组的形式进行治理，规定小组内所有供应商都为其中任一成员的投机行为共同承担责任，以此来抑制他们的投机倾向（Pasupuleti，2010）。但问题在于，为什么大部分核心企业未能或不愿意对与之合作的供应商集群实施连带责任治理？影响核心企业实施连带责任治理的深层次因素及其影响路径是什么？对于这些问题，现有研究还不能给出具有足够解释力的答案。因此，本节拟以茶业供应链为例，采取嵌入式多案例研究方法，分别从核心企业、供应商个体、核心企业与供应商之间、供应商网络等不同层面，深入探究核心企业实施连带责任治理的多元影响因素及其对核心企业实施连带责任治理决策的作用机制，旨在丰富包含茶业在内的相关产业的供应链管理理论，为相关产业的供应链合作关系治理提供理论支撑和策略参考。

二、文献综述

自 20 世纪 80 年代末以来，关于连带责任治理的研究一直集中在小额贷款研究领域。该领域内很多研究者围绕连带责任治理主题进行了广泛而深入的研究，其中关于连带责任治理的驱动因素问题积累了较丰富的文献。根据研究者们分析立场的不同，可将现有研究划分为两大类，第一大类是基于治理者的立场来探究他们之所以能够或愿意实施连带责任治理的动机和影响因素，这一部分研究占主导位置；第二大类则是指少数研究者尝试从其他角度，如被治理者或宏观环境的立场来分析连带责任治理得以实施的驱动因素。

从治理者的立场来看，不少研究者认为驱动治理者实施连带责任治理的动机与经济利益直接相关。具有代表性的是 Stiglitz （1990），他是首个对连带责任治理模式进行研究的学者，通过数学建模对比分析了贷款机构分别通过实施连带责任治理和个体责任治理产生的利率。其分析结果表明，连带责任治理机制下的贷款利率始终高于个体责任治理机制（Individual Liability Scheme）下的利率，能够给贷款机构带来更高的经济收益。同时，Gomez 和 Santor（2003），Giné 和 Karlan（2009）等研究发现，连带责任治理模式之所以能够被众多贷款机构所接受，最根本的驱动因素在于它能够有效减少借款方普遍存在的逆向选择和败德行为的问题，使还款率显著提高。此外，Ghatak 和 Guinnane（1999）等认为，贷款机构之所以愿意通过连带责任治理的方式放款给偿还能力低的借款方，是因为连带责任治理的实施能够通过借款方相互筛选、相互监督等活动而使贷款机构的治理成本明显降低。

少数研究者尝试从宏观环境或被治理者的角度来探讨连带责任治理之所以能够实施的原因或条件。例如，Madajewicz（2004）认为，实施个体责任治理机制还是连带责任治理机制的先决条件是社会发展水平。他通过对比研究发现，相较于社会发展水平较高的情况，当社会发展水平较低时，个人因缺乏信贷评级而无法独自获得贷款，因而只能通过与其他个体组成连带责任小组的方式获取。Sharma 和 Zeller（1997）则基于被治理者的立场剖析了借款方愿意加入连带责任小组的原因，发现“外部贷款的可获得性”是非常关键的一个因素。对于借款个体来说，贷款来源往往非常有限，甚至是唯一的。同样，Ahlin 和 Townsend（2007）研究发现，自连带责任治理由孟加拉国的格莱珉银行于 1983 年在小额贷款领域实施以来，主要在发展中国家尤其是发展中国家的农村地区得到了长足发展，因而认为该治理模式适用于经济收入水平低的群体。

近年来，随着企业在供应链合作关系管理实践中对连带责任治理模式的引入，供应链合作关系治理领域对连带责任治理的研究始见端倪。但现有研究局限于对连带责任治理在供应商集群内实施效果的探讨，尚未涉及其前因问题。例如，张广玲等（2014）最先对供应链合作关系情境下的连带责任治理模式进行了研究，探讨了连带责任治理对供应商集群内机会主义行为的抑制作用，认为连带责任治理的实施有利于下游生产性企业解决供应商集群内机会主义行为猖獗这一难题。之后，胡琴芳等（2016）在吸收上述研究成果的前提下，基于网络治理理论提出，连带责任治理是一种具体的可操作性强的网络治理模式，能够通过集群网络内的横向监督机制有效抑制供应商的机会主义行为。Hu 等（2016）则基于小团体理论，通过实证研究进一步剖析了互惠、合理权威和共同规范等因素对连带责任治理效果产生的不同影响。

基于以上对不同研究领域内关于连带责任治理的相关研究成果的分析，笔者认为现有文献存在三点不足：（1）绝大部分研究都是基于治理者（即贷款机构）的立场来探讨实施连带责任治理的驱动因素，虽然有少量研究者试图从被治理者的视角分析连带责任治理得以实施的原因或条件，但仅局限于单个的被治理者（即借款个体），没有考虑治理者与被治理者之间的二元关系、被治理者所处社会网络等层面中重要因素的影响，导致连带责任治理的驱动因素研究缺乏一个能被学界广泛接受的理论框架；（2）现有研究偏重于分析各驱动因素对实施连带责任治理的直接影响，而未对它们的间接效应和调节效应进行区分和探讨，忽略了对各因素驱动实施连带责任治理的作用机制的研究，因而难以揭示各前因变量对连带责任治理的影响路径；（3）现有关于连带责任治理的驱动因素的研究集中在小额贷款领域，尚未有研究者对供应链合作关系领域内连带责任治理的驱动因素问题进行探讨，鉴于供应链成员作为独立的经济组织具有异于借款人的独特性（胡琴芳等，2016）会使连带责任治理的前因显著不同于小额贷款的情境。基于此，本节章在吸收和借鉴国内外相关研究成果的基础上，以茶业供应链为例，从茶业企业、毛茶供应商、茶叶企业—毛茶供应商二元关系、毛茶供应商网络关系等层面深入探讨连带责任治理的关键驱动因素，以及这些关键驱动因素的不同作用机制。

三、研究设计

（一）研究方法选择

在供应链合作关系情境中，核心企业对供应商集群实施连带责任治理是一个较新的现象，目前关于这一问题的研究还处于初级的探索阶段，未形成系统的理论。案例研究能够对案例进行厚实的描述和系统的理解，而且对动态的互动历程与所处的情境脉络也会加以掌握，从而获得一个较全面与整体的观点（陈晓萍等，2012），特别适用于这类现有理论体系不是很完善、很难有效解释一些全新现象的问题。同时，为了探讨同一概念在不同场合下的运用结果，多方寻找支持与对立证据，以形成更为坚韧、更具普适性的理论与命题，再加上本节涉及组织（核心企业、供应商）、组织间二元关系（核心企业与供应商之间）以及组织间网络关系（供应商网络）

等不同分析层次，因此，本节拟采取案例研究中的嵌入式多案例研究方法（Yin，1993）对连带责任治理的驱动因素进行研究。

（二）研究样本选择

本节选择三家来自福建省安溪县的本土茶企及其毛茶供应商集群作为研究对象，分别是：福建华虹茶业有限公司（以下简称为“华虹茶业”）及与其合作的仙地村毛茶供应商集群（以下简称为“仙地集群”）、福建高建发茶业有限公司（以下简称为“高建发茶业”）及与其合作的双格村毛茶供应商集群（以下简称为“双格集群”）、福建八马茶业股份有限公司（以下简称为“八马茶业”）及与其合作的美庄村毛茶供应商集群（以下简称为“美庄集群”）（具体信息如表 2-1 所示）。选择依据在于：第一，福建安溪是铁观音生产的集聚地，大部分乡镇都以生产铁观音毛茶为经济支柱，形成了数量众多的毛茶生产集群，并成为华虹茶业、八马茶业和高建发茶业的主要毛茶供应商集群，是典型的“核心企业 + 供应商集群”的合作经营模式，吻合本节的基本研究情境。第二，华虹茶业是首家将连带责任治理模式引入到对毛茶供应商的管理当中的企业，在治理毛茶供应商的投机行为方面取得显著成效，从而使该治理模式得到政府支持并在全县范围内进行推广。地处同一县域的高建发茶业、八马茶业随后也引入了连带责任治理模式，推行甚广，这些都为连带责任治理的驱动因素研究提供了丰富的现实素材。

表 2-1　三家茶企及其供应商集群的基本信息

	核心企业 / 供应商集群	基本情况简介	实施 / 加入连带责任治理的年份
案例一	华虹茶业	成立于 1993 年，集种植、初制、精制、包装、品牌建设和连锁经营于一体，员工 500 多人，茶园面积 24 000 亩，年产茶叶达 3000 多吨，是福建省五大乌龙茶出口商之一。	2006 年（首创）
	仙地	位于安溪县南部，人口 107 万人，1500 多户，村民以许氏族人为主。距县城 50 公里，海拔最高 1100 多米，地处偏僻山区，村民主要从事农业生产，以制茶为主。	2006 年（首批与华虹茶业签订连带责任治理合同的行政村之一）

续表

	核心企业 / 供应商集群	基本情况简介	实施 / 加入连带责任治理的年份
案例二	高建发茶业	始于 1918 年，集茶叶基地、茶园种植、生产加工及出口、品牌建设于一体的现代化大型民营茶企，员工 200 余人，茶叶基地 50 000 多亩，年产茶叶 3000 多吨，产品远销日本、新加坡等国家和地区，连续 10 年位居安溪铁观音出口前两名。	2009 年
	双格	隶属于安溪县虎邱镇，在镇政府驻地西南 11.1 公里山坡地，辖 10 个自然村，村民主要为林、高、曾、陈、黄姓。	2009 年
案例三	八马茶业	成立于 1993 年，集基地种植、新品研发、生产加工和产品销售于一体的全产业链、全茶类连锁经营的上市企业，茶园基地 80 000 多亩，年加工能力 6000 吨，连锁门店 800 余家，覆盖华南、华东、华北等地区，规模在业内位居前列。	2009 年
	美庄	位于安溪南大门，辖 7 个自然村，人口 1548 人，298 户，村民主要为林姓。海拔 600 米，有山地面积 20 000 亩、茶园面积 5000 亩。207 省道途经该村，交通十分便利。	2010 年

资料来源：本文整理。

（三）数据来源

按照殷（2004）提出的“证据三角”原则，本节力求从各种渠道获取所需数据，一是通过上述企业的官方网站以及与企业相关的网络和电视报道收集本节所需的背景资料，二是通过查阅企业内部档案、会议纪要等获取相关数据，三是采取半结构式深度访谈法。其中，半结构式深度访谈是获取所需数据的主要方法。根据本节的研究主题，访谈对象被确定为实施以及加入连带责任治理模式的重要主体，包括核心企业的相关负责人（总经理或部门主管）、供应商集群的管理者（村长或村支书）以及集群内供应商代表（即茶农）。在正式访谈前，我们拟定了初步的访谈大纲，并对仙地集群的管理者和几位供应商代表进行了预访谈，根据其反馈意见对访谈大纲进行了修改，以符合他们的理解和用语习惯，如将“连带责任治理”

改为“联作制”，“投机行为”改为“用药或掺假”等，最后确定了正式的访谈大纲。所有访谈在2017年7月到8月完成，一共访问了36名人员，人均访谈的持续时间从30分钟到120分钟不等。具体访谈对象、访谈时间和内容等情况如表2–2所示。

表2–2　访谈对象、时间和内容一览表

<table>
<tr><td></td><td>案例一</td><td>案例二</td><td>案例三</td></tr>
<tr><td>访谈对象与数量</td><td>企业总经理（1人）、集群管理者（2人）、毛茶供应商（10人）。</td><td>企业总经理（1人）、集群管理者（2人）、毛茶供应商（9人）。</td><td>企业部门主管（1人）、集群管理者（1人）、毛茶供应商（9人）。</td></tr>
<tr><td>访谈对象简介</td><td>企业总经理：男性，“联作制”的始创者。
集群管理者：村长和村支书，均为男性，毛茶供应商，2006年加入“联作制”小组，任“联作制”小组组长兼集群负责人，是企业与集群内所有小组之间的协调沟通者。
毛茶供应商：茶农，均为男性，连带责任小组组长，加入“联作制”小组平均7年。</td><td>企业总经理：男性，“联作制”的推行者。
集群管理者：村长和村支书，均为男性，毛茶供应商，2009年加入“联作制”小组，任“联作制”小组组长兼集群负责人，是企业与集群内所有小组之间的协调沟通者。
毛茶供应商：茶农，7男2女；6名为连带责任小组组长，3名为组员；加入“联作制”小组平均5年。</td><td>企业部门主管：男性，“联作制”的实施者和管理者。
集群管理者：村支书，男性，毛茶供应商，2009年加入“联作制”小组，任“联作制”小组组长兼集群负责人，是企业与集群内所有小组之间的协调沟通者。
毛茶供应商：茶农，7男2女；5名为“联作制”小组组长，4名为组员；加入“联作制”小组平均5.5年。</td></tr>
<tr><td>人均访谈时间</td><td>企业总经理：90分钟
集群管理者：120分钟
毛茶供应商：30分钟</td><td>企业总经理：60分钟
集群管理者：80分钟
毛茶供应商：40分钟</td><td>企业部门主管：60分钟
集群管理者：90分钟
毛茶供应商：40分钟</td></tr>
<tr><td>主要访谈内容</td><td colspan="3">企业总经理：“联作制”的实施原因和背景；“联作制”的运行条件（包括企业方和毛茶供应商方）；毛茶供应商方加入规模；实施前后的优劣势对比。
集群管理者：与企业签订“联作制”合同的原因和动机；集群内加入“联作制”的茶农户数及其比例；“联作制”小组数量；“联作制”小组的加入方式和加入条件；与加入前的收益对比。
毛茶供应商：加入“联作制”的原因和动机；“联作制”小组成立时间；小组成员基本信息，如受教育程度、茶园面积、家庭住址等；小组成员之间的私交关系及其质量。</td></tr>
</table>

资料来源：本文整理。

四、数据分析和模型构建

（一）开放式编码

开放式编码是进行数据分析的第一步工作，是指将所收集到的原始资料进行分解、检视、比较、概念化和范畴化的过程（Strauss 和 Corbin，1998）。具体做法是：第一，将获得的文本资料分解为许多相对独立的事件或故事，即“贴标签”；第二，给这些事件或故事概括出对应的名称，即“概念化”；第三，确定事件或故事所属的范畴，即对事件或故事进行属性归类，把具有相似特征的有关概念聚集成一类，并拟好对应的名称，即“范畴化”。本节以“华虹茶业 + 仙地集群”为例展示开放式编码过程，如表 2-3 所示。

表 2-3　开放性编码示例——以“华虹茶业 + 仙地集群”为例

案例资料	贴标签	概念化	范畴化
日本是华虹重要的出口市场。自 2005 年起提高了进口茶叶的农残标准，对此，华虹挑选出 10 种符合要求的农药品牌，并与仙地的茶农签订毛茶质量合同。但由于毛茶种植周期长、加工程序多（a1），无法在合同中将每一阶段的质量要求具体化（a2）。因此，为了确保毛茶质量，华虹按茶园片区派驻了专门的质保员。但是，茶农偷偷喷洒违禁农药或掺杂不合格毛茶的概率很高，“经常与质保员玩‘捉迷藏’，远远地看到，茶农便会跑到另一个山头，不让当面监督检查（a3）”。“去茶农家里检查时，他们都会把不合格的农药藏起来（a4），去山上检查时，有时会发现地里有不合格品牌的农药瓶子，但由于大家都是集中在一起调药（a5）（因为农药需要用水稀释，一般集中在水渠边调药），所以无法确定到底是谁家丢的，也不会有茶农主动告知（a6）”。 “有的茶农还会用合格药瓶装禁用农药，这让质保员完全查不出来（a7）”。“有的茶农自家茶叶产量不高时，就会拿亲戚家（其他村）的农残超标的茶叶掺杂其中（a8）”。企业去收购时，“有的茶农为了增加重量，	a1 种植周期长、加工程序多。 a2 具体质量要求无法在合同中体现。 a3 不让当面监督检查。 a4 把不合格的农药藏起来。 a5 大家都是集中在一起调药。 a6 不会有茶农主动告诉我们。 a7 用合格药瓶装禁用农药。 a8 农残超标的茶叶掺杂其中。 a9 把茶末掺到里面。	Aa1 产品生产与加工复杂（a1）。 Aa2 质量要求模糊（a2）。 Aa3 过程监督难度大（a3、a4、a7）。 Aa4 搭便车（a5、a6）。 Aa5 质量检查困难（a8、a9）。 Aa6 一损俱损（a10）。 Aa7 成员居住集中（a11、a28）。	AA1 非标准化生产流程（Aa1）。 AA2 非标准化质量要求（Aa2）。 AA3 模糊的行为绩效（Aa3、Aa4）。 AA4 模糊的结果绩效（Aa5、Aa6）。 AA5 居住毗邻（Aa7）。 AA6 成员同质性（Aa8、Aa17）。

续表

案例资料	贴标签	概念化	范畴化
还把茶末掺到里面（a9）”。种种问题导致华虹出口的茶叶无法达到日本市场的严格标准，入境检查没通过，全被退回来（a10），使企业当年损失惨重。 针对上述问题，华虹自 2006 年起开始尝试“联作制”。“联作制”采取自愿的方式，由茶农自己召集成员组成小组，一般 8 ~ 12 户为一组。在同组组员资格方面，华虹规定：第一，同住一个村；第二，在村里的地理位置不能跨区，如村东的不能与村西的在同一组（因为仙地属于丘陵地带，由不同自然村落组成，每个自然村落相隔较远）（a11）；第三，每户每季产量不能少于100公斤（a12）。此外，每个“联作制”小组都从内部产生组长（a13），负责与华虹签订合同、领发农药、收集茶叶标本进行检测、收购成员茶叶、管理并记录成员表现（a14）。 华虹总经理认为，茶农之所以自愿加入“联作制”小组，是因为：第一，采取现款交易（a15）；第二，收购价比市场价略高（a16）；第三，仙地离县城远（a17），很多企业不愿去收购（a18）；第四，相对于个体收购商而言，华虹给“靠天吃饭”的茶农提供了稳定的市场销路（a19）；第五，作为安溪著名的茶企（a20），华虹获得了广大茶农的信任（a21）。 仙地也有少部分一直没有参加“联作制”的茶农，与之相较，加入“联作制”小组的茶农具有如下特点：第一，茶园面积较大（a22），茶叶是其家庭主要收入甚至唯一的收入来源（a23）；第二，交通不便利（a24），大部分住在山腰或山顶；第三，对华虹比较了解，信任程度也高（a25）；第四，同一宗族、同一姓氏（都是许姓）（a26）；第五，同组的以亲戚关系居多（a27），其次是关系好的邻居（a28），平时互相帮助、来往密切、彼此信任（a29）；第五，组长均为男性，一般通过推举产生（a30），文化水平较其他成员要高，平时主持村里或家族的红白喜事，较有威望（a31）。针对“联作制”小组的运行，华虹规定：当小组茶叶标本被检测出问题时，	a10 全被退回来。 a11 同住一个村，不能跨区。 a12 每季产量不能少于 100 公斤。 a13 内部产生组长。 a14 组长负责管理事宜。 a15 现款交易。 a16 比市场价略高。 a17 离县城远。 a18 其他企业不愿收购。 a19 稳定的市场销路。 a20 著名的茶企。 a21 获得了广大茶农的信任。 a22 茶园面积较大。 a23 主要甚至唯一的收入来源。 a24 交通不便利。 a25 对企业比较了解和信任。 a26 同一宗族、同一姓氏。 a27 亲戚关系居多。 a28 邻居。 a29 来往密切、彼此信任。	Aa8 成员茶叶产量普遍较高（a12、a22）。 Aa9 收入增加（a16、a41）。 Aa10 收入更稳定（a15、a19）。 Aa11 集群位置偏僻（a17、a24）。 Aa12 企业品牌影响力（a20、a21）。 Aa13 茶农可选择性低（a18、a23）。 Aa14 成员互相信任（a26、a27、a29）。 Aa15 组长负责制（a14、a32）。 Aa16 组长权威（a13、a30、a31）。 Aa17 成员行动一致（a38、a39、a40）。 Aa18 集体承诺负责（a33）。 Aa19 企业单方面惩罚（a34、a35、a36）。	AA7 经济收益（Aa9、Aa10）。 AA8 市场劣势（Aa11、Aa13）。 AA9 企业资源优势（Aa12）。 AA10 非正式领导者（Aa15、Aa16）。 AA11 成员关系质量（Aa14、Aa18）。 AA12 企业奖惩权力（Aa19、Aa20）。 AA13 社会收益（Aa21、Aa22）。

续表

案例资料	贴标签	概念化	范畴化
由组长召集开会查出问题根源（a32）。如果能够查出违约者，其他成员就不需要承担责任，仅拒收违约者的茶叶并处以罚款；如果不能查出，则整个小组承担责任并接受惩罚（a33）。如企业拒收整组茶叶（a34）或降低整组收购价格（a35），甚至解除与小组的合同（a36）。同时，华虹还开出了一系列奖励措施（a37），如对连续三年没有违约行为的小组予以现金、实物或提高收购价格的奖励等。为了能够使小组达标，有的小组还一致达成了更严格、更具体的组规（a38），如定期开会（a39）、轮班检查（a40）、永久开除违约成员的合作资格等。这些措施的实施不仅提高了华虹所收购毛茶的质量（a41），而且提高了整个仙地在安溪茶叶市场的信誉（a42）和竞争力（a43），全国各地茶商纷至沓来，争相采购（a44）。	a30 推举产生。 a31 较有威望。 a32 组长负责查处问题。 a33 整个小组承担责任并接受处罚。 a34 拒收茶叶。 a35 降低收购价格。 a36 解除与小组的合同。	Aa20 企业单方面奖励（a37）。 Aa21 集群经济收益增加（a41、a44）。 Aa22 集群声誉提升（a43、a43）。	

对“华虹茶业＋仙地集群”案例进行开放式编码后，以该案例的范畴化结果为模板，依照“贴标签—概念化—范畴化”程序依次对“高建发茶业＋双格”案例、“八马茶业＋美庄”案例进行开放式编码，并将概念化和范畴化结果反复与模板进行对照、修正和补充，通过迭代式的跨案例编码过程最终得到稳定的概念和范畴。开放式编码结果如表 2-4 所示，共得到 44 个概念、20 个范畴。

表 2-4 开放式编码得到的概念与范畴

序号	范畴	概念
1	非标准化生产流程	产品生产与加工复杂、种植技术差异化、加工工艺差异化。
2	非标准化质量要求	质量要求模糊、合同条款模糊。
3	模糊的行为绩效	过程监督难度大、搭便车。
4	模糊的结果绩效	质量检查困难、一损俱损。
5	居住毗邻	成员居住集中。
6	生产毗邻	茶园区域管理。
7	加工集中	集中加工、互助加工。
8	成员同质性	成员茶叶产量普遍较高、成员行动一致、成员观念一致。
9	经济收益	收入增加、收入更稳定。
10	茶农市场地位	议价能力弱、销售渠道单一。
11	茶农资源劣势	集群位置偏僻、茶农可选择性低、产品可替代性强。

续表

序号	范畴	概念
12	茶农资源优势	自然条件优势、生产规模优势。
13	茶农交易专项投资	技术学习、特定品种、加工设备投入。
14	企业资源优势	企业品牌影响力、企业品牌知名度。
15	企业交易专项投资	技术指导、专职管理、辅助设备供应。
16	非正式领导者	组长负责制、组长权威。
17	成员关系质量	成员互相信任、集体承诺负责。
18	企业奖惩权力	企业单方面惩罚、企业单方面惩罚。
19	企业市场地位	议价能力强、市场主导者、区域垄断。
20	社会收益	集群经济收益增加、集群声誉提升。

（二）主轴编码

主轴编码的做法是按照“条件—行动 / 互动策略—结果”这一基本范式（Strauss 和 Corbin，1998），对开放式编码中被打乱的资料进行聚类分析，发现范畴之间的逻辑推理关系与因果关系，并重新归类和命名，最终产生了 7 大主范畴，如表 2–5 所示。

表 2–5　主轴编码结果

编号	主范畴	子范畴	分析层面
1	任务非程序化	非标准化生产流程、非标准化质量要求	企业
2	绩效模糊化	模糊的行为绩效、模糊的结果绩效	
3	预期收益	经济收益、社会收益	供应商个体
4	相互依赖强度	企业资源优势、企业交易专项投资、茶农资源优势、茶农交易专项投资	企业—供应商二元关系
5	相互依赖不对称	茶农资源劣势、茶农市场地位、企业奖惩权力、企业市场地位	
6	社会资本	成员同质性、非正式领导者、成员关系质量	供应商网络
7	地理集中	居住毗邻、生产毗邻、加工毗邻	

（三）选择性编码

选择性编码的任务是通过对资料与范畴进行反复对照，从主范畴中识别出起到提纲挈领作用的核心范畴，并通过分析核心范畴和主范畴之间的逻辑关系来形成“故事线”，再基于“故事线”形成新的理论框架。本节中主范畴之间的关系结构及其内涵如表 2–6 所示。

表 2-6　主范畴的关系结构

分析层面	关系结构	关系结构的内涵
企业 供应商	任务非程序化 绩效模糊性 预期收益 → 实施	任务非程序化（企业视角）、绩效模糊性（企业视角）、预期收益（供应商视角）是连带责任治理得以实施的内驱因素，直接决定企业和供应商对连带责任治理的态度。
企业—供应商二元关系	任务非程序化　相互依赖强 绩效模糊性 预期收益 → 实施 相互依赖不对称	企业与供应商之间的相互依赖强度和相互依赖不对称是连带责任治理得以实施的二元关系情境条件，影响主效应的关系强度和关系方向。
供应商网络关系	任务非程序化　社会资本 绩效模糊性 预期收益 → 实施 地理集中	供应商集群的社会资本和地理集中是连带责任治理得以实施的网络情境条件，影响主效应的关系强度和关系方向。

如表 2-6 所示，本节确定了以“连带责任治理的驱动因素”作为核心范畴来统领所有主范畴，围绕这一核心范畴形成的“故事线”可这样表述：任务非程序化、绩效模糊性、预期收益是连带责任治理得以实施的内驱因素，直接决定企业和供应商对连带责任治理的态度；企业与供应商之间的相互依赖强度和相互依赖不对称程度、供应商集群的社会资本和地理集中则是连带责任治理得以实施的重要情境因素。基于此，本文构建出一个全新的“连带责任治理的驱动因素模型”，具体如图 2-1 所示。

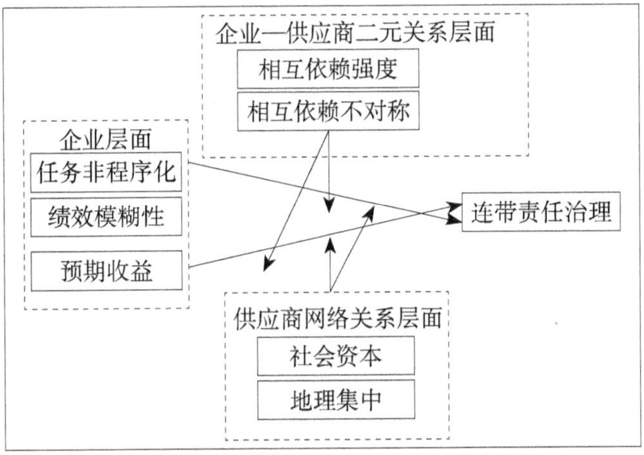

图 2-1　连带责任治理的驱动因素模型

（四）理论饱和度检验

理论饱和度检验是以难以获取额外数据从而发展出某一个新范畴为鉴定标准。对此，本章重新对通过访谈获得的所有数据编码进行随机抽取，结果显示，并没有新的重要范畴和关系出现，在7个主范畴之间也没有发现新的概念和范畴，表明“连带责任治理的驱动因素模型”在理论上达到了饱和。

五、模型阐释与研究发现

通过以上论述可知，用“连带责任治理的驱动因素模型”能够从不同层面全方位地解释连带责任治理得以在“核心企业 + 供应商集群”合作关系中实施的根本原因，包括：个体层面的任务非程序化、绩效模糊性、预期收益；二元关系层面的相互依赖强度、相互依赖不对称；网络层面的社会资本、地理集中。同时，这三个不同层面的驱动因素对连带责任治理的作用机制也不一致，下面对此进行具体阐释。

（一）个体层面：实施连带责任治理的内驱因素

1. 任务非程序化

任务非程序化是指核心企业不能在合同中预先详细规定集群内供应商行为的程度（Eisenhardt，1985）。这是核心企业实施连带责任治理的关键性内驱因素之一。换言之，集群内供应商所承担任务的非程序化程度越高，核心企业越倾向于通过实施连带责任治理对其相关行为进行约束。这是因为，当集群内供应商所负责任务的非程序化程度较高时，意味着核心企业难以详细规定相关任务的实施要求和具体步骤，导致在任务完成过程中难以有效判断供应商相关行为的合理性。因此，在这种情况下，对于核心企业而言，更有效的方法就是对集群内供应商以小组的形式实施连带责任治理，通过让他们共同承担责任的方式对其行为进行约束，确保合作任务的顺利完成。这一观点得到了诸多学者的支持（胡琴芳、张广玲，2015）。

其中，最具代表性的是日本学者 Ouchi（1977），他基于委托代理理论提出，委托人采取的治理模式与委托给代理人的任务的特征密切相关。具体而言，他认为，若委托人无法详细定义和准确说明委托给代理人的任务的具体规则，则适合对代理人以小团体的形式进行治理。据此，提出以下命题：

命题 1：供应商的任务非程序化程度越高，核心企业越倾向于对供应商集群实施连带责任治理。

2. 绩效模糊性

绩效模糊性是指核心企业不能准确评估集群内供应商的行为绩效和结果绩效的程度。这是核心企业实施连带责任治理的另一关键性内驱因素，即绩效模糊性程度越高，核心企业越倾向于对集群内供应商采取连带责任治理。现有诸多文献表明，在供应链的上下游合作关系中，一方往往对另一方进行行为控制或结果控制以确保合作目标的实现（Kashyap 和 Murtha，2017；Choudhury 和 Sabherwal，2003）。但是，当与核心企业合作的供应商的行为绩效与结果绩效都变得难以测量时，这意味着核心企业的监督成本大大增加，而效果又明显下降，无论是进行行为控制，还是结果控制都将无法奏效（Heide 等，2007）。这一结果对于与供应商集群合作的核心企业来说尤为严重。在这种情况下，核心企业采取连带责任治理才是合乎情境的选择。由于连带责任治理模式的核心作用机制是供应商之间的横向监督，供应商因担负连带责任而具有强烈的横向监督意愿，且因相互了解和掌握彼此的信息而具有横向监督的能力，可以有效解决核心企业不能准确评估供应商绩效的难题（Hu 等，2016）。据此，提出以下命题：

命题 2：供应商的绩效模糊性程度越高，核心企业越倾向于对供应商集群实施连带责任治理。

3. 预期收益

站在供应商的角度看，其预期收益也是核心企业之所以能够实施连带责任治理的驱动因素，通过影响供应商对接受连带责任治理后的收益评估来促进其接受意愿。根据委托代理理论，供应商作为独立的经济组织具有典型的“经济人”特性，因而在进行任何决策时总是以潜在的成本与收益为基本前提（Kumar 等，2011）。由于“核心企业 + 供应商集群”的供应链合作关系具有典型的核心企业主导倾向，因此，在供应链中处于较弱地位的供应商意识到，与集群内其他供应商共同通过加入连带责任治理可以明显增加自身的议价能力。同时，连带责任合同的签订预示着与核心企业的合作关系具有长期导向，这能给供应商带来更加稳定的收入来源以及更高的收入水平。此外，核心企业实施连带责任治理的目的是为了通过制约集群内的机会主义行为来提高产品质量（胡琴芳等，2016），这不仅能使集群整体经济收益增加，还能提升供应商所在集群的社会声誉，最终使集群内的每个供应商受益。由此可见，供应商的预期经济收益和预期社会收益是核心企业得以实施连带责任治理的一个重要原因。据此，提出以下命题：

命题 3：供应商对合作的预期收益越高，越有利于核心企业实施连带责任治理。

（二）二元层面：实施连带责任治理的垂直关系情境条件

1. 相互依赖强度

从供应链上下游的垂直二元关系来看，相互依赖强度是实施连带责任治理的重要情境条件。相互依赖强度即相互依赖的程度，是指上下游合作关系中依赖的总量（张闯，2008），即核心企业对供应商的依赖与供应商对核心企业的依赖之和。根据渠道行为理论，当核心企业与供应商之间的相互依赖处于较高水平时，他们的经济利益就会处于紧密相连的状态，促使双方都会积极致力于创造维系良好合作关系的模式以共同提高绩效（Ostrom，2000）。由前述可知，核心企业和供应商都能够通过连带责任治理的实施而受益，因此，双方都会致力于这一合作模式的维护与发展，从而促进协作氛围的形成（Johnston 等，2017），有效缓和实施连带责任治理所造成的上下游关系的压力，为连带责任治理的实施提供了良好的关系环境。据此，提出以下命题：

命题 4：核心企业与供应商之间的相互依赖强度越大，越能强化任务非程序化、绩效模糊性、预期收益对核心企业实施连带责任治理的正向影响。

2. 相互依赖不对称

相互依赖不对称是指核心企业与供应商彼此依赖的差异性，差异越大，相互依赖不对称程度越高。相互依赖不对称也会对连带责任治理的实施产生重要影响。现有研究一致认为，权力与依赖如影随形，相互依赖的不对称程度与权力的不对称程度是对等的，因为一方对另一方的依赖是后者权力的来源（Kumar 和 Scheer，1995；张闯，2008）。因此，在相互依赖不对称程度较高的情况下，拥有较多依赖的核心企业在供应链合作关系中拥有更多的权力优势，故在与供应商的协商中处于更有利的地位（任星耀等，2009），这就越有利于连带责任治理的推行。同时，在倾斜的供应链权力关系中，拥有权力优势的核心企业往往具有较强的继续维持或增强这种不平衡状态的动机，其主观上也倾向于将供应链资源和利益按照有利于自己的方式进行分配，因而在供应商的任务非程序化程度高以及绩效难以准确测量的情况下，其实施连带责任治理的意愿变得愈加强烈。此外，对于处于弱势一方的供应商来说，由于相较核心企业来说权力差距过大，单凭一己之力无法抵抗核心企业的影响，其有效的对策之一就是接受以小组形式组织实施的连带责任治理模式，通过集体的力量增加对核心企业的影响（张闯，2008），这也从客观上促成了连带责任治理的实施。据此，提出以下命题：

命题 5：核心企业与供应商之间的相互依赖不对称程度越显著，越能强化任务非程序化、绩效模糊性、预期收益对核心企业实施连带责任治理的正向影响。

（三）网络层面：实施连带责任治理的横向网络情境条件

1. 社会资本

如前所述，连带责任治理的对象是与核心企业合作的供应商集群。

在集群中，供应商长期处于相对封闭的熟人网络，彼此之间的频繁互动易于形成错综复杂的结构性、关系性和认知性联结，即产生稳定的社会资本（Nahapiet 等，1998），这对连带责任治理的实施起着重要影响。从社会资本的结构性维度看，供应商集群内的非正式领导者能够对其他供应商的工作和行动进行引导、指导和监督，使大家的行为趋于一致（Faraj，2006），有利于促成连带责任治理的有效实施。从社会资本的关系性维度看，集群内的供应商之间若是存在亲密的血缘、亲缘关系，或是通过日常的频繁联系建立起良好的私交关系，比如尊长、友谊等，彼此之间就会产生很强的信任关系，而这正是他们愿意共同担负连带责任的基础。从社会资本的认知性维度看，当供应商们在身份特征或目标等方面的同质性程度较高时，其价值观和理念的共享程度就会较高，这会引导其遵从集群内共同的行为准则（胡琴芳、张广玲，2015），促使他们主动选择能够给集群带来经济利益和社会声誉的连带责任治理模式。据此，提出以下命题：

命题 6：集群内供应商之间的社会资本程度越高，越能强化任务非程序化、绩效模糊性、预期收益对核心企业实施连带责任治理的正向影响。

2. 地理集中

地理集中是指供应商们在产品生产和加工区域上的集中，甚至包括他们在居住位置上的集中。现有研究认为，依托于资源要素优势形成的区域化供应商群体是适于实施连带责任治理的对象（胡琴芳等，2016）。根据Stiglitz（1990）的观点，区域化供应商群体聚集在一个相对封闭的地理空间，它们之间关于产品生产和加工的信息传递速度非常快，具有很强的信息内部共享特性，易于获取区域内任一供应商的相关信息。同样，相较于居住分散的供应商而言，居住集中的供应商由于“朝夕可见”（张维迎、邓峰，2003），更易于横向监督的进行。这些都为核心企业有效推行连带责任治理提供了很好的客观条件。此外，Scott（1999）认为，以密集型交易为特征的经济空间更易成为产生专业化文化和惯例的客观载体。据此推断，在地理相对集中的情况下，供应商集群内还有可能产生嵌入社会关系结构的共同集群文化，对供应商们的生产与经营行为起到显著的约束作用，从而更有效地推动连带责任治理模式的实施。据此，提出以下命题：

命题 7：集群内供应商之间的地理集中程度越高，越能强化任务非程序化、绩效模糊性、预期收益对核心企业实施连带责任治理的正向影响。

六、结论与启示

本节采用嵌入式多案例研究方法，深入探索了供应链合作关系情境下实施连带责任治理的驱动因素，并以此为基础，系统性地构建出实施连带责任治理的驱动因素模型。研究结果表明，连带责任治理的实施是不同层面、不同因素共同驱动下产生的结果，具体包括个体层面的任务非程序化、绩效模糊性、预期收益，二元层面的相互依赖强度和相互依赖不对称程度，以及网络层面的社会资本和地理集中等因素。同时，本节发现这三个不同层面的驱动因素对连带责任治理的作用机制也不一致。具体而言，任务非程序化、绩效模糊性、预期收益是连带责任治理得以实施的内驱因素，对核心企业实施连带责任治理具有正向影响；核心企业与供应商之间的相互依赖强度和相互依赖不对称程度，以及供应商集群的社会资本和地理集中都是连带责任治理得以实施的重要情境因素，为核心企业顺利实施连带责任治理提供了良好条件。

本节的理论贡献主要体现在三个方面：第一，现有关于连带责任治理的驱动因素的探讨一般是基于治理者（即贷款机构）的立场展开，虽然有少量研究者试图从被治理者（即借款人）的视角进行分析，但亦局限于考虑与单个被治理者相关的因素，没有涉及治理者与被治理者之间的二元关系，更遑论被治理者所处社会网络中的重要因素，导致连带责任治理的驱动因素的研究缺乏一个系统性的理论框架。据此，本节分别从个体层面、二元层面和网络层面全方位地探讨了连带责任治理的驱动因素，多角度、多层次地构建了一个系统的连带责任治理的驱动因素模型，这无疑有利于弥补上述研究缺口。

第二，现有研究过于笼统地分析各驱动因素对实施连带责任治理的影响，没有深入揭示它们的具体影响路径，如 Giné 和 Karlan（2009）对经济利益驱动因素的初步探讨、Ahlin 和 Townsend（2007）对经济收入水平的影响的简单分析等。实际上，由于各驱动因素是基于不同视角提出的，可能存在不同的影响路径，如中介效应或调节效应等，但现有研究尚未对此进行区分和探讨。基于此，本节分别探讨了不同驱动因素对连带责任治理的影响路径，揭示了任务非程序化、绩效模糊性、预期收益对连带责任治理的直接影响，以及相互依赖强度、相互依赖不对称、社会资本和地理集中在其中的调节作用，是对连带责任治理相关研究的深化。

第三，现有关于连带责任治理的驱动因素的研究集中在小额贷款领域，主要是探讨贷款机构对借款人实施连带责任治理的原因，虽然在供应链合作关系治理研究领域内，连带责任治理的重要性日益受到研究者们的关注，但以往文献聚焦于分析连带责任治理的后果，即对机会主义行为的作用及其核心作用机制（如张广玲、胡琴芳，2014；胡琴芳等，2016；Hu 等，2016），尚未对供应链合作关系中实施该治理模式的前因进行过任何探讨。鉴于供应链成员作为独立的经济组织具有异于借款人的独特性（胡琴芳等，2016），会使连带责任治理的前因显著不同于小额贷款情境，因此，本节以茶业供应链为例，着重分析了“核心企业 + 供应商集群”合作关系情境下连带责任治理的驱动因素问题，这是对供应链合作关系治理问题的一次探索性研究，丰富了供应链合作关系治理研究领域的文献。

在实践方面，鉴于近年频频发生由供应商环节引致的“瘦肉精”“毒姜”“毒鸡蛋”等产品质量事件，创新对供应商集群的治理模式成为众多核心企业的当务之急。目前，以中粮集团、八马茶业、华虹茶业等为代表的核心企业尝试将连带责任治理模式引入到对供应商集群的管理实践当中，取得了显著的阶段性成效。但是，连带责任治理作为一种新的组织间关系治理模式，与单边治理、双边治理等传统治理模式一样，并非适用于所有供应链合作关系情境，而是具有其特定的适用前提（Heide，1994）。

因此，本节对连带责任治理的驱动因素的探讨，为意欲采用或继续推广连带责任治理模式的核心企业提供了以下几点启示：第一，任务非程序化和绩效模糊性是核心企业实施连带责任治理的内在驱动力，因此，核心企业应着力考察集群内供应商的相关生产与经营行为特征，若具有非程序化程度高且绩效难以测量等显著特点，则采取连带责任治理模式将有利于降低其治理成本，且提高治理效果；第二，预期收益是集群内供应商愿意接受连带责任治理的根本驱动因素，据此，核心企业要努力提高供应商对合作期间获得更高利益的预期，如稳定收入来源、提高收入水平等，以充分调动其接受并配合连带责任治理的积极性和主动性；第三，核心企业还应考虑自身与供应商之间的相互依赖强度和相互依赖不对称程度，只有当二者都较高时，才能够切实减少实施连带责任治理的阻力；第四，连带责任治理的实施对供应商集群网络内的关系因素和地理因素也有要求，根据本节的研究结论，核心企业应选择供应商之间社会资本性强且地理集中程度高的供应商集群作为实施连带责任治理的首选对象，以确保其更顺利地推行。

本节的研究尚存在一定的局限性，须在后续研究中进一步完善：第一，由于采取的是案例研究方法，相对于定量研究方法而言，本节对各驱动因素的描述还不够精准，需要在今后的研究中对所提出的构念及构念之间的关系进行更精确的测量，以深化对连带责任治理的驱动因素的研究；第二，由于案例企业实施连带责任治理的时间还不够长，本节所获数据具有一定的阶段性特征，因此，在今后的研究中将通过对案例企业及其供应商集群的长期追踪，进一步深化对连带责任治理相关问题的讨论；最后，本节通过对三家茶企及其供应商集群进行的研究，归纳出连带责任治理的关键驱动因素，但不排除其他核心企业与供应商集群还有不同的驱动因素的可能性，因此，在今后研究中将通过扩大行业范围以及增加案例数来进行逐项复制和差别复制，以提高本节研究结论的普适性。

第二节 小团体治理的前置因素

现有研究表明，小团体治理的前因有目标一致性、任务程序化、绩效模糊性和社会资本性（具体如图 2-2 所示），且有关这些前因的研究是逐步推进和不断深化的（Kirsch 等，2010）。本节根据该领域研究者们关注焦点的不同，将其划分为两个阶段。第一阶段是 20 世纪后期，研究者们（Ouchi，1980；Eisenhardt，1985；Kirsch，1997）关注的是小团体内部的单个代理人因素，主要围绕“目标一致性”“绩效模糊性”和“任务程序化”三个因素进行讨论。第二阶段是 21 世纪初期，有少数学者（Kirsch 等，2010；Chua 等，2012）开始将关注点从单个代理人因素扩展到各个代理人之间的关系因素。其中，Kirsch 等（2010）明确提出“社会资本”是小团体治理的关键前因，是区别于其他治理模式的核心特征。下面对这四个前因一一进行分析。

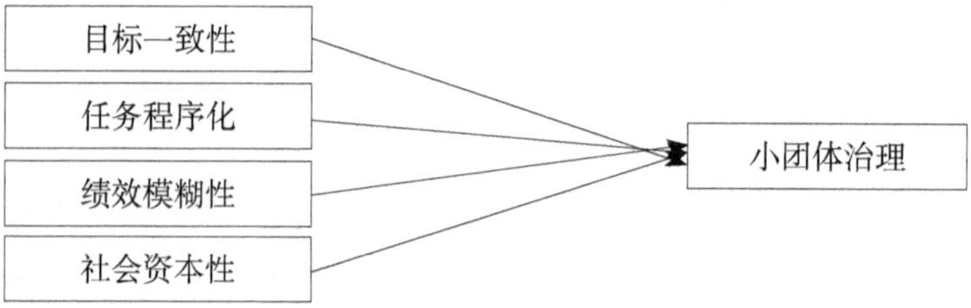

图 2-2 小团体治理的主要前置因素

一、目标一致性

目标一致性是指代理人之间的目标不相互排斥的程度（Ouchi，1980）。Ouchi（1980）基于交易成本理论提出，低目标一致性是致使委托人对多个代理人关系进行协调时产生较高交易成本的两个原因之一（另一原因是下面要分析的绩效模糊性）；根据条件的不同可以区分出市场、层级和小团体这三种基本的治理模式。具体地说，当多代理人之间的目标一致性程度较低时，对其采取市场模式较为有效，而当他们之间的目标一致性程度较高时，对其采取小团体治理模式则更为有效。这是因为，如果多代理人之间的目标一致性程度较低，他们就会为追求私利而各行其是，采取不一致的努力程度。当委托人与他们进行交易协调时，会产生较高的交易成本。在这种情况下，委托人若想对其进行有效管制，适合采取市场治理模式，通过价格机制进行调节，使交易成本降低。相反，如果多个代理人之间的目标高度一致，他们进行相互帮助的可能性大大提高，甚至产生相互依赖（Ouchi，1980）。在这种条件下，如果能够通过社会化机制对他们进行协调和治理，使个体逐渐社会化到集体当中，并将集体目标作为自己的目标，主动去采取有利于集体的行为，那么既使他们自发减少了自己的机会主义行为，也降低了委托人监督他们行为的需要，从而大大降低了交易与协调成本。而小团体治理模式的核心机制就是社会化机制，它在协调目标一致、相互依赖的代理人关系时非常有效（Ouchi，1980）。Chua等（2012）的最新研究为这一观点提供了有力的实证论证和支持。他们以IT（Information Technology）项目小组作为研究对象，项目小组成员来自不同部门，具有不同的技术背景，且没有共同合作的经历，唯一相同的是项目目标，即按时、按质地达到客户提出的工程要求。在这种情况下，该项目小组负责人对小组成员采取了非正式的小团体治理模式，即通过培养和传播共同的价值观和信念，制定并执行一致的行为准则，增强成员之间的良性互动，以此引导和影响他们的行为，最终实现预期目标。据此，本节提出以下命题：

命题1：代理人之间的目标一致性程度越高，委托人越易于对其以小团体的形式进行治理。

二、任务程序化

任务程序化是指委托人可以预先详细规定代理人行动的程度（Eisenhardt，1985）。任务程序化程度越高，委托人越倾向于使用基于行动的契约对多代理人进行约束。这是因为，高度程序化的工作使得代理人的行为变得非常明确，甚至接近完全信息的程度，增强了委托人对他们的可控性。相反，若代理人所承担任务的程序化程度较低，意味着委托人难以预先详细规定具体的实施要求与步骤，继而在任务完成过程当中，也就难以鉴别代理人行动的合适程度（Kirsch，1997）。在这种情况下，要对多代理人采取结果控制或是行为控制都无法达到预期效果，更好的途径便是采取小团体治理模式，通过共同的价值观与信念对他们的行为进行约束，促使其通力合作去实现既定目标。Ouchi（1977）最先提出任务程序化是选择治理模式的前因。不过，他当时使用的概念是“关于转换过程的知识”，意指委托人对投入到产出这一过程的了解程度。如果委托人对这一过程的了解程度不够，就无法对代理人的行为进行监管和指导，也就无法实现对他们的有效治理。而委托人具备的关于转换过程的知识与其委任给代理人的任务特征密切相关（Eisenhardt，1985）。例如，Ouchi（1979）对罐头厂和研究实验室案例进行比较分析时发现，管理者由于对前一种工作的技术完全了解，仅需对员工行为和机器运行进行观察即可实现有效治理；而对于后一种工作的规则，管理者无法进行详细定义和准确说明，只能依赖于“仪式化”的治理模式，即小团体治理模式对其进行约束。正是由于委托人关于转换过程的知识与任务特征之间的密切相关性，后来的学者在研究治理前因时，将“关于转换过程的知识”与“任务程序化”视为同质概念进行互换使用（如 Eisenhardt，1985；Kirsch 等，2010）。据此，本节提出以下命题：

命题 2：代理人之间的任务程序化程度越低，委托人越易于对其以小团体的形式进行治理。

三、绩效模糊性

绩效模糊性是指代理人的绩效不能被具体测量的程度，包括对代理人行为绩效和结果绩效的测量（Eisenhardt，1985）。这是委托人选择治理模式的重要影响因素，可以部分解释对多代理人采取小团体治理模式的原因（Kirsch 等，2010）。Ouchi（1977）研究发现，绩效的可测量性是对比分析委托人在行为控制、结果控制和小团体治理三种不同模式之间进行选择的重要条件。结果表明，当委托人很难对代理人的过程绩效与结果绩效进行衡量时，实施行为控制和结果控制等治理模式都不奏效。在此基础上，Ouchi（1980）明确提出“绩效模糊性”这一构念，分为行为绩效模糊性和结果绩效模糊性两个维度，并将社会学中的“小团体”概念引入到组织治理情境当中，认为高绩效模糊性是采取小团体治理模式的一个必要条件。此后，关于治理前因的研究多是遵循这一基本框架，将行为绩效与结果绩效的模糊性作为选择合适治理模式的必要前提，对它或进行实证检验，或进行理论上的深化与拓展。例如，Eisenhardt（1985）基于组织理论与代理理论提出，委托人面临信息不完全时有两种选择：一是通过采用成本核算与预算系统、增加管理层级等监管机制获取关于代理人行为方面的信息，然后采取相应的奖惩措施；二是基于结果因素（如盈利率）对代理人进行奖惩。他认为这两种选择都是委托人制定治理策略时的重要影响因素，建议合并入一个变量，即“信息体系”。据此，委托人可以通过优化“信息体系”来弥补任务程序化程度的不足。Kirsch（1997）则对比分析了四种治理模式，包括行为控制、结果控制、小团体治理和自治理。他同时提出，如何在这四种治理模式中做出恰当的选择，行为的可观察性与结果的可测量性是必须考虑的前置因素。其中，当治理者无法获取被治理者的行为信息且难以测量其结果时，小团体治理模式是合乎情境的选择。在最近的研究中，Kirsch 等（2010）着重分析了基于小组的小团体治理的前因，也明确提出高结果绩效模糊性与高行为绩效模糊性是其必要前提，并对此进行了实证分析与验证。据此，本节提出以下命题：

命题 3：代理人之间的绩效模糊性程度越高，委托人越易于对其以小团体的形式进行治理。

四、社会资本性

社会资本性是小团体治理的重要前因，更是区别于其他治理模式的关键特征。如前文所述，小团体治理的对象是由多个处于同一层级的代理人组成的小团体，这些成员不是相互独立的个体，而是处于复杂的社会网络当中，彼此之间有着千丝万缕的联系，社会因素在其间起着重要作用。已有研究也认为，小团体治理是一种“族化”或社会化的过程（Kirsch 等，2010）。正由于小团体特有的社会性特征，社会资本性成为小团体治理模式的关键前因。Nahapiet 和 Ghoshal（1998）将社会资本分为三个维度，即结构性社会资本、关系性社会资本和认知性社会资本。社会资本的结构性维度是指多个代理人之间联结的整体模式，即接触的对象构成以及相应的接触方式；关系性维度是指多个代理人通过相互联系而建立起来的私人关系种类，比如尊长、友谊等；认知性维度是指多个代理人共享的特有表达方式、解释和意涵体系等资源。Kirsch 等（2010）提出这三类社会资本是小团体治理的前因，小团体内部的领导者和其他所有成员都可利用社会资本因素推进其内部的有效治理。Chua 等（2012）则认为社会资本是代理人之间的关系中所固有的。因此，他们将小团体定义为“具有强社会资本的集体”。小团体治理是通过各个代理人相互之间的结构性、关系性和认知性连带，使他们抱持共同的价值观与信念，并遵从内部特有的行为准则的活动。同时，他们还进一步分析了小团体治理在 IT 项目情境中的实施途径，对这一观点进行了实证检验。据此，本节提出以下命题：

命题 4：代理人之间的社会资本性程度越高，委托人越易于对其以小团体的形式进行治理。

本章小结

本章共包括两大部分。第一部分是关于连带责任治理的驱动因素的探讨，主要是以茶业供应链为例，采用嵌入式多案例研究方法，分别从单个组织层面、二元关系层面、网络关系层面系统地探索了供应链合作关系情境下连带责任治理的驱动因素。研究结果表明，连带责任治理的实施是在任务非程序化、绩效模糊性、预期收益、相互依赖强度、相互依赖不对称、社会资本和地理集中等不同层面的不同因素共同驱动下产生的结果，而且这些驱动因素对连带责任治理的作用机制也不一致。第二部分是关于小团体治理模式前因的研究，主要是基于多代理人委托代理关系情境，从目标一致性、任务程序化、绩效模糊性和社会资本性等几个方面阐释委托方对代理方实施小团体治理的重要前因。

第三章 连带责任治理模式的中介机制研究

第一节 核心中介机制：横向监督的中介作用

随着供应链管理重要性的日益凸显，核心企业与聚集在同一地理区域的供应商集群合作的情况越来越普遍。根据委托代理理论，由于供应商与核心企业的目标不一致和信息不对称，其固有的机会主义倾向在同级供应商数量增加的情况下变得愈加严重（Bergen 等，1992；Sharma 和 Zeller，1997），直接影响核心企业的产品质量管理（Seggie 等，2013）。因此，核心企业应采取何种治理模式以有效抑制供应商集群内的机会主义行为，是一个值得研究的重要课题。

以往关于供应链合作关系治理模式的研究大多围绕 Heide （1994）提出的单边治理和双边治理展开。前者指核心企业通过权力或地位优势促使合作伙伴采取有利于其目标实现的活动（Jaworski，1988）；后者指核心企业与合作伙伴基于信任和社会认同的创造灵活性、信息分享和团结等共同行为期望的过程（Yang 等，2012）。尽管诸多研究表明，这两种治理模式可以对合作伙伴产生规范、约束或激励作用，在一定程度上抑制其机会主义行为，但它们都聚焦于核心企业与合作伙伴之间的二元关系，没有考虑多个合作伙伴并存的情况（Yang 等，2012；Ghosh 和 John，2009；Heide 等，2007；Kashyap 等，2012）。

近年来有研究者提出，为了充分把握企业间二元关系的本质，应关注其所处的社会网络情境（Wathne 和 Heide，2004；Vinhas 等，2012）。因此，越来越多的关于供应链合作关系治理的文献力倡网络治理。例如，Crisan 等（2011）通过对供应链治理实践与供应链绩效之间关系的研究，明确提出网络治理是一种非常重要的治理模式，这为社会网络情境下的供应商集群治理研究提供了一个很好的理论视角。但是，现有相关文献大多仅是探讨社会网络情境中某些因素对核心企业与焦点合作伙伴之间关系的影响（Vinhas 等，2012；Antia 和 Frazier，2001；Caniëls 和 Gelderman，2007），没有脱离以二元关系为研究焦点的窠臼，更遑论提出具体可行的网络治理模式。实际上，供应商集群处于一个较为狭窄的地域内，相对稳定和封闭的环境决定了集群内部有着错综复杂的社会关系，相互影响彼此的决策与行为。因此，若要探索针对供应商集群内机会主义行为的有效治理模式，核心企业不能囿于关注自身与各个供应商之间的垂直关系，更要考虑如何主动利用供应商之间的横向网络关系对他们进行治理。

鉴于此，本节拟在供应商集群情境下研究由核心企业主动实施的异于单边治理和双边治理的网络治理模式——连带责任治理。该治理模式最初由孟加拉国的格莱珉银行于 1983 年在小微贷款领域实施，用于治理借款人的逆向选择和败德行为问题（Hermes 和 Lensink，2007），近年来被我国的中粮集团、巴马茶业、华虹茶业等企业引入到对上游供应商集群的管理实践当中，这是它们因单边、双边等传统治理模式的效果不佳而进行的尝试。可是，理论研究者们对这一现象尚缺乏应有的关注。连带责任治理在控制集群内的机会主义行为上是否有效？其核心作用机制是什么？这是值得深入探究的问题。因此，本节基于网络治理理论，以供应商小组为分析单位，研究核心企业采取的连带责任治理在抑制供应商集群内机会主义行为上的效果及其核心作用机制。

一、文献回顾与研究假设

（一）单边治理、双边治理与网络治理

机会主义行为是指一方蓄意通过信息误导、歪曲、争执、粉饰或扰乱等方式，以牺牲另一方的利益为代价来谋求己方利益的行为，具体包括客观机会主义和感知机会主义两种类型；前者指违反双方的合同规定，后者指偏离双方关系建立的社会规范（Wang 和 Yang，2013）。Bergen 等（1992）认为，机会主义行为的产生条件是双方的目标不一致和信息不对称。因此，在供应链合作关系中，由于合作伙伴是独立的经济主体，为追求自身利益最大化，它们常常会利用核心企业的信息劣势违背明确的合同规定或隐性的关系规范，使其潜在利益受损。因而不少研究者认为，针对供应链合作关系采取合适的治理模式对核心企业来说至关重要。

Heide（1994）提出了单边治理和双边治理两种治理模式，认为二者具有不同的特点，适用于不同条件下供应链合作关系的治理。因此，核心企业在选择针对合作伙伴机会主义行为的治理模式时，必须考虑所采取的治理模式是否与具体关系情境相吻合，以实现降低治理成本、提高治理效果的目标。据此，许多研究者对单边治理和双边治理的适用条件进行了充分探讨。例如，Chua 等（2012）研究发现，在实施单边治理的关系中，治理者往往居于更高位置或具有更大权力，使之可以对合作伙伴实施单向的监管与控制。类似地，Gereffi 等（2005）从价值链的角度对上下游合作企业之间权力不对称的情境进行分析，发现弱势供应商在交易上对强势买方企业具有高度依赖性，并由此产生较高的转移成本，故形象地称之为“领导型”价值链，实质上反映了治理的单边性。Porter（1998）则根据实施方式的不同将单边治理分为行为控制和结果控制两种，认为它们在不同情境下的实施效果各异。前者适用于核心企业可以预先详细规定合作伙伴的行动并对其行动与绩效之间关系非常了解的情况（Eisenhardt，1985）；后者则适用于合作伙伴的结果绩效可以被准确测量的情况（Kirsch 等， 2010）。

与单边治理不同，双边治理的实施前提是合作双方之间有频繁的社会互动和时间承诺（Heide 等，2007）。它强调核心企业以双方共同利益为出发点，致力于与合作伙伴建立关系契约、合作以及相互沟通等行为。该治理模式实施的有效性取决于双方采取共同行动的程度，具体表现在共同规划、共同解决问题以及双边的调整与适应等治理方式上（Heide 和 John，1990）。例如，Sheng 等（2011）的研究结果表明，具有共同利益的核心企业与合作伙伴之间会通过持续互动和合作产生相互的信任、承诺与依赖，形成强关系准则，进而降低合作伙伴的感知风险和交易成本，使其机会主义动机变弱。Gereffi 等（2005）进行了更具针对性的分析，将供应链上下游之间基于频繁互动而产生双边专用性资产的治理模式称为“关系型”治理。在这种双边关系治理中，核心企业既可以通过信任和声誉机制确保上游供应商的行为符合预期，也可以通过可置信承诺和担保机制使其慑于高额违约成本而降低机会主义倾向。

从以上文献可以看出，单边治理和双边治理的适用条件虽有很大不同，但它们的研究情境却有一个本质的共同点，即以核心企业与供应链合作伙伴的二元关系为研究对象。这表明两种治理模式都暗含了一个理论预设——当多个合作伙伴并存时，他们之间是相互独立、没有关联的，核心企业与之仅是二元关系的简单集合（Kirsch，2004）。已有不少研究者明确指出，二元关系研究的一个基础假设是其他关系条件保持不变，这与实际情况大相径庭（Hakansson 和 Snehota，1995；Wilkinson，2001）。在现实中，不同二元关系之间有着千丝万缕的联系，一关系中的行动会受到另一关系中的行动的影响，或会影响另一关系中的行动（Wathne 和 Heide，2004）。正如 Heide（1994）早就提出：“单个的二元关系都是嵌入在更大范围的关系情境当中，这种关系情境会影响对二元关系中机会主义的治理效果。”所以，为了更好地实现理论研究与实践领域的对接，不少研究者倡导将供应链合作关系治理的分析视角从二元关系拓展到网络关系（Wathne 和 Heide，2004；Vinha 等，2012）。

所谓网络治理，是指在由多个合作伙伴构成的具有选择性、持久性和结构性的集合中，核心企业依靠社会性因素而不是法律性因素形成与各个合作伙伴之间关于产品和服务的交易合约以适应环境变化，对交易进行调整和保护（Jones 等，1997）。网络治理在供应链合作关系治理方面具有独特优势，与单边治理、双边治理有着本质的不同，具体体现在治理情境、治理基础、治理手段和治理效果等方面（见表 3-1）。其中，网络治理的核心作用机制是社会性因素，即非正式的社会机制，如限制进入、集体监督与制裁等；而结构性嵌入是这些社会机制形成并发挥作用的基础（Jones 等，1997）。可见，网络治理不再局限于关注单个合作伙伴，而是着眼于其所嵌入的整个网络关系，利用集体性规范对他们进行协调与治理，以节约核心企业的治理成本并提高治理效果。

表 3-1　网络治理与单边治理、双边治理的区别

	单边治理	双边治理	网络治理
治理情境	治理者与被治理者之间的二元关系	治理者与被治理者之间的二元关系	被治理者之间的网络关系
治理基础	治理者的权力 / 地位优势	治理者与被治理者之间的关系准则	被治理者网络内部的集体性规范
治理手段	治理者对被治理者的过程控制和结果控制	治理者与被治理者的共同规划、共同解决问题、双边调整和适应	被治理者网络内部的限制进入、集体监督与制裁等
治理效果	治理者的直接控制导致治理成本高，且易引起被治理者的反感和抵触	治理者需要与被治理者进行频繁的调整与互动，使治理成本较高，且效率较低	被治理者网络内部的自治大大节约了治理者的成本，且效果更好

资料来源：根据相关文献整理。

近年来，越来越多的研究者从网络治理视角对供应链合作关系治理问题进行研究。例如，Caniëls 和 Gelderman（2007）以采购组合为切入点研究企业如何对上游的强势供应商进行管理。结果表明，企业若能对多个供应商保持不同程度的“相对权力”，构筑自己在整个供应商网络中的权力基础，就可以减少对强势供应商的依赖，并通过形成对强势供应商的替代威胁来增强对它的控制。Vinhas 等（2012）从网络嵌入视角对供应商与组织买方之间的合作关系进行研究时发现，由于焦点组织买方会通过与同区域内其他同级组织买方的平均经济回报进行对比来形成对合作关系的评价，因此，供应商在进行合作资源配置时，应基于区域层面考虑组织买方群体内的一致性问题。现有文献虽然给供应商集群内机会主义行为治理研究提供了有力的理论支持，但仍然存在两个研究缺口：第一，现有文献仅把核心企业与供应链合作伙伴的二元关系置于抽象的社会网络情境当中，实质上还是将二元关系作为焦点研究对象，没有实现网络治理模式的“落地”，由此提出的治理策略也就不可能契合核心企业与供应商集群之间的这种“一对多”的合作关系情境。第二，治理被定义为治理主体针对治理对象采取的“组织交易的模式”（Williamson 和 Ouchi，1980），强调治理主体在发起治理模式上的主动性。但现有文献集中探讨社会网络情境下核心企业如何对供应链合作关系进行管理，仅是对社会网络影响的一种消极应对，而非主动“组织”具体的网络治理模式去抑制合作伙伴的机会主义行为。为弥补以上研究缺口，本节试图以现有网络治理研究成果为基础，对一种由核心企业主动“组织”的契合“一对多”供应链合作关系情境的网络治理模式——连带责任治理进行探讨。

（二）连带责任与机会主义行为

连带责任治理是指核心企业基于合作伙伴之间的地理毗邻或社会联系紧密等条件对他们以小组的形式进行治理，使小组内部的所有成员都为任一成员的机会主义行为担负责任（Pasupuleti，2010）。根据前文关于网络治理的分析，笔者认为连带责任治理是一种切合供应商集群情境的网络治理模式，能够有效抑制集群内供应商的机会主义行为。

首先，连带责任治理的实施有利于降低供应商采取机会主义行为的可能性。如上所述，连带责任治理的实施对象是地理毗邻和关系紧密的供应商群体。其一，他们往往依托于资源要素优势形成稳定的区域化生产基地，具有典型的地理集中性特征（Gereffi 等，2005），如福建的毛茶供应商集群、黑龙江的大米供应商集群。其二，供应商集群是一个封闭程度较高的社会网络，在网络内部，供应商之间的相互联系频繁而紧密。在这种情况下，具有连带责任关系的供应商之间信息透明度非常高，由此降低了他们采取机会主义行为的可能性。

其次，连带责任治理的实施有利于制约供应商的机会主义倾向。在我国盛行的“核心企业＋供应商集群”合作经营模式中，核心企业基于目标市场需求与数量众多的小规模供应商签订“订单”合同。与一般市场条件下的供应商关系不同，在“订单”合同的保障下，供应商集群内部是一种非竞争的关系，期望所有成员遵守合同规定以维持与核心企业的长期合作关系成为他们一致的利益目标。因此，在实施连带责任治理的情况下，集群内供应商的违约行为不仅会直接损害其他成员的经济利益，而且会波及整个群体的市场形象与声誉，从长期看还会影响核心企业与该供应商集群继续合作的意愿。这些可预期的后果无疑对集群网络内的供应商成员形成极大的社会性压力，使其机会主义倾向得到抑制（Besley 和 Coate，1995）。

关于连带责任治理的作用的实证检验主要集中在小额贷款研究领域，其一致的研究结果可为上述观点提供有力支持。例如，Giné 和 Karlan（2009）研究发现，连带责任治理模式之所以能够在发展中国家的小额贷款领域得到广泛推广，最根本的原因在于它能够有效减少借款人普遍存在的逆向选择和败德行为问题，使还款率显著提高。Hossain （1988）对格莱珉银行进行调查获得的数据显示，由于采取连带责任治理，借款人的还款率超过95%（实施连带责任治理之前的还款率为 30% ～ 40%）。这一数据有力证明了该治理模式在抑制机会主义行为上的作用。

根据以上分析，笔者推断，当集群内供应商共同承担违约责任时，他们的机会主义行为能得到有效抑制。由此，提出如下假设：

假设 1：供应商之间的连带责任负向影响其机会主义行为。

（三）连带责任与横向监督

所谓横向监督，是指供应商主动监察彼此的行为并积极做出反应，具体表现为观察、纠正、议论、举报等（Loughry 和 Tosi，2008）。首先，连带责任治理促使供应商具有横向监督的意愿。根据委托代理理论，供应商进行行为决策时总是以权衡潜在的成本与收益为基本前提（Kumar 等，

2011）。鉴于连带责任意味着组内所有供应商都得为其中任一供应商的机会主义行为共担责任，所以，为了保护自身的利益，他们会积极主动地采取相互监督行动。Stiglitz（1990）是首个对连带责任治理模式进行研究的学者。他通过数学建模研究发现，连带责任是一种有效的诱因策略（Incentive Strategy），能够诱发代理人强烈的横向监督动机；而且，横向监督的意愿程度取决于代理人之间在利益上的相互依赖程度，即连带责任越大，横向监督的意愿程度越高。之后，越来越多的研究者从实证研究的角度为这一观点提供了有力支持。例如，Hermes 和 Lensink（2006）使用对厄立特里亚国 102 个小额贷款小组的调查数据进行研究的结果显示，同一小组内的借款人为了降低替其他成员的违约行为负连带责任的风险，确保自己未来的收益，他们都会积极主动地监督成员们的行为，督促其严格遵守与贷款方签订的合约。同样，Hermes 和 Lensink（2007）通过对 1995—2007 年关于连带责任的主要实证研究文献进行梳理，得出一个共同结论，即代理人之间的连带责任能够促使横向监督的出现，使委托人的代理成本显著降低。

此外，在连带责任治理的情境下，供应商具有横向监督的能力。主要体现在：第一，前文已经提到，具有连带责任关系的供应商们聚集在一个相对狭小的地理区域，甚至“毗邻而居”“朝夕可见”，具备易于相互监督的客观条件（张维迎，邓峰，2003）。第二，供应商成员处于一个相对封闭的熟人社区，相互之间日常联系紧密，信息交流频繁，而且交流方式多样。比如，由核心企业发起的正式交流与培训活动，或供应商成员自发地串门、聚众议论等非正式的日常行为，实际上都为他们的横向监督提供了有利时机。

根据以上分析，笔者提出如下假设：

假设 2：供应商之间的连带责任正向影响其横向监督。

（四）横向监督与机会主义行为

在集群内，供应商之间的横向监督对其机会主义行为的制约作用十分有效。首先，供应商进行横向监督时，具备显著的信息优势和监督技术优势。

由于长期处于同一个社会网络内，供应商之间的信息透明度和共享程度都非常高，相对于核心企业来说，其信息优势特别明显（Stiglitz，1990；张维迎、邓峰，2003）。同时，以密集型交易为特征的经济空间更易成为专业化文化和惯例形成的客观载体（Scott，1999），因此，供应商之间随着社会关系日益紧密而会逐渐形成一种共同文化，使他们在活动倾向、行为惯例等方面具有相通性，从而在监督彼此的机会主义行为方面具备很强的技术优势（Barron 和 Gjerde，1997）。

其次，供应商之间的横向监督具备激励功能。在供应商集群内，供应商之间的社会关系复杂，如兼具亲缘、友缘或合作关系等。那么，在连带责任治理情境下，如果某供应商被发现或举报采取机会主义行为，必然会对他在集群网络中的声誉以及今后的发展产生不良影响。因此，横向监督具有激励功能，促使供应商为符合“集体期望”而主动控制其机会主义倾向（Loughry 和 Tosi，2008）。

根据以上分析，笔者提出如下假设：

假设 3：供应商之间的横向监督负向影响其机会主义行为。

（五）横向监督的中介作用

激起研究者兴趣的核心问题是连带责任治理对机会主义行为的影响是如何发生的，换言之，治理对象之间的连带责任影响其机会主义行为的作用机制是什么。该问题引发了大量关于连带责任影响机会主义行为这一“暗箱”的探索。现有研究发现，治理对象之间的连带责任之所以能够有效地抑制其机会主义行为，在于该治理模式在实施过程中催生出来的横向影响因素的作用。（Stiglitz，1990；Karlan，2007；Hermes 等，2005）。其中，Karlan（2007）提出，横向监督是最关键的影响因素。但目前还没有文献对横向监督的中介作用进行深入分析和实证检验。

如前文所述，连带责任治理的实施与集群内机会主义行为的减少之间关系密切。笔者认为，在其中起关键作用的应是供应商之间的横向监督活动。根据委托代理理论，供应商作为独立的经济主体，相互为违约行为共担责任会极大地激发他们的“理性人”意识，促使他们为了避免自身利益受损而主动进行相互监督，具体表现为观察、当场纠正、聚众议论、举报等（Loughry 和 Tosi，2008）。这些横向监督活动由于供应商成员的地理集聚以及强关系嵌入而易于实施，有效降低了他们之间的信息不对称问题，使其机会主义行为失去了滋生的温床。

根据网络治理理论，在基于连带责任形成的强关系网络当中，由于供应商成员的正式商业地位与社会角色融为一体、密不可分，其个体声誉无疑成为在网络内部获取合作机会的最可信指标（Powell，2003）。因此，这会促使供应商成员密切监督彼此的行为，一旦发现某成员有机会主义倾向或正在采取机会主义行为，就会主动对其进行相应的集体性制裁，如警告、疏远、开除甚至终结其他领域的合作等，使其损失远超过因采取机会主义而获得的利益（Wydick，2002）。可见，通过横向监督，供应商之间的连带责任对其机会主义行为得以保持一种“更有效的惩罚威胁”（Che 和 Yoo，2001）。

此外，供应商成员之间的连带责任关系给他们带来诸多共同的社会性压力，使他们的利益目标趋于一致。具体地说，若集群内机会主义行为频发，除了给供应商成员带来直接的利益损失之外，从长远看还会影响所在集群的集体声誉，甚至减少他们今后与核心企业的合作机会。因此，不论是基于自身利益的考虑，还是为了所在集群的集体利益，供应商相互监督的积极性都会因连带责任关系而大大提高，最终使他们的机会主义行为得以有效抑制。

根据以上分析，笔者认为供应商之间的横向监督在连带责任与机会主义行为之间的关系中起着中介作用，是连带责任治理模式得以有效运行的根本原因。因此，提出如下假设：

假设 4：供应商之间的横向监督在连带责任影响机会主义行为的过程中具有中介作用。

综上所述，本节的概念模型如图 3–1 所示。

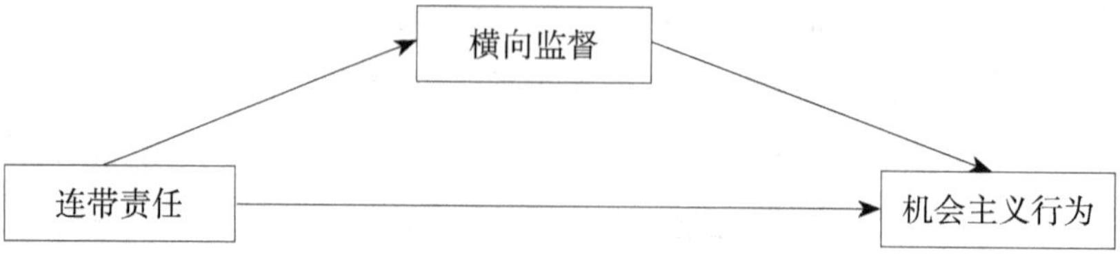

图 3-1　概念模型

二、研究方法

（一）研究样本与数据收集

本文的研究对象是福建省一家茶叶出口企业的毛茶供应商集群。该企业的毛茶供应商集群位于乡镇地区，仍保留我国传统的熟人社会特性，具备连带责任治理的基本实施条件（Hermes 和 Lensink，2007）。针对供应商长期使用低价劣质农药而使茶叶质量无法达到出口市场标准的问题，企业自 2006 年起尝试在供应商集群内推行连带责任治理，具体做法是：以供应商自愿加入为基础，对他们以小组为单位进行治理，规定每组供应商成员为 6 ～ 12 个，其中，如果某个供应商成员在无人举报的情况下被企业发现使用禁用农药，那么，该供应商成员所在小组的所有毛茶都将被企业拒收。此外，每个小组选举出一个供应商成员担任组长，负责农药发放、通知传递、奖惩记录等日常事务。

问卷的设计以国外现有相关文献的成熟量表为基础，通过翻译与还原翻译之后，邀请三个市场营销研究领域的专家对问卷进行了检查。接着，以本科生为对象进行了预测试，主要是以小组为单位通过情景模拟的方式进行，共收集问卷 30 份，然后根据信效度检验结果进一步修改与调整了问卷。最后，在有关部门的协助下，以所设计的问卷为提要进行了半结构式访谈，访谈对象是上述企业的总经理以及该企业的 8 个上游供应商。根据他们的反馈，对问卷内容的顺序与措辞进行了完善，以不改变原意为前提，确保了与被调查者的语言习性和文化程度保持一致。

数据收集时间是 2013 年 2—5 月。由于本项研究的分析单位是具有连带责任关系的供应商小组，因此问卷发放对象是该企业的 122 个符合此条件的供应商小组。在被调查者的选择上，按照 Hermes 等（2005）以及 Loughry 和 Tosi（2008）提出的关于小组内被调查者选取方法与数量的建议，每个供应商小组的被调查者是供应商组长和两名供应商成员，由他们完成问卷信息提供工作。具体情况是，实际发放问卷共 366（即 122×3）份，在回收问卷并剔除无效问卷后，得到有效问卷共 246（即 82×3）份，问卷回复率为 67.2%。因此，最终得到 82 个供应商小组的数据作为对本研究模型进行实证检验的有效研究样本。

（二）变量测量

问卷调查的变量主要有连带责任、横向监督、机会主义行为、感知凝聚力、筛选、核心企业的渠道权力使用、小组组长的网络中心性、小组成员数、小组成员同质性（见附录）。其中，除了连带责任、机会主义行为、小组成员数之外，其他变量的测量题项都使用李克特 5 点量表计分。

连带责任。自变量连带责任的测量采取的是 Ahlin 和 Townsend（2007）测量贷款小组连带责任的方法。根据规定，供应商小组内成员的违约风险是小组所有成员的当季毛茶都被企业拒收，这表明，若企业发现某个供应商采取机会主义行为，所在小组其他成员的毛茶产出量越大，所承担的连带责任就越大。因此，反映供应商小组所负连带责任的一个代理策略是计算出组内成员毛茶产出大于组均毛茶产出的供应商数目在小组中所占的比例。该比例的值越大，供应商小组所承担连带责任的程度就越高。

横向监督。横向监督的测量是在 Loughry 和 Tosi（2008）开发的量表的基础上修改而成的。测量题目共 5 个，反映横向监督活动在 4 个方面的具体表现，包括：（1）观察组内成员的具体行为；（2）当场纠正组内成员的不良行为；（3）向组内其他成员或企业相关人员举报某成员的不良行为；（4）聚众议论组内每个成员的具体表现。Cronbach 的 alpha 值为 0.96。数据分析采用的值是每组所有被调查者提供的计分的平均值。

机会主义行为。鉴于企业在合同中明确规定连带责任惩罚适用于毛茶供应商使用禁用农药的情况，以及根据前文有关客观机会主义的定义，本文借鉴 Hermes 等（2005）在小团体贷款情境下测量小组违约行为的方法，对每组供应商成员使用禁用农药的次数进行统计，以说明每个供应商小组在机会主义行为方面的具体表现。其信息来自每组组长对本组自成立以来每个成员的奖惩情况的客观记录。鉴于每个供应商小组建立的年份不尽相同，因此，数据分析采用的值是每个供应商小组的年均违约次数。

控制变量。现有研究发现，感知凝聚力（Chin 和 Salisbury，1999）、筛选（Ahlin 和 Townsend，2007）、核心企业的渠道权力使用（张广玲和 胡琴芳，2014）、小组组长的网络中心性（张广玲、胡琴芳，2014；Ahearne 等，2013）、小组成员数（Loughry 和 Tosi，2008；Ahlin 和 Townsend，2007）、小组成员同质性（Cassar 等，2007）等因素会对组内成员的行为表现产生影响。因此，这 6 个变量都是本文概念模型中的控制变量。感知凝聚力的测量采用 Chin 和 Salisbury（1999）在小团体情境下开发的量表，以反映组内成员对本组凝聚力的一种感知状态。共两个题目，题目之间的相关系数为 0.72。筛选的测量采用 Ahlin 和 Townsend（2007）的两个题目，分别反映小组成立时其他供应商被拒绝加入的情况和组内供应商成员互相了解的程度。两个题目之间的相关系数为 0.88。借鉴 Gaski 和 Nevin（1985）的量表对核心企业的渠道权力使用进行测量，反映核心企业对连带责任小组进行监督、质量检查的频率。共两个题目，题目之间的相关系数为 0.84。对于这三个变量，数据分析采用的是每组所有被调查者的计分的平均值。在供应商组长的网络中心性的测量上，采取 Ahearne 等（2013）建议的方法，首先获取关于供应商成员与组长之间网络连带强度的计分，然后对计分进行加权平均以得到小组组长的网络中心性的测量值。小组成员数用每个供应商小组的成员的数目来表示。小组成员同质性，即每个供应商小组内具有亲属关系的成员的比重（Cassar 等，2007）。

三、数据分析

（一）信度与效度检验

根据 Anderson 和 Gerbing（1988）的建议，本研究采取多级步骤对变量的信度和效度进行检验。首先计算变量的内部一致性系数以对信度进行检验，结果如表 3-2 对角线上的粗体数字所示。由表中可以看到，主要研究变量的 Cronbach's alpha 值超过 0.80，说明本次调查具有较高的测量质量。然后进行验证性因子分析。结果显示，总测量模型拟合度符合标准（$\chi^2 = 41.52$，d.f. 自由度 = 27，$p < 0.05$；GFI 适配度指数 = 0.92；CFI 比较适配指数 = 0.98；IFI 增值适配指数 = 0.98；RMSEA 拟合指数 = 0.08）；所有题目的因子负荷非常显著（$p < 0.001$），变量的 CR 组合信度和 AVE 平均方差提取量都达到标准水平，证明其聚合效度良好。在区分效度上，采取卡方差异检验方法对所有变量进行配对比较。结果显示，所有变量之间的卡方值差异量都超过 3.84，且呈现统计显著性，说明区分效度良好。综上所述，本研究中各变量的测量具有良好的信度和效度。

（二）研究变量的描述性统计

表 3-2 对每个变量的均值、标准差以及相关性分析结果进行了汇报。其中，相关性分析的目的是看变量之间的相关性是否与基本假设保持一致。如表 3-2 所示，连带责任与横向监督之间显著正相关（$r = 0.51$，$p < 0.01$），横向监督与机会主义行为之间显著负相关（$r = -0.54$，$p < 0.01$）。这正是中介关系存在的一个内在的特征，与前面的研究假设趋势是一致的，说明本研究思路可行。

（三）共同方法偏差

为了确保本研究的分析结果不受共同方法偏差问题的影响，首先，在数据收集阶段进行程序上的控制。具体的做法是：在每个供应商小组内，自变量和因变量的信息仅由组长提供，其他变量的信息由包括两名组员在内的被调查者提供。这种做法能够有效降低共同方法偏差问题的影响（Kumar 等，2011）。然后，在数据分析阶段使用标记变量法进行统计检验（Lindell 和 Whitney，2001）。根据 Lindell 和 Whitney（2001）的建议，以每组被调查者的平均年龄为标记变量，控制它后再对本研究所有变量做相关性分析，并与之前的相关性分析结果进行比较。通过比较发现（见表 3-2），这些变量之间的相关性并未产生显著性的变化，意味着本研究并未受到共同方法偏差问题的影响。

表 3-2　研究变量的均值、标准差和相关系数

	M	SD	1	2	3	4	5	6	7	8	9
1. 连带责任	0.49	0.14	**NA**	0.51**	−0.21	0.05	0.23	−0.38**	0.16	−0.17	−0.17
2. 横向监督	3.36	0.96	0.51**	0.96	−0.51**	−0.03	−0.09	−0.50**	0.76**	0.16	−0.50
3. 机会主义行为	1.76	0.63	−0.21	−0.54**	**NA**	−0.34**	0.21	−0.09	−0.29**	−0.25*	−0.23*
4. 感知凝聚力	3.73	0.55	0.06	0.06	−0.44**	**NA**	0.12	0.30	−0.07	0.19	0.12
5. 筛选	2.88	0.73	0.23*	−0.12	0.25*	0.05	**NA**	−0.18	−0.02	−0.07	−0.03
6. 核心企业的渠道权力使用	3.32	0.80	−0.40*	−0.46**	−0.13	0.32**	−0.20	**NA**	−0.47**	−.08	0.30**
7. 小组组长的网络中心性	3.74	1.15	0.27*	0.76**	−0.30**	−0.04	−0.03**	−0.45**	**NA**	0.14	−0.36**
8. 小组成员数	7.56	1.40	−0.18	0.22*	−0.34**	0.30**	−0.12	0.11	0.15	**NA**	−0.03
9. 小组成员同质性	2.93	1.31	−0.20	−0.47**	0.18	0.15	−0.05	0.31**	−0.35**	0.02	**NA**
10. 年龄（MV）	46.73	7.80	0.09	0.20	−0.32**	0.39**	−0.16	0.12	0.07	0.36**	0.11

注：（1）** $p < 0.01$，* $p < 0.05$，双尾检验；（2）对角线上的粗体数字是变量的内部一致性系数，“NA”表示不适用；（3）表格的左下方区域是变量之间的零阶相关系数，右上方区域是控制年龄后变量之间的相关系数；（4）$N = 82$ 个供应商小组。

（四）假设检验

本研究使用 Baron 和 Kenny（1986）提出的三步回归分析方法对研究假设进行检验。具体而言，在控制了控制变量的影响后，第一步先检验连带责任对横向监督是否具有显著影响，第二步再检验连带责任对机会主义行为是否具有显著影响。如果这两个检验通过，则说明前两个假设得到支持。最后一步同时检验连带责任和横向监督对机会主义行为的影响。如果结果显示横向监督的回归系数显著，而连带责任的回归系数减小但仍达到显著水平，说明横向监督在连带责任影响机会主义行为的过程中只起到部分中介作用；若横向监督的回归系数显著，而连带责任的回归系数不再显著，则说明横向监督在这一过程中起到完全中介作用。

回归分析结果如表 3–3 所示。在回归分析的第一步（模型 1），控制变量和连带责任共同解释了横向监督的方差的 77%（$F = 38.72, p < 0.001$）。其中，连带责任与横向监督之间显著正相关（$\beta = 0.36$，$p < 0.001$），表明供应商之间连带责任的增加会导致其横向监督程度的增加。在回归分析的第二步（模型 2），控制变量和连带责任一起解释了机会主义行为的方差的 42%（$F = 9.20$，$p < 0.001$）。其中，连带责任与机会主义行为之间显著负相关（$\beta = -0.27$，$p < 0.05$），表明供应商之间的连带责任能抑制他们的机会主义行为。因此，假设 1 和假设 2 得到支持。回归分析的第三步同时考察连带责任和横向监督对机会主义行为的影响。分析结果显示（模型 3），控制变量、连带责任与横向监督共同解释了机会主义行为的方差的 51%（$F = 11.50$，$p < 0.001$）。其中，横向监督对机会主义行为具有显著的解释能力（$\beta = -0.66$，$p < 0.001$），而连带责任对机会主义行为的解释能力不再显著（$\beta = -0.03$，$p > 0.1$），表明供应商之间的横向监督会抑制他们的机会主义行为，而且根据上文的中介作用判断标准，横向监督在连带责任影响机会主义行为的过程中起到完全中介作用。因此，假设 3 和假设 4 得到支持。

表 3-3 回归分析结果

	模型 1 横向监督	模型 2 机会主义行为	模型 3 机会主义行为
感知凝聚力	0.08	−0.34**	−0.29**
筛选	−0.20**	0.26**	0.13
核心企业的渠道权力使用	−0.11	−0.21	−0.28**
小组组长的网络中心性	0.51***	−0.24*	0.09
小组成员数	0.17**	−0.19*	−0.08
小组成员同质性	−0.21**	0.18	0.04
连带责任	0.36***	−0.27*	−0.03
横向监督			−0.66***
R^2	0.79	0.47	0.56
Adjusted R^2	0.77	0.42	0.51
R^2 change			0.09
F-statistic	38.72***	9.20***	11.50***

注：（1）*** $p < 0.001$；** $p < 0.01$；* $p < 0.05$，双尾检验；（2）$N = 82$ 个供应商小组。

四、讨论

本研究以福建省一家茶叶出口企业的毛茶供应商集群为研究对象，基于网络治理理论探讨连带责任治理对供应商集群内机会主义行为的抑制作用及其核心作用机制。通过理论与实证分析，证实了供应商之间的连带责任能够有效制约他们的机会主义行为，以及横向监督在连带责任影响机会主义行为的过程中具有完全中介作用。这是对 Karlan（2007）提出的横向监督是连带责任治理的最关键作用机制这一观点的有力支持，意味着连带责任治理只有通过供应商之间的相互监督才能够有效抑制他们的机会主义行为。关于这一点，也可从本研究前期对供应商代表进行的深度访谈得到进一步证实。被访的供应商代表一致认为连带责任治理的实施极大地激发了供应商成员之间相互监督的积极性，促使其主动利用自身的信息、技术等优势，采取各种监督措施，最终使集群内的机会主义行为得到有效控制。正如一位供应商代表所说："我的茶叶产量大，很怕其他成员使用禁用农药而使自己蒙受损失，因此会经常出去溜达，借机观察他们有没有购买禁用农药。”“一旦发现，肯定会当面指责，或聚众议论，因此没有谁敢乱来。”另外，有一位某供应商小组组长谈道：“我们组的成员已与企业合作6年，表现一向很好，就是因为大家平时都积极地相互监督，一有问题就主动向我举报。”这些访谈信息充分表明，连带责任治理对供应商集群内机会主义行为的影响通过横向监督这一中介机制而得以实现。

本研究的理论贡献主要体现在四个方面：第一，在供应链合作关系治理研究领域，网络治理的重要性日益受到研究者们的关注（Heide，1994；Crisan等，2011；Wilkinson，2001）。但现有文献偏向于分析核心企业对合作伙伴所嵌入社会网络的影响的消极应对，如基于区域网络考虑资源配置的均衡性（Vinhas等，2012），或根据网络密度及中心性程度调整违约执行策略等（Antia和Frazier，2001）。它们并没用探讨核心企业如何主动利用合作伙伴之间的横向网络关系对其机会主义行为进行治理，更遑论提出具有可操作性的网络治理模式。针对这一研究缺口，本研究对核心企业主动“组织”的以供应商小组为治理单位的连带责任治理进行分析，并揭示了该治理模式基于非正式网络关系形成的核心作用机制。这是基于核心企业的角度对具体可行的网络治理模式的一次探索性的实证研究，丰富了网络治理文献。

第二，Provan和Kenis（2008）明确提出，网络治理模式研究应以网络关系为分析单位。但在供应链合作关系治理研究领域中，现有相关文献仅是将核心企业与焦点合作伙伴的垂直二元关系置于网络关系情境当中，以此为背景探讨核心企业的治理措施（Vinhas等，2012；Antia和Frazier，2001；Caniëls和Gelderman，2007），如Caniëls和Gelderman（2007）基于供应商网络情境分析产业购买者与强势供应商之间的相对权力与依赖关系及其应对策略。究其本质，并没有脱离将二元关系作为研究焦点的窠臼。因此，本研究以供应商小组为分析单位对连带责任治理进行探讨，弥补了以横向网络关系为研究焦点的研究缺口。

第三，在对网络、层级、市场等治理模式进行比较分析的研究中，普遍认为网络治理的独特优势在于网络内的非正式社会机制，如限制进入、文化氛围、横向监督、集体制裁、声誉等（Jones等，1997）。但它们偏向于强调网络治理之所以不同于其他治理模式的总体特性，对于网络本身则视为没有区别的治理模式，忽视了网络内部各种社会机制的差异性以及相对应的不同网络治理特征（Provan 和 Kenis，2008）。根据 Jones 等（1997）的观点，不同的社会机制实际上各具特点，在网络治理中的作用也不尽相同。例如，限制进入、文化氛围等有利于网络内部的协调，集体制裁、声誉等则在保障交易的进行方面更为有效。Provan 和 Kenis（2008）据此推断，网络治理并非千篇一律，而是具有不同的特点，并因社会机制的不同产生不一样的治理效果。但是，目前尚未有文献探寻具体网络治理模式与不同社会机制之间的匹配关系。鉴于此，笔者从网络治理理论视角剖析了连带责任治理模式的核心作用机制，证实了供应商之间的横向监督在连带责任影响机会主义行为的过程中起着完全中介作用。这不仅从实证的角度呼应了 Jones 等（1997）的观点，而且实现了横向监督这一社会机制与基于连带责任关系形成的特定网络情境的关系对接，是对网络治理理论研究的推进。

此外，本研究是对已有关于连带责任治理模式研究的提升与深化。与本研究一样，已有一篇文献基于渠道关系情境对连带责任治理的有效性进行了探讨（张广玲、胡琴芳，2014）。但该文献聚焦于分析连带责任治理有效性的影响因素，实质上是对连带责任治理模式的适用边界的初步探索。而关于连带责任治理模式的性质的界定以及连带责任治理的有效性产生的原因等重要问题仍未予以解答。鉴于此，本研究以网络治理理论为基础，明确提出了连带责任治理模式是一种具体的适用于供应链合作关系情境的网络治理模式，因而提升了连带责任治理模式研究的理论高度；同时，本研究着重证实了横向监督是连带责任能够抑制供应商集群内机会主义行为的根本原因，是对打开连带责任影响机会主义行为这一“暗箱”的有益尝试，从而深化了对供应链合作关系情境下连带责任治理模式作用机理的探究。

在实践方面，供应商集群现象在我国非常普遍，它们一般基于资源要素优势而聚集在同一地理区域，具有数量多、规模小、相互之间社会联系紧密等典型特征。由于有效的供应链管理日益成为占据市场的制高点，越来越多的核心企业纷纷与供应商集群建立长期的合作关系，以增强对供应链上游的控制，确保资源供应的稳定性与持续性。但是，这种合作关系在给核心企业带来诸多优势的同时，也因集群内供应商长期存在机会主义行为这一难以治愈的“痼疾”而使其控制产品质量的难度加大，造成非常不利的影响。例如，近年发生的“三聚氰胺”“瘦肉精”“毒姜”等质量问题事件，严重影响消费者对相关企业与产品的信任和相关行业的健康发展。在这种背景下，本研究探讨连带责任治理模式对供应商集群内机会主义行为的抑制作用及其作用机制，对于与供应商集群合作的核心企业而言具有非常重要的现实意义。首先，本研究的结论有助于核心企业改进针对供应商集群采取的治理模式。目前，在核心企业与供应商集群之间这种“一对多”的合作关系情境中，核心企业一般采取单边治理或双边治理对每个供应商进行直接的管理，但因供应商数量多、规模小而导致治理成本高、效率低，前述提及的诸多质量问题事件也证实了这些治理方式的实施效果不甚理想。根据本研究的结论，核心企业可采取连带责任治理，使集群内供应商对机会主义行为共同承担责任而使之得以有效控制，以从供应链的源头消除对核心企业的产品质量管理产生不利影响的因素。其次，本研究对核心企业如何有效管理供应商集群具有直接的指导作用。在集群内，供应商们长期处在一个较为狭窄的地理空间内，日常交往频繁，社会关系复杂。在这种社会网络情境下，核心企业若让供应商们共同承担违约责任，实质上是强化了他们之间的相互依赖关系，进而催生非正式的社会机制即横向监督，使集群内供应商自治得以实现。因此，根据本研究的结论，核心企业在制定管理供应商集群的具体措施时，要转变传统的治理思路，不能一味地依赖自身对供应商的直接监督与管理，或仅是消极应对供应商所嵌入社会网络的影响，而应积极利用供应商所处集群内的横向网络关系，通过增强他们之间的相互依赖程度来促使相互约束、相互制衡局面的出现，从而在有效降低关系管理与维护成本的基础上实现供应链合作关系稳定、持续地良性发展。

本研究尚存在几点局限性，有待在后续研究中继续完善。首先，在研究样本方面，由于调查便利性与成本等因素的制约，我们仅选择一家茶叶出口企业的供应商集群作为调查对象，所以样本量较少，且行业单一，这可能会影响本研究结论的推广。不过，以一家企业的供应商为调查对象也具有一些优点，不仅可以获得高问卷回收率，而且可以控制行业、区域及品牌等外生因素可能引起的对研究结果的影响，有利于得到关于本研究的概念模型中变量之间关系的合理解释（Vinhas 等，2012）。其次，连带责任通过横向监督对机会主义行为产生的影响需要一个过程，相应地，对自变量、中介变量和因变量的测量也应分阶段进行，而本研究用于实证检验的数据是截面数据。因此，我们拟在后续研究中采取纵序研究，以对本文所揭示的连带责任、横向监督以及机会主义行为之间的因果关系进行进一步分析和检验。第三，在研究模型方面，连带责任影响机会主义行为的作用机理是一个复杂的过程，因此，在后续研究中拟对横向监督在抑制供应商集群内机会主义行为方面的特点进行更系统、更深入的剖析。同时，本研究结论表明，在不考虑任何情境因素的情况下，供应商之间的连带责任会催生横向监督，继而对其机会主义行为起到抑制作用。但这只是分析了“硬币”的一面而已，在现实中，鉴于情境的动态性和文化的区域性，连带责任治理的实施必然会受到某些情境因素的影响，使其效果向“硬币”的另一面转变。例如，已有研究发现，核心企业的渠道权力使用会弱化供应商之间的连带责任对其机会主义行为的制约作用，以至于出现集体违约的结果（张广玲、胡琴芳，2014）。因此，在后续研究中有必要进一步对影响连带责任治理效果的其他关键情境因素进行探索，如核心企业的监控能力、小组成员之间的社会关系、小组成员的监督成本等，看这些因素是否会降低横向监督的程度甚至引发共谋。此外，还可以进一步探讨除横向监督之外的其他中介变量，如横向筛选、横向执行、群体压力、不信任等因素，以推进对连带责任影响机会主义行为这一“暗箱”的探索。第四，关于供应链外部的主体如政府和非政府组织对机会主义治理可能产生的影响，是一个具有重大理论意义和现实意义的研究议题。考虑到机会主义的行为主体是以营利为目的的企业，本研究为了使研究问题更加聚焦和深入，仅考虑了供应链内部的两类主要成员，即上游供应商和下游买方企业（Chua 等，2012）。我们拟在后续研究中将其作为一个重要的研究方向，探讨这些非营利性主体在强化或弱化机会主义治理效果上的具体作用，以更全面、更系统地推进对供应链管理这一主题的研究。

第二节　多种社会机制的中介作用：网络治理视角

一、引言

在营销渠道中，核心企业与多个渠道伙伴进行合作的情况十分普遍，如八马集团与茶叶供应商集群之间的合作、广汽丰田与零部件供应商集群之间的合作。根据委托代理理论，由于渠道伙伴与核心企业的目标不一致以及信息不对称，其固有的机会主义倾向在同级渠道伙伴数量增加的情况下变得愈加严重（Bergen 等，1992），直接影响核心企业的产品质量（Noordewier 等，1990）、品牌声誉（Czinkota 等，2014）甚至顾客关系管理（Kumar 等，2011）。对此，近年来，有些核心企业在长期采取单边、双边等传统治理模式皆收效甚微的情况下，引入一种新的治理模式——连带责任（Joint Liability），意即对渠道伙伴以小组的形式进行治理，规定小组内所有渠道伙伴都为其中任一成员的机会主义行为共同承担责任（Pasupuleti，2010），从而使他们的机会主义行为得到有效控制。然而，我们对于连带责任到底如何影响渠道伙伴的机会主义行为所知甚少。因此，关注和探讨连带责任的影响机制是一个有意义和有趣的课题。

从国内外文献看，关于连带责任的研究由远及近大致可分为两个阶段。第一阶段自 20 世纪 80 年代末起，在之后的 20 年中，关于连带责任的研究一直集中在小额贷款领域。在该领域，研究者们主要是围绕连带责任的治理效果及其影响因素等问题展开了较充分的研究（例如，Bond 和 Rai，2008；Ghatak 和 Guinnane，1999；Hermes 和 Lensink，2005，2006，2007；Hossain，1988；Stiglitz，1990；Wydick，1999，2002），而鲜有文献对连带责任的影响机制进行深入探讨。第二阶段是指近几年来渠道关系治理领域对连带责任的研究（如：张广玲等，2014）。在该领域，少数研究者尝试将受连带责任约束的渠道伙伴小组视为一种非正式网络（Vinhas等，2012），从网络治理的角度对连带责任的核心中介机制进行探讨，并提出了连带责任是一种适用于渠道合作关系情境的网络治理模式的观点（如：胡琴芳等，2016；Hu 等，2016）。这无疑为本研究提供了非常好的理论基础和研究视角。但是，对照网络治理的基本观点，我们发现目前这些研究还处于对连带责任影响机制的初步探索阶段，尚存在很大研究空间：第一，Provan 和 Kenis（2007）提出，网络治理模式并非千篇一律，而是具有不同特征，但现有研究偏向于强调连带责任作为一种网络治理模式的总体特性，将连带责任本身视为毫无区别的治理模式（Provan 等，2007）；第二，根据 Jones 等 .（1997）的观点，网络治理往往通过多种社会机制达到良好的治理效果，如限制进入、横向监督、集体制裁、声誉等。但现有研究仅探讨了其中的横向监督机制，忽视了基于连带责任形成的网络内其他社会机制及其相匹配的作用机理 Provan 和 Kenis（2007）。

鉴于以上分析，本研究拟基于渠道合作关系情境，在借鉴现有研究成果的基础上，从交易规模、信息和效用的角度对连带责任进行分类，确定每种类型的定义及其测量；基于网络治理视角，深入剖析不同类型连带责任与不同社会机制之间的匹配关系，以及不同社会机制对渠道伙伴机会主义行为的影响。

本研究的理论价值：（1）首次从交易规模、信息和效用的角度对连带责任的具体类型及其测量问题进行系统分析，并对每种连带责任的作用机理进行实证研究，这是对连带责任研究的有力推进。（2）从网络治理视角对不同类型连带责任影响渠道伙伴机会主义行为的中介机制进行实证研究，这既是对上述 Jones 等（1997）、Provan 和 Kenis（2007）的观点的呼应与验证，更是对不同类型连带责任与特定社会机制之间匹配关系的深层次探讨，丰富了网络治理研究。（3）将渠道伙伴网络关系作为本项目研究的基本分析单位，研究结果可弥补以横向网络关系为研究焦点的研究缺口。

本研究的实践价值：（1）有助于启发核心企业改进对多个渠道伙伴采取的治理模式。目前，在“一对多”的渠道合作关系情境中，核心企业一般采取单边治理或双边治理对每个渠道伙伴进行直接管理，但往往因渠道伙伴数量多、规模小而导致治理成本高、效率低。近年频发的“三聚氰胺”“瘦肉精”“毒姜”等质量问题事件就足以说明这些治理模式的实施效果不甚理想。因此，本项目研究可启发核心企业利用自身在渠道关系上的优势地位，尝试采取连带责任治理模式，使渠道伙伴对机会主义行为共同负责，以实现对他们的有效控制。（2）对核心企业如何有效实施连带责任治理模式具有直接的指导作用，具体体现在三个方面：第一，核心企业应厘清连带责任的不同类型及其独特的作用机制，根据实际情况有针对性地采取不同的连带责任对渠道伙伴进行治理；第二，积极利用渠道伙伴所处非正式网络内的各种社会机制，促使相互约束、相互制衡局面的出现，以在降低成本的基础上实现合作关系的稳定与持续发展。

二、文献回顾

（一）网络治理

自20世纪80年代起，研究者们开始对企业间合作领域中的网络现象进行关注，如“准企业”Eccles（1981）、“柔性专业化”（Piore和Sabel，1984）、“组织网络”“企业间网络”（Uzzi，1996）、“网络组织形式”（Powell，2003）等。虽然名称不同，但这些现象具有一个共同的本质特征，即以非正式社会机制为特点的企业间协调，这是与企业内科层结构以及企业间正式合同关系的区别所在。Jones等（1997）认为，企业间协调实质上就是“网络治理”（Network Governance）。进一步地，他们在综合前人研究的基础上，对网络治理的内涵进行了明确界定，即：在由多个合作伙伴构成的具有选择性、持久性和结构性的集合中，核心企业依靠社会性因素而非法律性因素形成与各个合作伙伴之间关于产品和服务的交易合约，以适应环境变化并对交易进行调整和保护（Jones等，1997）。

网络治理在企业间合作关系治理方面具有独特优势，与 Heide（1994）提出的单边治理和双边治理这两种传统治理模式具有本质的区别，具体体现在治理情境、治理基础、治理手段和治理效果等方面（见表 3-4）（胡琴芳等，2016）。

表 3-4　网络治理与单边治理、双边治理的区别

	单边治理	双边治理	网络治理
治理情境	治理者与被治理者之间的二元关系	治理者与被治理者之间的二元关系	被治理者之间的网络关系
治理基础	治理者的权力 / 地位优势	治理者与被治理者之间的关系准则	被治理者网络内部的集体性规范
治理手段	治理者对被治理者的过程控制和结果控制	治理者与被治理者的共同规划、共同解决问题、双边调整和适应	被治理者网络内部的限制进入、文化氛围、横向监督、集体制裁、声誉等社会机制
治理效果	治理者的直接控制导致治理成本高，且易引起被治理者的反感和抵触	治理者需要与被治理者进行频繁的调整与互动，使治理成本较高，且效率较低	被治理者网络内部的自治大大节约了治理者的成本，且效果更好

资料来源：胡琴芳等（2016）。

从表 3-4 可知，网络治理的手段是社会性因素，即非正式的社会机制，如限制进入、文化氛围、横向监督、集体制裁、声誉等。这正是网络治理的核心作用机制，也是网络治理优于其他治理模式的根本原因。不过，这些社会机制特征各异。关于这一点，Jones 等（1997）进行了较深入的分析，其内容大致可总结为两点：第一，不同社会机制的作用方式各不相同。例如，限制进入主要是通过地位筛选的方式实现网络内部的协调，意即较低地位的成员不被接纳，交易最终只在具有较高地位的成员之间进行；集体制裁是指网络内成员主动对那些违反集体规范、价值观或目标的成员进行惩罚，具体包括流言、排斥等方式；声誉则指对网络内成员的个性、技能、可信度以及其他重要特性进行评估，从而对成员形成内部压力。第二，不同社会机制在网络治理中的效果不尽相同。Jones 等（1997）将网络治理的效果分为实现内部协调与确保交易顺利进行两大类，其中，限制进入的效果最好，通过筛选实现同质化后既能有效实现网络内部的协调 Camerer 和 Vepsalainen（1988），又能使交易顺利进行；集体制裁因增加了网络内成员的机会主义成本而降低了其行为的不确定性 Axelrod（1985），从而确保交易目标的实现；声誉则缓和了信息不对称矛盾，也起到保障交易顺利进行的作用。

Jones 等（1997）对网络治理的定义、作用机制以及效果等因素进行了较为系统的分析，对后人的研究具有启发性的意义。例如，Provan 和 Kenis（2007）基于其观点推断，网络治理并非千篇一律，而是具有不同的特征，并因社会机制的不同产生不一样的治理效果。不过，由于 Jones 等（1997）、Provan 和 Kenis（2007）都只是通过规范性研究方法对他们的观点进行理论上的阐述，并未提出具有可操作性的模型或变量，因而至今尚未有文献对这些观点进行实证检验。

（二）连带责任

自 20 世纪 80 年代末以来，关于连带责任的研究一直集中在小额贷款领域（例如，Ahlin 和 Townsend，2007；Bond 和 Rai，2008；Hermes 等，2006；Hossain，1988；Laffont 和 Guessan，2000；Pasupuleti，2010；Stiglitz，1990；Tassel，1999；Wenner，1995；Zeller，1998），但随着企业在渠道关系管理实践中对连带责任治理模式的引入，近年来，渠道关系治理领域对连带责任的研究始见端倪（张广玲等，2014）。在该研究领域，有少数国内外研究者开始关注核心企业针对多个渠道伙伴引入的连带责任，将其提升到渠道合作关系治理模式的理论高度来进行更深入的探讨，并已取得初步性的研究成果。

张广玲等（2014）最先对渠道关系情境下的连带责任进行了研究，不仅首次明确提出了渠道关系情境中连带责任治理模式的定义，而且基于核心企业与供应商集群合作的渠道关系背景，探讨了连带责任对供应商集群内机会主义行为的抑制作用，并从供应商领导者和核心企业两大内外部情境切入，分析了影响连带责任治理有效性的重要因素。不过，该研究偏重于从二元关系视角对连带责任的适用边界进行初步探索，而关于这一治理模式的性质的界定及其有效性产生的原因等重要问题仍未予以解答。

因此，胡琴芳等（2016）在吸收上述研究结论的基础上，以网络治理理论为基础，提出了连带责任是一种具体的适用于渠道合作关系情境的网络治理模式的观点，因而提升了连带责任研究的理论高度。此外，Hu 等（2016）还尝试通过实证研究打开连带责任影响机会主义行为这一“暗箱”，进一步证实横向监督是连带责任能够抑制供应商集群内机会主义行为的重要原因，深化了对渠道合作关系情境中连带责任的探究。

不过，通过上面对网络治理基本观点的梳理，我们发现，目前这些研究还处于对连带责任治理模式的初步探索阶段，尚存在诸多问题亟待进一步解决。

第一，Provan 和 Kenis（2007）提出，网络治理模式并非千篇一律，而是具有不同特征，但现有研究偏向于强调连带责任之所以是一种网络治理模式的总体特性（胡琴芳等，2016），将连带责任本身视为毫无区别的治理模式，没有进一步探讨连带责任治理模式的具体类型问题。

第二，根据 Jones 等（1997）的观点，非正式网络内往往同时存在多种社会机制，它们各具特点，治理作用亦不尽相同，而现有研究仅探讨了其中的横向监督机制，忽视了基于连带责任形成的网络内其他的社会机制及与其相匹配的作用机理（Provan 和 Kenis，2007），更遑论深入分析不同连带责任与不同社会机制之间的一一对应关系。

三、整体研究框架与具体研究内容

鉴于以上分析，本研究拟在借鉴现有研究成果的基础上，首先从交易规模、信息和效用的角度对连带责任进行分类，然后基于网络治理视角，深入剖析不同类型连带责任与不同社会机制之间的匹配关系，以及不同社会机制对渠道伙伴机会主义行为的影响，整体研究框架如图 3-2 所示。

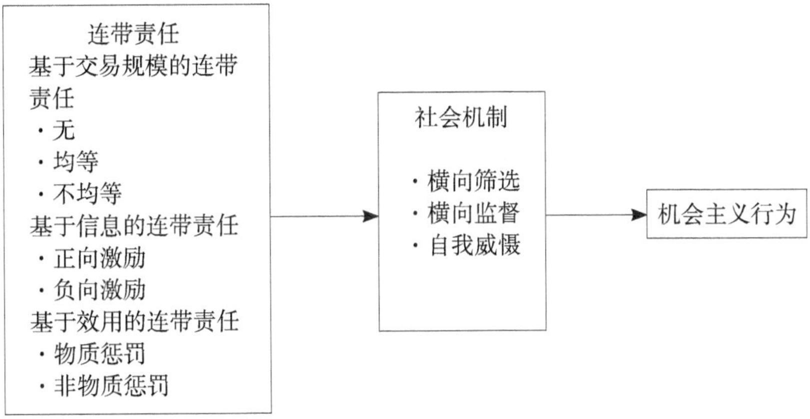

图 3-2 整体研究框架

根据整体研究框架，本研究具体包括以下研究内容。

（一）连带责任的分类研究

这是本研究的基础内容，具体任务是探讨核心企业对多个渠道伙伴实施的连带责任的具体类型，确定每种类型的定义及测量量表。目前，尚未有文献对渠道合作关系情境下的连带责任进行分类，因此，本研究拟借鉴张维迎等（2003）、Bond 和 Rai（2008）的观点作为对连带责任进行分类的标准，然后以此为基础对每一标准下的连带责任类型进行细分。

首先，张维迎等（2003）基于经济学视角提出，由于“决定连带责任的，正是信息、惩罚和行为的特性”，这意味着“信息分配的不对称、利用惩罚加大来改变违法者的效用，以及行为的特性决定了连带责任的边界”[①]，因此，可从信息、效用和行为的角度对连带责任进行分类。其中，基于信息的连带责任与基于行为的连带责任之间“没有什么区别”“难以在二者之间划出明显的界线”，所以，本研究拟将三者整合为“基于信息的连带责任”和“基于效用的连带责任”作为对渠道合作关系情境下的连带责任进

① 张维迎，邓峰．信息、激励与连带责任——对中国古代连坐、保甲制度的法和经济学解释［J］．中国社会科学，2003，141（3）：99-111.

行分类的两大标准。其次，Bond 和 Rai（2008）对小额贷款情境下的连带责任进行研究时，提出了基于贷款额度对连带责任进行分类的观点，具体分为等额贷款型、不等额贷款型和无贷款型等。由于在渠道合作领域中，核心企业与渠道伙伴之间的关系是基于交易建立的，因此，本研究拟在借鉴 Bond 和 Rai（2008）的观点的基础上，以交易规模为划分标准，提出渠道合作关系情境下连带责任的第三大分类视角，即“基于交易规模的连带责任”。

综合以上分析，本研究拟从交易规模、信息和效用这三个角度对连带责任进行分类，主要是根据每个分类标准的特点，对渠道合作关系情境下的连带责任类型进行细分。下面对各个标准下连带责任的具体类型及其定义进行初步讨论，进一步的研究工作将以此为基础进行展开。

（1）基于交易规模的连带责任类型。根据核心企业与渠道伙伴之间交易规模的不同，我们将基于交易规模的连带责任具体分为零交易规模型连带责任、均等交易规模型连带责任与不均等交易规模型连带责任三种类型。其中，零交易规模型连带责任是指由渠道伙伴联合推荐其中一个成员作为担保方，该担保方不与核心企业产生交易关系，但若任一渠道伙伴违约，它会因之而担负相应责任，因此，又被称为基于担保方的连带责任（Bond 和 Rai，2008）；均等交易规模型连带责任是指渠道伙伴小组内所有成员与核心企业的交易规模相同，若其中某个成员违约，其他成员都将为此共担责任；不均等交易规模型连带责任是指渠道伙伴小组内所有成员与核心企业的交易规模不尽相同，若其中某个成员违约，其他成员都将为此共担责任。

（2）基于信息的连带责任类型。一般情况下，为了鼓励渠道伙伴小组内的信息举报行为，核心企业主要采取集体奖励和集体免罚两种激励手段，而奖励具有正向激励特征，免罚具有负向激励特征孟令国（2005）。据此，我们将基于信息的连带责任具体划分为正向激励型连带责任和负向激励型连带责任两种类型。具体地说，正向激励型连带责任是指在合作关系存续过程中，若渠道伙伴小组内成员主动向核心企业举报同组其他成员的违约行为倾向或具体违约行为，核心企业对该组内除违约者之外的所有成员都予以奖励；相应地，负向激励型连带责任则指若渠道伙伴小组内成员主动向核心企业举报同组其他成员的违约行为倾向或具体违约行为，核心企业对该组内除违约者之外的所有成员都予以免罚作为激励。

（3）基于效用的连带责任类型。根据核心企业对违约者所处的渠道伙伴小组所采取的惩罚内容的不同，我们将基于效用的连带责任分为物质惩罚型连带责任与非物质惩罚型连带责任两种类型。其中，物质惩罚型连带责任是指当渠道伙伴小组内任一成员采取违约行为时，核心企业对该组内所有成员进行物质形式的惩罚，如缴纳罚金、减少折扣、扣除奖金等；非物质惩罚型连带责任是指当渠道伙伴小组内任一成员采取违约行为时，核心企业对该组内所有成员进行非物质形式的惩罚，如公开批评、当众检讨、书面通报等。

最后，关于上述每种连带责任的测量问题，我们将以 Ahlin 和 Townsend（2007）在小团体贷款情境下使用的测量方法以及张广玲等（2014）在供应商集群情境下使用的测量方法为基础，通过深度访谈和焦点小组访谈等方式，确定每一种连带责任的操作性定义和测量题项，再进一步通过探索性因子分析和验证性因子分析来确定正式的测量量表。

（二）基于交易规模的连带责任对渠道伙伴机会主义行为的影响机制研究

首先对基于交易规模的连带责任类型对渠道伙伴机会主义行为的影响机制进行分析，研究思路如图 3-3 所示。下面对研究假设做详细的阐述。

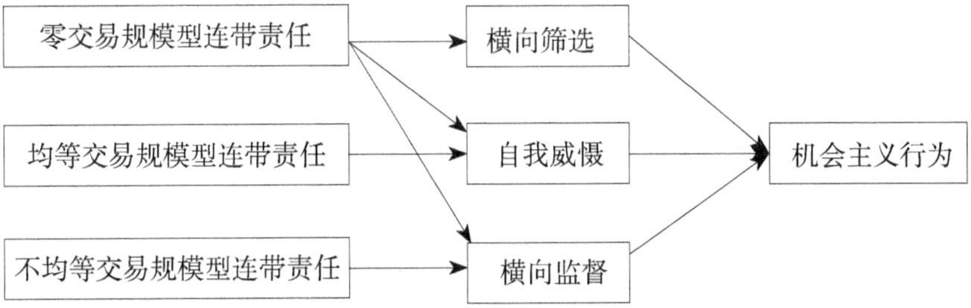

图 3-3　研究模型一

由上述的定义可知，零交易规模型连带责任的基本特征是由渠道伙伴联合推荐的担保方为任一渠道伙伴的违约行为担负连带责任。首先，在这类连带责任关系中，担保方会利用自身的信息优势主动地对其所担保的渠道伙伴进行筛选，比如在诚信、资质等方面的准入限制（Gomez和Santor，2003；Pasupuleti，2010）。经过横向筛选后的渠道伙伴往往具有更高的可信度和可靠性，因而采取机会主义行为的可能性降低。

其次，在零交易规模型连带责任中，担保方具有强烈的横向监督动机。根据委托代理理论，担保方作为独立的经济主体，在进行行为决策时总是以权衡潜在的成本与收益为基本前提（Kumar等，2011）。因此，鉴于担保方必须为任一渠道伙伴的机会主义行为担负责任，它必然会积极主动地监督所有渠道伙伴的行为以保护自身利益不受损害。进而，由于担保方与其担保的渠道伙伴共处同一个社会网络内（Porter，1998），在横向监督方面具有显著的信息优势和监督技术优势（Barron和Gjerde，1997；张维迎等，2003），因而能够有效地制约渠道伙伴们的机会主义行为。

最后，根据Bond和Rai（2008）的观点，由渠道伙伴共同推荐的担保方在非正式网络内的权力关系中是较强势的一方（若担保方在权力关系中处于弱势，它必然不会为自身无法制裁的渠道伙伴进行担保），这是零交易规模型连带责任得以存在的一个核心条件。因此，担保方相对强势的权力对所担保的渠道伙伴具有较强的自我威慑效应，使其担心事后可能会受到更严厉的惩罚或制裁而不敢贸然采取机会主义行为（Karlan，2004）。据此，我们提出如下假设：

假设1a：零交易规模型连带责任正向影响渠道伙伴们的横向筛选、横向监督与自我威慑，进而负向影响其机会主义行为。

由均等交易规模型连带责任的定义可知，在基于均等交易规模形成的连带责任关系中，每个渠道伙伴与核心企业的交易规模都是一样的。这意味着，如果当中任一渠道伙伴采取违约行为，其他渠道伙伴都会为此承担同等责任（Bond和Rai，2008）。在这种情况下，当某个渠道伙伴意欲采取机会主义行为时，它能由己推人，准确预知其他渠道伙伴遭受同等损失之后的反应，从而对其违约倾向产生自发的约束作用。加之，同等的交易损失意味着同等的制裁权力（Bond 和 Rai，2008），连带责任已然成为非正式网络中一种内生的惩罚手段，能够对渠道伙伴产生强烈的威慑效用（Conning，2005）。而自我威慑是一种有效的约束机制，能够有效地抑制机会主义行为的发生。据此，我们提出如下假设：

假设 1b：相对于不均等交易规模型连带责任而言，均等交易规模型连带责任会导致渠道伙伴们更高的自我威慑，进而对其机会主义行为产生更有效的抑制作用。

不均等交易规模型连带责任意味着具有连带责任关系的渠道伙伴在与核心企业的交易规模上不一样，其中，交易规模大的渠道伙伴会因其他成员的机会主义行为而遭受更大的损失。反之，交易规模小的渠道伙伴因其他成员的机会主义行为而遭受的损失较小（Bond 和 Rai，2008）。因此，根据委托代理理论，交易规模大的渠道伙伴作为独立的经济主体，其所处的连带责任关系会极大地激发他们的“理性人”意识，促使他们为了避免自身利益受损而主动对其他成员进行监督，具体表现为观察、当场纠正、聚众议论、举报等行为（Loughry 和 Tosi，2008）。这些横向监督活动由于渠道伙伴之间的关系嵌入而易于实施，有效降低了信息不对称问题，使其机会主义行为失去了滋生的温床。据此，我们提出如下假设：

假设 1c：相对于均等交易规模型连带责任而言，不均等交易规模型连带责任会导致渠道伙伴们更高的横向监督，进而对其机会主义行为产生更有效的抑制作用。

（三）基于信息的连带责任对渠道伙伴机会主义行为的影响机制研究

接着对基于信息的连带责任类型对渠道伙伴机会主义行为的影响机制进行分析，研究思路如图 3-4 所示。下面对研究假设做详细的阐述。

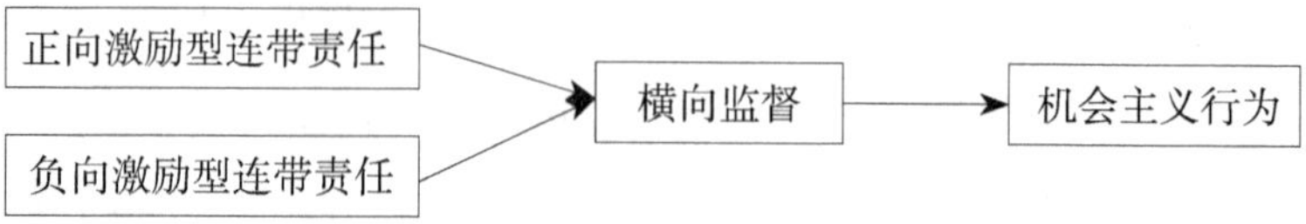

图 3-4　研究模型二

在经济活动中，行动者获得的信息往往不充分，且具有非对称性，信息的获取亦须付出成本（孟令国，2005）。对于与多个渠道伙伴进行合作的核心企业来说，信息不对称程度更加严重，获取信息的成本更高，而且难度更大，甚至变得不可能（Bergen 等，1992）。从这个意义上来讲，连带责任实质上是一种典型的激励机制（Incentive Mechanism）（张维迎等，2003），能够刺激渠道伙伴积极地相互监督，客观上解决核心企业的信息不对称问题（Stiglitz，1990）。其中，正向激励型连带责任是以集体奖励作为激励手段，促使渠道伙伴主动向核心企业举报其他成员的违约行为倾向或具体违约行为。不过，根据前景理论，同量收益带来的正效用明显小于同量损失带来的负效用（Kahneman 和 Tversky，1979），这意味着渠道伙伴对奖励的敏感度相对来说较小。因此，当集体奖励额度不够大时，渠道伙伴因受到的激励较小而难以主动采取监督行动；只有超过一定临界点之后，即集体奖励额度足够大时，渠道伙伴作为理性经济人的特性才会被激活，在行动上采取积极的相互监督活动来获取其他成员的行为信息，使他们的机会主义行为得到抑制。据此，我们提出如下假设：

假设 2a：超过一定临界点后，正向激励型连带责任正向影响渠道伙伴们的横向监督，进而负向影响其机会主义行为。

同样，根据 Kahneman 和 Tversky（1979）的前景理论，人们面对同样数量的收益和损失时，损失更加令他们难以忍受；而且有数据表明，同量损失带来的负效用为同量收益带来的正效用的 2.5 倍。据此可以推断，由于渠道伙伴是独立的经济主体，追求自身利益最大化是其核心目标，因此，在负向激励型连带责任关系中，举报则集体免罚的规定会极大地激活渠道伙伴的“理性人”意识（Kumar 等，2011），促使他们积极地利用自身的信息优势相互进行监督，尽己所能地获取其他成员的违约证据，以防止万一因其机会主义行为而使自身遭受连带惩罚，而渠道伙伴之间的相互监督必然会使机会主义行为显著减少（胡琴芳等，2016）。据此，我们提出如下假设：

假设 2b：负向激励型连带责任正向影响渠道伙伴们的横向监督，进而负向影响其机会主义行为。

（四）基于效用的连带责任对渠道伙伴机会主义行为的影响机制研究

再者，我们对基于效用的连带责任类型与渠道伙伴机会主义行为之间的中介机制进行分析，研究思路如图 3-5 所示。下面对研究假设做详细的阐述。

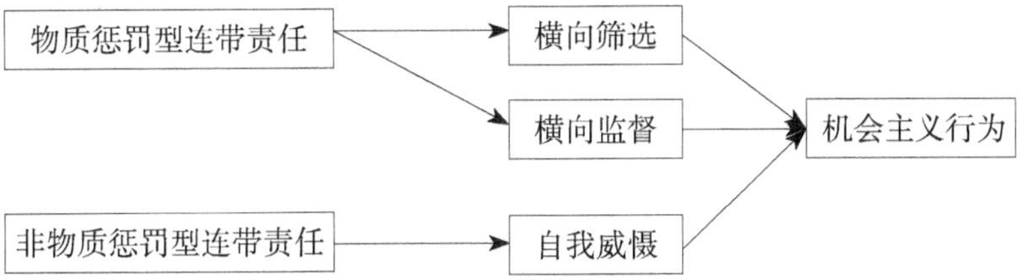

图 3-5 研究模型三

物质惩罚型连带责任是指当渠道伙伴小组内任一成员采取违约行为时，核心企业对该组内所有成员进行物质形式的惩罚，如缴纳罚金、减少折扣、扣除奖金等。根据委托代理理论，为了保护自身物质利益不受损害，渠道伙伴会积极利用自身的信息优势对成员进行筛选，将平时表现不佳的成员排除在外，实现组内的“同类匹配”（Assortative Matching）（Pasupuleti，2010），提高成员之间的同质性，导致相互认同的增加和强连带的建立，最终使机会主义动机变弱（Conning，2005；Cassar 等，2007）。

同时，物质形式的惩罚意味着直接的经济损失（Masclet 等，2001）。因此，对于追求经济利益目标的渠道伙伴来说，物质惩罚型连带责任实质上是一种有效的诱因策略（Incentive Strategy）（Stiglitz，1990），诱导他们积极主动地相互监督，督促所有成员严格遵守与核心企业签订的合约（Hu

等，2016），以降低替其他成员的机会主义行为背负经济损失的风险，确保自身未来的收益。

根据以上分析，我们提出如下假设：

假设 3a：相对于非物质惩罚型连带责任而言，物质惩罚型连带责任会导致渠道伙伴们更高的横向筛选、横向监督，进而对其机会主义行为产生更有效的抑制作用。

一般而言，核心企业对渠道伙伴实施的非物质惩罚是指除了物质惩罚之外的所有惩罚方式，比如公开批评、当众检讨、书面通报等。虽然非物质惩罚型连带责任不会给渠道伙伴带来直接的经济损失，但会使被惩罚者受到自我威慑的约束。这是因为，一方面，被惩罚成员自身会因当众受罚而感觉“丢脸”（Masclet 等，2001）；另一方面，由于被惩罚成员的机会主义行为会使其他无辜成员遭受同样的惩罚，集体面子和声誉必然受到牵连，致使被惩罚成员感觉“欠了人情”甚至“有愧”（Kandel 和 Lazear，1992）。虽然渠道伙伴是以利益为目标的经济组织，但并不是孤立于社会之外存在的，而是身处错综复杂的社会网络关系中，具有显著的“社会人”特性（Kumar 等，2011）。因此，从长远来看，不论是丢脸还是人情亏欠，都会对渠道伙伴的机会主义行为具有一定的威慑作用。据此，我们提出如下假设：

假设 3b：相对于物质惩罚型连带责任而言，非物质惩罚型连带责任会导致渠道伙伴们更高的自我威慑，进而对其机会主义行为产生更有效的抑制作用。

（五）不同类型连带责任之间的交互作用对渠道伙伴机会主义行为的影响

这一部分拟在上述研究的基础上，进一步探讨不同类型的连带责任可能存在的交互作用及其对渠道伙伴机会主义行为的影响。根据上述分析可知，关于连带责任的分类是根据不同标准进行的，且每一类连带责任的作用机制也不尽相同。因此，有些类型之间可能存在显著的交互效应，若核心企业在实践中同时实施，会出现“1 + 1 > 2”的效果。例如，如果核心企业对渠道伙伴同时实施零交易规模型连带责任与物质惩罚型连带责任，意味着担保方对渠道伙伴的监督与渠道伙伴之间的相互监督双管齐下，将会相得益彰，从而能更有效地抑制渠道伙伴的机会主义行为。这也是本研究将进行深入探讨的一个重要内容。

本章小结

本章主要是对连带责任治理模式的中介机制进行探讨，包括两大部分，即单一连带责任治理模式实施情境下的横向监督机制分析和多种连带责任治理模式实施情境下的多种中介机制分析。在第一部分，主要是在横向网络关系层面探讨一种极具针对性的网络治理模式——连带责任治理对供应商集群内机会主义行为的抑制作用，并检验横向监督在其中的中介效应。研究结论是：供应商之间的连带责任对其机会主义行为具有显著的抑制作用；横向监督在供应商之间的连带责任对其机会主义行为的影响中起到完全中介作用。在第二部分，主要是采取定性与定量相结合的研究方法，首先在借鉴现有研究成果的基础上，从交易规模、信息和效用的角度对连带责任进行分类，然后基于网络治理视角，深入剖析不同类型连带责任与不同社会机制之间的匹配关系，以及不同社会机制对渠道伙伴机会主义行为的影响，进而从渠道伙伴网络层面探讨影响连带责任治理效果的关键因素。本研究结论有望对渠道关系治理模式研究做出新的贡献，同时也能为核心企业破解渠道伙伴机会主义行为治理难题提供有价值的对策建议。

第四章 连带责任治理模式的调节机制研究

第一节 调节机制之一：萨林斯的互惠理论视角

一、前言

随着供应链管理重要性的日益凸显，核心企业与聚集在同一地理区域的供应商集群合作的情况越来越普遍，如中粮集团与五常水稻供应商集群、巴马集团与安溪毛茶供应商集群等的合作关系。根据委托代理理论，作为独立的经济主体，集群内的供应商都是追求一己私利的“理性人”，致使机会主义行为无法避免（Bergen 等，1992）。研究者们一致认为，机会主义行为是指一方蓄意通过信息误导、歪曲、争执、粉饰或扰乱等方式，以牺牲另一方的利益为代价来谋求己方利益的行为（Wang 和 Yang，2013）；其产生条件是双方之间的目标不一致和信息不对称（Bergen 等，1992）。因此，在供应链合作关系中，集群内供应商为追求自身利益最大化，常常会利用核心企业的信息劣势违背明确的合同规定或隐性的关系规范，使其潜在利益受损。对此，核心企业可采取的治理方式首先是根据其先前基于渠道权力制定的合同规定，诉诸于正式的制裁手段。但是，由于供应商集群中的成员规模小且数量多，这意味着单个供应商占有的资源十分有限，核心企业若使用正式的制裁手段，所获收益会大大低于所花费的制裁成本。所以，当某个供应商采取机会主义行为时，核心企业的理性选择是放弃对该供应商的制裁，致使核心企业所拥有的渠道权力在供应商集群内失去效力，最终无法有效解决供应商机会主义行为猖獗的问题（张闯，2006）。其次，核心企业还可基于与供应商之间的关系准则，通过共同规划、共同解决问题、双边调整与适应等具体手段对它们进行治理（Heide，1994）。但是，这需要核心企业与数量众多、位置分散的供应商们进行更频繁的互动，致使治理成本高而效率低，因而也无法在供应商集群内有效实施。在实践中，供应商作为供应链的源头，在供应链管理中扮演着非常重要的角色，其机会主义行为一旦控制不力，就会直接影响核心企业的产品质量（Noordewier 等，1990；Kumar 等，2011），甚至造成严重的产品伤害事故。例如，在 2008 年发生的“三聚氰胺”事件中，奶农偷偷将化工原料三聚氰胺添加到原奶中以增加奶粉的蛋白质含量，导致问题奶粉流入到市场后对食用儿童的身体造成极大伤害，社会影响非常恶劣。鉴于此，核心企业到底应采取何种治理模式来实现对供应商集群内机会主义行为的有效抑制，已成为当前实践领域和理论研究领域共同关注的重要课题。

以往关于供应链合作关系治理模式的研究大多围绕 Heide（1994）提出的单边治理和双边治理展开。前者指核心企业通过权力或地位优势促使合作伙伴采取有利于其目标实现的活动（Jaworski，1988）；后者指核心企业与合作伙伴基于信任和社会认同创造灵活性、信息分享和团结等共同行为期望的过程（Yang 等，2012）。尽管诸多研究表明这两种治理模式可以对合作伙伴产生规范、约束或激励作用，在一定程度上抑制其机会主义行为，但它们都聚焦于核心企业与合作伙伴之间的二元关系，没有考虑多个合作伙伴并存的情况（Heide 等，2007；Ghosh 和 John，2009；Kashyap 等，2012；Yang 等，2012）。近年来有研究者提出，为了充分把握企业间二元关系的本质，应关注其所处的社会网络情境（Wathne 和 Heide，2004；Vinhas 等，2012）。因此，越来越多的关于供应链合作关系治理的文献力倡网络治理。例如，Crisan 等（2011）通过对供应链治理实践与供应链绩效之间关系的研究，明确提出网络治理是一种非常重要的治理模式。这为社会网络情境下的供应商集群治理研究提供了一个很好的理论视角。但是，现有相关文献大多仅是探讨社会网络情境中某些因素对核心企业与焦点合作伙伴之间关系的影响（Antia 和 Frazier，2001；Caniëls 和 Gelderman，2007；Vinhas 等，2012），没有脱离以二元关系为研究焦点的窠臼，更遑论提出具体可行的网络治理模式。实际上，供应商集群处于一个较为狭窄的地域内，相对稳定和封闭的环境决定了供应商之间产生并维持着错综复杂的社会关系，相互影响彼此的决策与行为。因此，若要探索针对供应商集群内机会主义行为的有效治理模式，核心企业不能囿于关注自身与各个供应商之间的垂直关系，更要考虑如何主动利用供应商之间的横向网络关系的影响来对他们进行治理。

鉴于此，本研究拟在供应链合作关系情境下探讨由核心企业主动发起的异于单边治理和双边治理的网络治理模式——连带责任治理。该治理模式最初由孟加拉国的格莱珉银行于 1983 年在小额贷款领域实施以治理借款人的逆向选择和败德行为问题（Hermes 和 Lensink，2007），近年来被我国部分企业引入到供应商集群领域用于治理集群内供应商的机会主义行为。例如，巴马茶业、华虹茶业对福建安溪县的毛茶供应商集群采取“联作制”（即连带责任治理）以确保农残标准符合出口市场的严格规定；中粮集团对黑龙江省五常市的水稻供应商集群实施连带责任制以保证优质稻米资源，解决食品安全问题。但是，理论研究领域对这一现象尚缺乏应有的关注。核心企业实施的连带责任治理能否有效地抑制供应商集群内的机会主义行为？其作用机制是什么？这是亟待解答的问题。同时，集群内的供应商们长期聚居在同一地理区域，频繁的互动使他们彼此之间形成了错综复杂、特征各异的互惠关系。根据马歇尔·萨林斯（Marshall Sahlins，后文简称萨林斯）（2009）的观点，互惠关系可根据回馈的时限性、回馈的等价性以及利益性质三个维度的不同特征划分为慷慨互惠（Generalized Reciprocity）、等价互惠（Balanced Reciprocity）和消极互惠（Negative

Reciprocity）三种类型。那么，在实施连带责任治理的情况下，供应商之间的不同互惠关系又会如何影响连带责任治理的有效性？这是另一个亟须深入探究的问题。

鉴于上述研究背景与存在的问题，本研究拟在供应链合作关系情境下研究核心企业针对供应商集群所实施的连带责任治理的作用及其核心作用机制，并在此基础上探讨供应商之间的不同互惠关系对连带责任治理效果的不同影响。本研究的基本结构如下：首先，对现有关于网络治理理论、委托代理理论、社会交换理论、萨林斯的互惠理论等理论的文献，以及关于企业集群、连带责任治理、机会主义行为等研究议题的文献进行梳理和述评。然后，提出关于连带责任治理的概念模型，并基于相关理论提出关于连带责任与机会主义行为之间的关系、横向监督在其中的中介作用以及供应商的不同互惠关系在其中的调节作用的相关假设。再次，以福建一家茶叶出口企业的供应商集群为研究对象进行研究设计，并基于 82 个供应商小组的有效样本对研究假设进行实证检验。最后，讨论本研究的主要结论、理论贡献与实践意义，并根据本研究存在的局限提出未来研究方向。

二、理论基础与文献回顾

（一）互惠理论

所谓互惠，通常是指一套被社会接受的关于向另一方提供资源的一方要求另一方回馈的交易规则（Wu 等，2006）。不论是人际之间的交换活动，还是组织与组织之间的交换活动，都以互惠为基本准则，意即在交换关系中，行动者相互之间都能为对方提供有价值的行为，如果其中一方采取了对另一方有价值的行为，那么，另一方就有义务或有责任采取同样的有价值行为予以回报（Blau，1964）。因此，互惠一直被认为是社会交换理论的核心特征，常用于对各种关系现象的解释（邹文篪等，2012）。

最初明确提出互惠概念的是 Gouldner（1960）。他基于社会学领域中的功能理论认为，如果甲方给乙方提供了积极功能（Positive Function），那么乙方就会根据甲方对自己的积极功能而提供相应的回报。这种互惠原则可以相应地落实为两个具体的要求，即：第一，对于帮助过自己的对象，行动者应该提供帮助予以回报；第二，对于帮助过自己的对象，行动者不应回报以伤害。在此基础上，Gouldner（1960）进一步剖析了互惠的基本特点，认为互惠能够维持社会体系的稳定性，避免社会体系的不稳定性。同时，互惠是一个具有普适性的概念，在每种人际关系中普遍存在，并适用于所有文化。但是，在不同的文化情境下，行动者遵循的具体互惠规范又与其文化息息相关，打上了文化的烙印，显示出典型的文化特定性。遗憾的是，Gouldner（1960）只是在文中提及互惠的文化特定性，而没有对这个问题进行深入而具体的分析与探讨。因此，以 Gouldner（1960）的互惠理论为基础，之后有不少学者对互惠概念进行了广泛应用，并进行了积极的拓展。其中，颇具代表性的是美国人类学家萨林斯（Marshall Sahlins）在其 1972 年出版的著作《Stone Age Economics》中提出的互惠理论（需要说明的是，由于此著作已被我国学者张经纬、郑少雄和张帆翻译成中文，即《石器时代经济学》，并已于 2009 年由三联书店出版，因此文中所提到的相关内容都援引自中文版）。在《石器时代经济学》一书中，萨林斯高度强调这样的观点，即：作为人类学研究者，应该“凭借人类学的敏锐观察，才能了解我们本身的经济”，从而构建“一种真正的人类学的经济学（Anthropological Economics）”[①]。因此，他坚定地认为“理性与文化绝不是对立的”，认为经济活动是“文化序列中一个不可分割的领域”，而不再“绝然独立”[②]。所以，对人类的经济活动的理解，“离不开与其息息相关的生活领域”，即“经济活动是具体生活形式中，价值体系与社会关系的物质表述”[③]。基于此，他采取民族志方法，对美拉尼西亚地区

① 马歇尔·萨林斯．石器时代经济学［M］．张经纬，郑少雄，张帆，译．北京：三联书店，2009，第 7 页。

② 马歇尔·萨林斯．石器时代经济学［M］．张经纬，郑少雄，张帆，译．北京：三联书店，2009，第 1 页。

③ 同上。

斐济人的生产、生活等各个方面进行了研究，剖析了“斐济人的理性”如何“运行于斐济这个相对的文化序列之中”，以证实“其价值体系的每一个部分都有其相应的合理性”①。萨林斯（2009）通过长期的实地调查研究发现，在传统社会的交换过程中，尽管存在着纯粹和简单的交易关系，“但在实物交易和单纯的赠礼之间，还存在着许多转变和变化”②，尤其是在现实的交换关系中，“互惠的种类多种多样”，可以分为很多“相关亚类型”③。因此，基于长期田野工作获取的第一手观察资料以及通过对习俗方面的总结与撰写，萨林斯（2009）在吸收 Gouldner（1960）的互惠观的基础上对互惠理论进行了拓展，提出了更具文化适应性的互惠理论。

萨林斯（2009）提出了具有普适性的互惠的三个维度。第一个维度是“回馈的时限性”（Immediacy of Returns），指的是受惠者必须回报以清偿其义务的时机，其变化范围包括从即时回报到无期限。因此，相对低的回报即时性反映的是在未来某一刻的互惠回馈，相对高的回报即时性所指的是几乎同时发生的互惠回馈。第二个维度是“回馈的等价性”（Equivalence of Returns），指的是受惠者回报的内容和数量，包括从一对一的完全对等回报到完全不同的回报。低的回报等价性是指受惠者所回报的东西在价值上与所接受的不同，或是指其所回报的东西在内容上与所接受的不同。相反，高的回报等价性是指受惠者提供价值相等的回报或内容高度相同的回报。第三个维度是“利益”（Interest），意即交换过程中受惠者所回馈的利益的性质，包括无约束的自利、互利、利他。根据上述三个维度的不同，萨林斯（2009）将行动者在交换活动中形成的互惠关系分成三种具体的类型，即慷慨互惠（Generalized Reciprocity）、等价互惠（Balanced

① 马歇尔·萨林斯．石器时代经济学［M］．张经纬，郑少雄，张帆，译．北京：三联书店，2009，第 3 页。

② 马歇尔·萨林斯．石器时代经济学［M］．张经纬，郑少雄，张帆，译．北京：三联书店，2009，第 223 页。

③ 马歇尔·萨林斯．石器时代经济学［M］．张经纬，郑少雄，张帆，译．北京：三联书店，2009，第 221 页。

Reciprocity）和消极互惠（Negative Reciprocity）。

图 4–1 从回馈的及时性、等价性和利益三个维度对三类互惠关系的特点进行了简要归纳和比较。下面将对三种互惠类型分别进行解析与阐述。

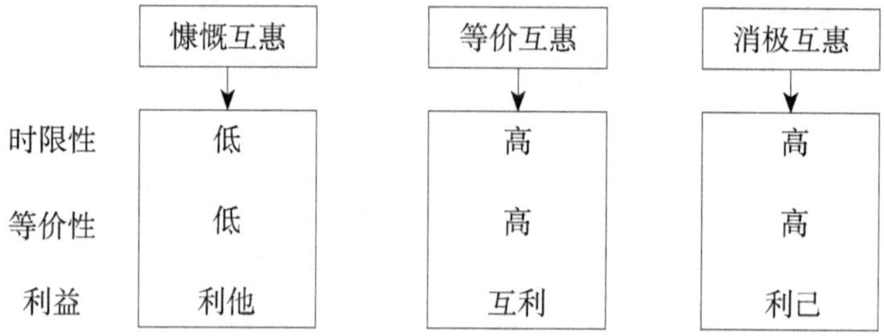

图 4–1　三种互惠类型的特点

资料来源：根据 Sparrowe 和 Liden（1997）的资料进行整理。

（1）慷慨互惠

从图 4–1 可以看出，慷慨互惠关系的基本特点是回馈的时限性程度低，回馈的等价性程度低，而利他程度高。因此，本研究将慷慨互惠定义为行动者在交换活动中形成的以回馈时间不确定、回馈价值不确定且仅关注他人利益为主要特点的互惠关系。首先，在回馈的时限性方面，慷慨互惠关系中的施惠者不会对受惠者有直接的回馈期求，“即使有期望也是含蓄的”（萨林斯，2009），对于回馈的时限得取决于受惠者的负担和有能力进行回馈的时间，而其回馈“可能因之迅速抵达，但也可能永远不会兑现”，从而导致“有人甚至终生无法惠及自身或他人”情况的出现（萨林斯，2009）。其次，在回馈的等价性方面，慷慨互惠关系中的行动者进行交换时，个人色彩特别浓，受人情限制的程度高，交换物的物质因素往往被社会因素所压制，因此，双方相互之间不能在人情方面进行公开计算，而是采取忽略的态度。这意味着，慷慨互惠关系中施惠者的给予行为，应该是一种“毫不计较的义务”（萨林斯，2009），因此，对于受惠者回馈的价值，取决于他自身的需要和负担，无法在数量或质量上实现与赠与物的匹配。最后，在利益方面，“‘慷慨互惠’被认为是利他的交换过程，这个过程谨守着惠及他人的路径，如果可能或者必要的话，他人也会报以回馈。理想类型就是马林诺斯基的‘纯馈赠’。其他民族志中的表达方式有‘分享’‘款待’‘送礼’‘帮助’与‘慷慨’”[①]。由此可见，在慷慨互惠关系中，施惠者具有很强的利他倾向，自愿采取给予行动而并不期望受惠者在预定的时间内回馈等价的东西。综上所述，萨林斯（2009）认为，慷慨互惠关系的一个典型标志是持之以恒的单向流动，意即慷慨互惠关系中的个体或群体相互之间以对方利益为着眼点，不会计较回报的时间与价值，不强调互惠的义务性。因此，慷慨互惠与“弱互惠”这一概念非常类似，其行动者在交换过程中以建立长期的交换关系为目的，以社会交换为主要形式，表现出一种牺牲自己成就他人的仁爱精神，因而常常在以中国为代表的集体主义文化情境中发生（邹文篪等，2012）。

等价互惠处于互惠连续体的中间，其基本特点是回馈的时限性程度高、回馈的等价性程度高，以及互利程度高。因此，本研究将等价互惠定义为行动者在交换活动中形成的以即时回馈、等价回馈以及相互受益为主要特点的互惠关系。首先，在回馈的时限性方面，等价互惠要求相互交换行为发生在同一时间，即施惠者的给予行动一旦发生，受惠者在回馈的时间上是毫不延迟的，若无法实现即时回馈，也要在短时间内偿还（邹文篪等，2012）。正如萨林斯提出的，“在有限的时间内，未能实现等价的互惠，人们之间的关系便随之瓦解”[②]。不过，与慷慨互惠相似的是，等价互惠中的行动者也不会公开对回馈的时间进行讨价还价，其不同点在于双方会自动遵守互惠规范，给予即时的回报。其次，在回馈的等价性方面，与慷慨互惠相比，等价互惠的个人色彩要少一些，受人情限制的程度要低一些。从社会交换理论的角度来讲，等价互惠关系中的行动者更加注重交换内容的经济性，即个体之间或群体之间能够“以明确的经济和社会目的面对彼

---

① 马歇尔·萨林斯．石器时代经济学［M］．张经纬，郑少雄，张帆，译．北京：三联书店，2009，第224页。

② 马歇尔·萨林斯．石器时代经济学［M］．张经纬，郑少雄，张帆，译．北京：三联书店，2009，第225页。

此”，或者说，“交换过程的物质目的至少和社会目的一样重要”。因此，在等价互惠关系中，行动各方对交换内容的价值是否相当这一点非常敏感，受惠者要主动按照互惠规范提供给施惠者与所受价值和内容都相称的回报。最后，在利益方面，与慷慨互惠仅关注他人利益的特点不同，等价互惠中的行动者都寻求一种“交换条件”的交易，会相互维护双方的利益，使彼此都能从中受益。因此，等价互惠强调交换过程中各方利益的平等性（邹文篪等，2012）。综上所述，在完全的等价互惠关系中，行动者相互之间进行的是相同种类、相同数量的物品在同一时间内的交换活动。在慷慨互惠中，行动者通过相互之间普遍存在的社会关系来维系物品的长期单向流动；而在等价互惠中，行动者之间的社会关系会随着物品交换的变化而不同。因此，萨林斯（2009）研究发现，在其他的许多民族志中，等价互惠常常具体表述为“礼物的交换”“买卖”等形式，实际上表明了等价互惠的本质特征。

消极互惠处在与慷慨互惠完全相反的一端，因此，消极互惠的基本特点是回馈的时限性程度高、回馈的等价性程度高，以及自利程度高。鉴于此，本研究将消极互惠定义为行动者在交换活动中形成的以即时回馈、等价回馈以及仅关注一己私利为主要特点的互惠关系。首先，在回馈的时限性方面，由于消极互惠是“最个人化的交换”，是一种“只进不出的企图”，其交换过程“就是为了攫取实际利益”（萨林斯，2009），因此，行动各方都会公开地讨价还价，在回报时间上进行明确的规定，甚至一味地要求对方为自己付出，自己则只顾索取而已（邹文篪等，2012）。其次，在回馈的等价性方面，萨林斯（2009）认为消极互惠是“最为经济”的一种互惠关系，行动者在进行交换活动时，各自盘算着自己的利益，其主要目的就是“为了增加额外的收益”。在消极互惠关系中，行动者相互之间已经不是给对方提供帮助，而是强调你争我夺的直接竞争，其采取交换行动的唯一目的就是进行纯粹的经济交换（邹文篪等，2012）。因此，行动各方必然会高度强调回馈资源的等价性，甚至“还集中了对报偿和利益的贪求”（萨林斯，2009）。最后，在利益方面，消极互惠关系中的交换行动体现出高度自利性的特点，行动各方会尽力维护自己的利益以实现其利益的最大化，有时甚至还会不惜通过损害对方的利益来达到这一目的（李双燕、万迪昉，2008）。因此，萨林斯（2009）认为能够反映消极互惠特性的民族志术语有“投机”“诈骗”“行窃”“滑头”“强取”等。

有研究者认为，萨林斯的互惠理论与我国学者费孝通提出的“差序格局”具有异曲同工的意义。与差序格局理论一样，萨林斯的互惠理论同样包含着传统人际关系中的“差”与“序”之意涵，反映出以个体为中心的、由亲密到疏远而渐次构成的社会关系网络的典型特征（张江华，2010）。例如，常向群（2009）通过在我国江村的田野作业，研究证实了萨林斯的三种互惠类型的广泛存在。同时，也有部分研究者试着将萨林斯的互惠理论引入到我国组织情境中，分析组织内心理契约、领导—下属交换关系等问题（Sparrowe 和 Liden，1997；Coyle 和 Conway，2005）。例如，Wu 等（2006）根据萨林斯对三种互惠类型的特征的描述，开发了适用于我国组织情境的互惠量表并对其有效性进行了检验，然后验证了互惠在社会交换过程中的中介作用，以促进对社会交换“黑箱”的研究，使该领域的研究从内容阶段转移到过程导向阶段，同时也揭示了互惠的普遍性和文化独特性，因而具有重要的理论意义和现实意义。

（2）企业集群

国内外关于企业集群的研究可追溯到 20 世纪初，至今为止已经积累了非常丰富的文献。根据本研究的需要，下面主要对企业集群的界定、企业集群的形成机制、企业集群的竞争力、企业集群的风险等几个方面的文献进行梳理。

最早提出企业集群这一概念的是 Weber（1909），随后 Marshall（1920）也对企业集群现象进行了探讨，但是他们都没有对企业集群的定义进行阐述。到 20 世纪 80 年代，Williamson（1985）对企业集群的定义进行了界定，认为企业集群是企业在专业化分工和协作的基础上形成的介于纯市场组织和科层组织之间的生产组织。随后，Porter（1998）首次提出了“Cluster”

的说法，并认为企业集群是指在某一特定产业地理上接近的一组相互关联的企业和相关机构基于共同点和互补性联系在一起的集合。

国内对企业集群的定义也是众说纷纭。例如，朱小斌和林庆（2008）认为，企业集群是在竞争与合作并存的特定领域内，相互关联的企业、供应商、相关产业的企业以及政府和其他相关机构的地理聚集体；王缉慈（2002）提出，企业集群是一簇处在一个特定产业领域的地域上临近的企业和关联的组织；向希尧和朱伟民（2005）则从资源基础观的角度提出，企业集群是一批具有独立又依赖关系的企业的集合，集群内企业之间在资源上优势互补，并长期保持非正式的合作关系。还有的研究者将企业集群与产业集群分开来研究。但一般而言，如果没有特别说明，企业集群通常被认为是由众多中小企业在地理上聚集形成的组织（李星，2011）。

许多研究者从不同的角度对企业集群的特点进行了探讨。例如，李惠娟（2005）对我国中小企业集群的特点进行了重点分析。她根据我国中小企业集群形成机制的不同，将我国中小企业集群划分为三大类型，即市场拉动型中小企业集群（如浙江温州民营企业集群）、政府扶持型中小企业集群（如中关村企业集群）和外来移植型中小企业集群（如广东珠江三角洲民营企业集群）。徐占忱和何明升（2005）着重对企业集群生产力的特点进行了分析，认为企业集群属于中观生产力系统，表现出自组织力、协作力、耦合力和创新力等显著特点。邱学文（2002）则对我国农村企业集群的特点进行了探讨，研究发现农村集群内单个企业的规模普遍较小，大部分企业生产同一类附加值和科技含量都很低的产品；在从业人员构成方面，集群内的企业员工都是以当地农民和外来务工人员为主。王文亮等（2005）通过对我国民营科技企业集群的分析认为，民营科技企业集群的发展存在以下特点：生命周期短，合作关系呈动态性和不稳定性，在生命周期的每个阶段都有企业走向衰退。他们进而分析了造成民营科技企业集群这些特点的具体原因，一是由于民营科技企业自身的特点，二是由于个体的有限理性，三是由于信息的不完备性和专用性资产的投资与利用。

关于企业集群治理的研究起步较晚，迄今为止仍缺乏一个明确的研究边界。因此，借鉴周泯非（2011）的观点，本书将集群治理的相关研究概括为两个阶段，意即早期的现象描述阶段和当前的理论建构阶段。自 20 世纪 90 年代初起，关于企业集群治理问题的研究开始出现。在这一阶段，关于集群治理的研究更多的是与企业集群升级问题研究相伴而生的。具有代表性的研究者 Brusco（1990）是最早将集群治理和集群升级问题相互关联的研究者之一。此后，不少研究者相继对集群治理与集群升级之间的关系进行探讨。例如，Storper 和 Harrison（1991）根据企业集群的几种常见结构，即全部外围型、中心外围型和全部中心型，针对性地提出了等级式、领导式和指令式等治理措施，以实现不同类型企业集群的成功升级；同时，Schmitz（1995）、Dei Ottati（1994）等都通过实证研究方法研究发现，企业集群内的治理有利于促进企业集群的升级；Hodgson（1998）也认为，完善的集群治理系统是连接区域政府和公众合作机构的桥梁，能够有效地促进区域经济的成功。

同时，在这一阶段，有些研究者尝试对集群治理的内涵进行界定。例如，Enright（1998，2000）从关系本质和权力分配这两个组织层面的因素对集群治理结构进行了探讨，认为集群治理结构实质上就是集群内企业相互之间的关系，既体现了整个集群的组织形式，又体现了集群内交易的组织方式；在肯定 Enright 的观点的基础之上，Brown（2000）进一步提出，集群治理和集群协调机制是两个不同的概念，前者是指集群产业结构和集群内企业之间的互动方式，后者则指集群内企业间关系的组织方式和集群外机构影响集群整体发展的方式。

综上所述，早期阶段的研究限于关注集群治理某一方面的特征，而缺乏从整体上对其内在机制及其内在机制的多元性进行探究。

自 21 世纪初以来，关于企业集群治理的研究进入新的阶段，其主要特点是从单一的现象描述与总结逐渐向系统化的理论构建与发展的方向转变（魏江、周泯非，2009）。总的来说，这一阶段关于企业集群治理的研究主要有三大理论视角，包括交易成本理论、战略决策理论和组织与制度演化理论（周泯非，2011）。例如，De Langen（2004）从交易成本理论的角度，将集群治理界定为“集群内部各种协调机制以及机制之间关系的混合体及相关关系”，认为是“反映集群治理质量的变量”；De Propris 和 Wei（2007）基于战略决策权分布理论提出，集群治理是跨越企业和机构的战略决策权力结构和分布，实质上是集群内企业之间关系协调与解决方案的体现；Sacchetti 和 Tomlinson（2009）从演化视角分析了集群治理对集群持续发展的重要作用，他们将集群治理结构分为“指向性网络”和“互依性网络”两大类，并通过对美国和意大利的演化案例研究，分析了企业集群的演化趋势及其趋势产生的根本原因。

随着企业集群潜在风险在实践中的逐渐显现，国内外研究者们对企业集群风险的关注日益增加。例如，Pounder 和 St. John（1996）系统分析了企业集群在不同发展阶段的风险；Fritz（1998）着重对企业集群的结构性风险进行了研究，分析了产业或产品的老化或衰退对整个集群的危害；Bergman（2002）认为企业集群存在显著的僵化风险（Sclerotic Risk），这种风险往往来自于集群内部随着发展而逐渐完善的制度；Abrahamson 和 Formbrun（1994）在吸收这一观点的基础上，提出了“区域锁定”的概念，认为这是导致集群僵化的内在原因；而 Prouder 等（1996）、Scott（1989）则对集群的网络性风险进行了关注，一致认为集群网络由于根植于共同的文化氛围中，在集群形成的初级阶段有利于促进集群的创新，形成聚集经济，但随着集群的发展，会导致集群内企业对外界环境的反应能力日益迟钝。

国内关于集群风险的研究始于 20 世纪初期。例如，朱方伟等（2004）着重对高新技术产业集群的风险问题进行了研究。他们认为，高新技术产业集群存在四个发展阶段，在每个阶段都存在不同的风险，需要有针对性地提出不同的管理对策；王发明等（2006）认为产业集群的结构、机制等因素与生物种群极为相似，因此，他们基于组织生态学理论对产业集群风险进行了探讨。近年来，越来越多的研究者对产业集群风险进行实证研究。例如，李军训等（2013）通过理论分析与实证研究，提出了纺织产业集群风险评估指标，并构建了产业集群风险的定量评价模型；陈伟等（2015）以东北新能源汽车产业集群为例，运用复杂网络理论和仿真法，分析了集聚结构和中介性对集群抗风险能力的影响，并提出了提高集群抗风险能力的具体方案；肖斌卿等（2016）通过实证研究方法研究发现，产业集群的横向关联、纵向关联、网络关联与外部因素之间存在交互作用，共同对集群企业信贷产生积极影响，发现了集群风险传染的内在机理。

（3）连带责任治理

所谓连带责任治理，是指委托人利用代理人之间的地理临近或强关系嵌入条件，将他们分成若干小组，规定每个小组内部，若某一代理人采取违约行为，其他所有代理人对其违约行为共同承担责任的一种治理模式（Pasupuleti，2010）。连带责任治理最初由孟加拉国的格莱珉银行于1983年在小额贷款领域实施，用于治理借款人的逆向选择和败德行为问题（Hermes和Lensink，2007）。因此，关于连带责任治理的研究集中在微型金融研究领域（张广玲、胡琴芳，2014）。相应地，研究者们一般是基于委托代理理论和博弈论来分析连带责任对逆向选择与道德风险问题的克服或缓解，以及提高还款率、降低交易成本和放松信贷约束的具体机制等问题（张伟、刘兴坤，2012）。不过，近年来，随着企业在供应链合作关系管理实践中对连带责任治理的引入，供应链合作关系治理领域对连带责任治理的研究始见端倪。据此，本研究将分别对这两个领域的研究进行梳理。

从Hossain（1988）率先对小额贷款领域盛行的连带责任治理予以关注开始，很多金融研究者对这一问题进行了广泛而深入的研究，积累了较丰富的文献（如Ahlin和Townsend，2007；Bond和Rai，2008；Hermes等，2006；Hossain，1988；Laffont和Guessan，2000；Pasupuleti，2010；Stiglitz，1990；Tassel，1999；Wenner，1995；Zeller，1998）。经梳理相关文献后发现，这些研究基本上是围绕连带责任治理的前因、结果及其作用机制等几个方面展开。大量研究者从委托代理理论的角度对实施连带责任治理的前因进行了分析（Stiglitz，1990；Wenner，1995；Conning，2005；Hermes和Lensink，2007）。其中，具有代表性的是Stiglitz（1990）

的研究，其分析的切入点是贷款方（委托人）与借款人（代理人）之间存在的信息不对称问题。他认为，正规金融机构提供给农村低收入群体的贷款利率很高，其原因主要是“三高”：一是农村低收入群体的违约率高，二是违约者之间的相关性高，三是对申请贷款者进行筛选以及对违约者进行惩罚的成本高；而这“三高”的共同根源是正规金融机构存在的信息劣势。因此，相对于政府引导的正规金融机构来说，农村当地的私人信贷机构设计的贷款机制就有效解决了这一问题，具体的做法是：让几个借款人自愿组成借款小组，相互为拖欠贷款负连带责任，只有在已有贷款都还清的条件下其他成员才能得到进一步的贷款（Stiglitz，1990）。Ghatak 和 Guinnane（1999）则从宏观的视角对连带责任治理的实施环境进行分析。他们认为之所以实施连带责任，除了信息不对称之外，还在于银行方对违约成员实施惩罚的能力有限。如果相关法律体系不够健全，那么，即使借款人项目获得成功，具备了还款能力，也还是有可能拒绝按时还款，使银行制定的惩罚制度无法得到有效执行。以上研究都是从委托人的角度分析实施连带责任治理的前因，还有一些研究者试图从代理人的角度分析他们愿意加入连带责任小组的原因。例如，Paxton 等（2000）研究发现，自愿加入连带责任贷款小组的成员一般居住在偏僻的农村地区，没有其他的贷款来源，即使能够获得其他来源的贷款，但也无法承担较高的贷款利率。这意味着，代理人愿意接受委托人采取连带责任治理的一个客观前因是，在委托人与代理人的二元关系中，二者的相对权力和相互依赖程度是明显不对等的，代理人处于明显的权力劣势地位，对委托人的依赖程度高。

鉴于连带责任治理在发展中国家中应用的普遍性，众多研究者非常关注连带责任治理的效果，纷纷对其进行研究。大量研究结果显示，代理人之间的连带责任对其机会主义行为具有有效的抑制作用，即连带责任越大，机会主义行为越少（Hossain，1988；Stiglitz，1990；Wenner，1995；Ahlin 和 Townsend，2007；Hermes 和 Lensink，2007；Giné 和 Karlan，2009；Pasupuleti，2010）。例如，Giné 和 Karlan（2009）研究发现，连带责任治理模式之所以能够在发展中国家的小额贷款领域得到广泛推广，最根本的原因在于它能够有效减少借款人普遍存在的逆向选择和败德行为问题，使还款率显著提高。Hossain（1988）对格莱珉银行进行调查获得的数据显示，由于采取连带责任治理，借款人的还款率超过95%（实施连带责任治理之前的还款率为30%～40%）。这一数据有力证明了该治理模式在抑制机会主义行为上的作用。但也有研究发现，连带责任治理对借款人违约行为的抑制作用并不显著（Chowdhury，2005；Giné 和 Karlan，2009），甚至还会引发其共谋行为（Besley 和 Coate，1995）。例如，Giné 和 Karlan（2009）对分别实施独立责任与连带责任的借款区域进行比较研究，结果显示两类区域在履约方面的表现并没有显著差异。究其原因在于，连带责任治理会引发“劣币驱逐良币”的结果，使信用好的借款人由于担心受违约牵连而主动退出。Besley 和 Coate（1995）则通过构建策略违约模型对连带责任治理进行研究，发现某些有能力还款的借款人观察到其他成员违约后，会出于策略考虑也同样采取不履约行为。除了从内部作用机制的角度分析连带责任治理的有效性之外，更多的研究者关注具体内外部情境因素可能产生的影响（张广玲、胡琴芳，2014）。已有研究发现，从连带责任小组内部情境看，影响连带责任治理效果的因素主要有：成员同质性（Zeller，1998；Paxton 等，2000；Conning，2005；Cassar 等，2007）、社会连带关系（Wydick，1999；Cassar 等，2007；Karlan，2007）、成员数量（Zeller，1998；Armendariz，1999；Ghatak 和 Guinnane，1999）、亲属所占比例（Sharma 和 Zeller，1997；Ferrara，2003；Conning，2005；Ahlin 和 Townsend，2007）、小组内部的非正式领导者（Hermes 等，2005；Hermes 等，2006）；从连带责任小组的外部情境看，影响连带责任治理效果的主要有外部竞争程度（Sharma 和 Zeller，1997；Ahlin 和 Townsend，2007）和委托人监管（Arnott 和 Stiglitz，1991；Chowdhury，2005）等因素。

现有研究发现，连带责任治理模式之所以能够有效抑制代理人的机会主义行为，在于它在实施过程中催生出来的横向影响因素的作用（Stiglitz，

1990；Hermes 等，2005；Karlan，2007）。关于横向影响因素的研究集中在三个方面：（1）横向筛选（Peer Screening）；（2）横向监督（Peer Monitoring）；（3）横向执行（Peer Enforcement）。Sharma 和 Zeller（1997）、Gomez 和 Santor（2003）认为，横向筛选是指代理人小组内部利用信息优势主动选择与那些平时表现良好、风险规避型的代理人结成连带责任小组成员，而将平时表现不好的代理人排除在外。他们研究发现，在连带责任模式发起阶段，借款人（代理人）会利用内部的信息优势对成员进行筛选，将平时表现不佳的成员排除在外。内部筛选意味着较少成员之间更高的互动频率，这不仅减轻了每个成员的监督任务，而且有利于提高监督效率和效果，从而降低交易成本和遭受机会主义破坏的风险。内部筛选还增进了成员之间的同质性（Zeller，1998；Paxton 等，2000；Conning，2005；Cassar 等，2007），有利于彼此之间认同的增加和强连带的建立，使机会主义动机变弱。Besley 和 Coate（1995）则对横向执行因素进行研究，他们认为，连带责任小组内的借款人会通过社会性惩罚手段（如疏远、开除或终结其他领域的合作）对违约成员进行制裁，强调对违约行为所引发的不良后果的解决方式，以威慑本组借款人在合作过程中自觉遵守相关合同规定，使他们的机会主义动机减弱。Paxton 等（2000）认为，连带责任小组内的横向执行会给成员带来同伴压力（Peer Pressure），促使在个体贷款情况下可能违约的成员在小组贷款的情况下及时还款。同伴压力分为两种，包括事前同伴压力和事后同伴压力。前者是指还款之前存在的能够强化成员偿还自己那一部分贷款的压力；为了避免难堪或激起集体性愤怒，成员会努力工作以保证自己及时还款，即使没有能力偿还，也可能会通过寻求私人贷款解决。后者是指当小组其他成员知道某成员要拖延还款时对他所施加的事后压力，具体包括议论、没收资产、嘲笑等方式。更多的研究者认为，横向监督是连带责任治理中最关键的作用机制，即处于同一小组的成员会主动地相互监督，制止违约行为的发生，以避免自己的利益因之受损（Karlan，2007）。Stiglitz（1990）通过数学建模研究发现，连带责任是一种有效的诱因策略

（Incentive Strategy），能够刺激代理人产生强烈的横向监督动机；而且，横向监督的意愿程度取决于代理人之间在利益上的相互依赖程度，即连带责任越大，横向监督的意愿程度越高。之后，越来越多的研究为这一观点提供强有力的支持。例如，Hermes 等（2006）运用来自于厄立特里亚国 102 个小额贷款小组的调查数据进行研究，结果显示，同一小组内的借款人为了降低替其他成员的违约行为负连带责任的风险，确保自己未来的收益，他们都会积极主动地监督成员们的行为，督促其严格遵守与贷款方签订的合约。

大量研究结果显示，借款人之间的连带责任对其违约行为具有有效的抑制作用——连带责任越大，违约倾向越低（Ahlin 和 Townsend，2007；Pasupuleti，2010）。不过，连带责任与机会主义行为之间的负相关关系不稳定，有些研究得出了二者具有正相关或无显著相关关系的结论（Besley 和 Coate，1995；Chowdhury，2005）。二者之间关系的不稳定意味着可能受到内、外部情境变量的影响，这促使研究者们开始将研究焦点转移到适于采用连带责任治理的边界条件上来。通过文献梳理发现，研究者们一般从借款小组内部和外部这两个角度分析影响连带责任治理效果的具体因素。表 4–1 列出了主要的代表性文献及其观点。从表 4–1 可知，对连带责任治理效果起到强化作用的影响因素包括借款小组成员的受教育程度、信用历史、女性比例（Gomez 和 Santor，2003）、内部制度（Zeller，1998）等内部因素，以及贷款方监督（Chowdhury，2003）、贷款方惩罚力度（Ghatak 和 Guinnane，1999）等外部因素；对连带责任治理效果起到弱化作用的影响因素包括亲属比例（Sharma 和 Zeller，1997；Ahlin 和 Townsend，2007）、收入（Madajewicz，2003）、小组人数（Sharma 和 Zeller，1997）等内部因素，以及其他贷款来源（Wenner，1995）、地理距离（Ahlin 和 Townsend，2007）、贷款周期（Paxton 等，2000）、贷款额度（Sharma 和 Zeller，1997）等外部因素。

表 4-1 连带责任治理效果的影响因素

视角	影响因素	主要观点	代表性研究者
内部	受教育程度、女性比例、信用历史；内部制度	强化治理效果	Gomez 和 Santor（2003）；Zeller（1998）
	亲属比例；收入；小组人数	弱化治理效果	Ahlin 和 Townsend（2007）；Madajewicz（2003）；Sharma 和 Zeller（1997）
外部	贷款方监督；贷款方惩罚力度	强化治理效果	Chowdhury（2003）；Ghatak 和 Guinnane（1999）
	其他贷款来源；地理距离；贷款周期；贷款额度	弱化治理效果	Ahlin 和 Townsend（2007）；Paxton 等（2000）；Sharma 和 Zeller（1997）；Wenner（1995）

资料来源：根据相关文献整理。

例如，Zeller（1998）分别从社区特征、贷款计划特征和小组特征的角度分析影响连带责任实施的有效性的具体因素，其中，社区特征因素包括从社区到农村服务中心的交通费用、社区财政水平、每一千个居民中从事农产品零售业的人数、庄稼生产和禽畜养殖遭遇的风险等；贷款计划特征因素包括储蓄服务、现金贷款等；小组特征因素包括发起主体、小组规模、小组内部平均所占土地面积、风险集中程度、社会关系、小组人力资本、书面记录、每年成员费用、小组内部是否有运行规则等。Ghatak 和 Guinnane（1999）着重从贷款小组内部视角分析了对连带责任治理效果产生影响的多种因素，包括小组内部成员之间相互交往与了解的程度、成员间的社会连带情况、同伴压力程度、动态激励程度等。Paxton 等（2000）的研究则分别从影响还款问题的因素和影响还款行为的因素着手，对连带责任治理的边界条件进行了探讨。他们认为，贷款小组所在地区、小组成员同质性、其他贷款来源的数量等因素都会引发还款问题，而多米诺骨牌效应、内部领导与培训、成员是否有过合作历史、成员是否有其他贷款合同等因素，都应归于会对还款行为产生影响的因素范畴，意即在存在还款问题的情况下，贷款成员还款的积极性程度。据此，他们认为小团体贷款是利弊并存的治理制度，在具体设计时要充分利用能够产生积极影响的因素，而排除消极影响因素，以最终提高贷款者的还款绩效。Hermes 等（2005，2006）尤为关注连带责任小组内的领导者对小团体贷款效果的影响。他们通过实证研究发现，如果小组内的领导者定期拜访其他成员的频率越高，对其他成员的了解程度越高，与其他成员之间的距离越近，那么，本组成员的违约行为就越少。尤其值得一提的是，如果该领导者原来不是本组成员，那么，他的监督活动不但不能减少该组成员的违约行为，反而会使他们的违约情况更为严重。同时，他们分析了之所以有人愿意承担没有经济报酬的小组领导任务的原因，发现主要有两种合理的解释：第一，虽然承担领导职务不能给他带来直接的物质回报，但是通过为其他成员提供服务，会使其他人产生对他的“非财务债务”，这种债务使他以后可以提出要求，或者得到其他成员在某些方面的支持和帮助，比如帮忙建房、收割庄稼等（在农村社会，这些帮助对于个体的生存与发展起着重要作用）；第二，小组领导一般是那个还款动机最强烈的成员，他看重未来是否能够获得贷款，正是这一点促使他主动承担领导的职责，因为这个位置使他能够通过各种活动给其他成员施压，督促他们及时还款。

近年来，连带责任治理研究取得了新的进展。在供应链合作关系治理领域，有少数国内外研究者开始关注核心企业针对供应商集群引入的连带责任治理，将其提升到供应链合作关系治理模式的理论高度来进行更深入的探讨，并已取得了初步性的研究成果。张广玲等（2014）最先对供应链合作关系情境下的连带责任治理进行了研究，不仅首次明确提出了供应链合作关系情境中连带责任治理模式的定义，而且基于核心企业与供应商集群的合作关系背景，探讨了连带责任治理对供应商集群内机会主义行为的抑制作用，并从供应商领导者和核心企业两大内外部情境切入，分析了影响连带责任治理有效性的重要因素。不过，该研究偏重于从二元关系视角对连带责任治理之适用边界进行初步探索，忽视了网络因素的影响，且对于这一治理模式的性质的界定及其有效性产生的原因等重要问题尚未予以解答。鉴于此，胡琴芳等（2016）在吸收上述研究成果的前提下，继而以网络治理理论为基础，提出了连带责任治理是一种具体的适用于供应链合作关系情境的网络治理模式的观点，因而提升了连带责任治理研究的理论高度。此外，Hu 等（2016）还尝试通过实证研究打开连带责任治理影响机会主义行为的“暗箱”，进一步证实横向监督是连带责任治理能够抑制供应商集群内机会主义行为的重要原因，深化了对供应链合作关系情境中连带责任治理的探究。

三、概念模型与研究假设

（一）概念模型

通过上文的文献综述可知，关于连带责任治理的研究集中在小额贷款领域，目前尚未有研究对供应链合作关系情境中的连带责任治理进行探讨（张广玲、胡琴芳，2014）。鉴于此，本研究以“核心企业 + 供应商集群”的合作经营模式为研究情境，首先探讨核心企业对供应商集群实施的连带责任治理对供应商集群内机会主义行为的作用及其作用机制。本研究以网络治理理论、委托代理理论和社会交换理论为基础，认为供应商之间的连带责任关系会激起他们强烈的横向监督的动机，并主动利用自身的信息、技术等优势积极采取横向监督活动，从而对供应商集群内机会主义行为产生显著的抑制作用。然后，在此基础上，本研究拟将萨林斯的互惠理论引入到我国的供应链合作关系情境，深入探究集群网络内供应商之间的不同互惠关系（包括慷慨互惠、等价互惠和消极互惠）在连带责任影响机会主义行为这一过程中的不同调节作用。综上所述，本研究提出如图 4-2 所示的概念模型。

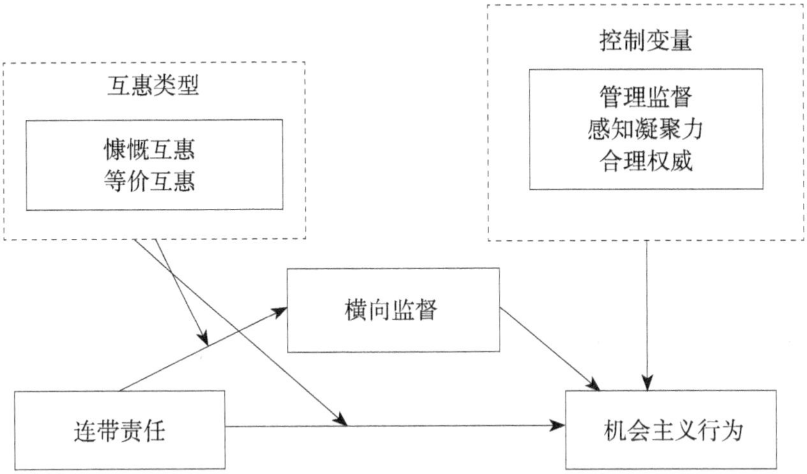

图 4-2 本研究的概念模型

（二）供应商之间的连带责任与其机会主义行为之间的关系

在供应链合作关系情境中，连带责任治理是指核心企业基于合作伙伴之间的地理临近或强社会关系等先天性条件，对合作伙伴以小组的形式进行治理，如果小组内有成员实施机会主义行为，那么，其他的合作伙伴成员都得对他的机会主义行为承担连带责任（Pasupuleti，2010）。根据前文所述的网络治理理论，本研究认为连带责任治理是一种切合供应商集群情境的网络治理模式，能够有效抑制集群内供应商的机会主义行为。

首先，连带责任治理的实施有利于降低集群内供应商采取机会主义行为的可能性。如上所述，连带责任治理的实施对象是具有位置毗邻或社会联系紧密等条件的供应商群体。一方面，它们往往依托于资源要素优势形成稳定的区域化生产基地，具有典型的地理集中性特征（Gereffi 等，2005），如福建省的毛茶供应商集群、山东省的水产供应商集群、黑龙江省的谷物供应商集群。另一方面，供应商集群是一个相对封闭和稳定的系统，内部成员之间日常接触频繁，有着错综复杂的联系，关系嵌入程度高。在这种情况下，具有连带责任关系的供应商之间信息透明度非常高，由此降低了他们采取机会主义行为的可能性。

其次，连带责任治理的实施有利于抑制集群内供应商的机会主义倾向。在我国盛行的“核心企业 + 供应商集群”合作经营模式中，核心企业基于目标市场需求与数量众多的小规模供应商签订“订单”合同。与一般市场条件下的供应商关系不同，在“订单”合同的保障下，供应商集群内部是一种非竞争的关系，期望所有成员遵守合同规定以维持与核心企业的长期合作关系成为他们一致的利益目标。因此，在实施连带责任治理的情况下，集群内供应商的违约行为不仅会直接损害其他成员的经济利益，而且会波及整个群体的市场形象与声誉，从长期看还会影响核心企业与该供应商集群继续合作的意愿。这些可预期的后果无疑对集群网络内的供应商成员形成极大的社会性压力，使其机会主义倾向得到抑制（Besley 和 Coate，1995）。

关于连带责任治理的作用的实证检验主要集中在小额贷款研究领域，其一致的研究结果可为上述观点提供有力支持。例如，Giné 和 Karlan（2009）研究发现，连带责任治理模式之所以能够在发展中国家的小额贷款领域得到广泛推广，最根本的原因在于它能够有效减少借款人普遍存在的逆向选择和败德行为问题，使还款率显著提高。Hossain（1988）对格莱珉银行进行调查获得的数据显示，由于采取连带责任治理，借款人的还款率超过95%。这一数据有力证明了该治理模式在抑制机会主义行为上的作用。

根据以上分析，本研究推断，当集群内供应商共同承担违约责任时，他们的机会主义行为能得到有效抑制。由此，提出如下假设：

假设 1：供应商之间的连带责任对其机会主义行为具有负向作用。

（三）供应商之间的连带责任与其横向监督之间的关系

所谓横向监督，是指供应商主动监察彼此的行为并积极做出反应，具体表现为观察、纠正、议论、举报等（Loughry 和 Tosi，2008）。首先，在实施连带责任治理的情况下，供应商具有横向监督的意愿。根据委托代理理论，供应商作为代理人在本质上是追求一己私利的“理性人”，所做的任何决策都是对未来的收益与成本进行权衡之后的结果（Kumar 等，

2011）。因此，由于连带责任意味着某一成员的违约行为会损害其他成员的利益，供应商成员会主动地相互监督，制止违约行为的发生，以避免自己的利益因之受损。Stiglitz（1990）是首个对连带责任治理模式进行研究的学者。他通过数学建模研究发现，连带责任是一种有效的诱因策略（Incentive Strategy），能够诱发代理人的强烈的横向监督动机，而且，横向监督的意愿程度取决于代理人之间在利益上的相互依赖程度，即连带责任越大，横向监督的意愿程度越高。之后，越来越多的研究者从实证研究的角度为这一观点提供有力支持。例如，Hermes 和 Lensink（2007）通过对 1995—2007 年关于连带责任的主要实证研究文献进行梳理，得出一个共同结论，即代理人之间的连带责任能够促使其横向监督行为的产生，使委托人的代理成本显著降低。

其次，供应商具有横向监督的能力。主要体现在两个方面：第一，前画已经提到，具有连带责任关系的供应商们聚集在一个相对狭小的地理区域，甚至“毗邻而居”“朝夕可见”，具备易于相互监督的客观条件（张维迎、邓峰，2003）。第二，供应商成员处于一个相对封闭的熟人社区，相互之间日常联系紧密，信息交流频繁，而且交流方式多样。比如，由核心企业发起的正式交流与培训活动，或供应商成员自发地串门、聚众议论等非正式的日常行为，实际上都为他们的横向监督提供了有利时机。

基于上述分析，本研究认为供应商之间的连带责任会促使他们基于个体利益的考虑，主动利用自身的有利条件对其他供应商成员的行为进行监督。由此，提出如下假设：

假设 2：供应商之间的连带责任对其横向监督具有正向作用。

（四）横向监督的中介作用

激起研究者兴趣的核心问题是连带责任治理对机会主义行为的影响是如何发生的，换言之，治理对象之间的连带责任影响其机会主义行为的作用机制是什么？该问题引发了大量关于连带责任影响机会主义行为这一“暗箱”的探索（Stiglitz，1990；Sharma 和 Zeller，1997；Armendariz，1999；Ghatak 和 Guinnane，1999；Paxton 等，2000；Wydick，2002；Ferrara，2003；Hermes 等，2005；Karlan，2007）。现有研究发现，治理对象之间的连带责任之所以能够有效抑制其机会主义行为，在于该治理模式在实施过程中催生出来的横向影响因素的作用（Stiglitz，1990；Hermes 等，2005；Karlan，2007）。其中，Karlan（2007）提出，横向监督是最关键的影响因素。但目前还没有研究对横向监督的中介作用进行深入分析和实证检验。

如上所述，连带责任治理的实施与供应商集群内机会主义行为的减少之间关系密切。本研究认为，在其中起关键作用的应是供应商之间的横向监督活动。根据委托代理理论，供应商作为独立的经济主体，相互为违约行为共担责任会极大地激发他们的“理性人”意识，促使他们为了避免自身利益受损而主动进行相互监督。例如，观察、留意组内其他成员的行为表现；一旦发现某成员有违约倾向，就会当面指出、聚众议论，甚至向核心企业举报（Loughry 和 Tosi，2008）。这些横向监督活动由于供应商成员的地理集聚以及强关系嵌入而易于实施，有效降低了他们之间的信息不对称问题，使其机会主义行为失去了滋生的温床。

根据社会网络理论，在基于连带责任形成的强关系网络当中，由于供应商成员的正式商业地位与社会角色融为一体，密不可分，其个体声誉无疑成为在网络内部获取合作机会的最可信指标（Powell，2003）。因此，这会促使供应商成员密切监督彼此的行为，一旦发现某成员有机会主义倾向或正在采取机会主义行为，就会主动对其进行相应的集体性制裁，如警告、疏远、开除甚至终结其他领域的合作等，使其损失远超过因采取机会主义而获得的利益（Wydick，2002）。可见，通过横向监督，供应商之间的连带责任对其机会主义行为得以保持一种“更有效的惩罚威胁”（Che 和 Yoo，2001）。

此外，供应商成员之间的连带责任关系给他们带来诸多共同的社会性压力，使他们的利益目标趋于一致。具体地说，若集群内机会主义行为频发，除了给供应商成员带来直接的利益损失之外，从长远看还会影响所在集群的集体声誉，甚至减少他们今后与核心企业的合作机会。因此，不论是基于自身利益的考虑，还是为了所在集群的集体利益，供应商相互监督的积极性都会因连带责任关系而大大提高，进而使集群内的机会主义行为得到有效控制。

根据以上分析，本研究认为供应商之间的横向监督在连带责任与机会主义行为之间的关系中起着中介作用，是连带责任治理模式得以有效运行的根本原因。因此，提出如下假设：

假设 3：供应商之间的横向监督在连带责任影响机会主义行为的过程中具有中介作用。

（五）供应商之间的不同互惠关系在连带责任与机会主义行为之间的调节作用

社会交换理论认为，人类行为一般都是从社会交换的角度出发，将其作为个体之间的关系、群体之间的关系或社会组织成员之间的关系的基础，并通过这些主体之间的互动体现出来（Blau，1964）。在现实中，供应商集群处于一个较为狭窄的地域内，相对稳定和封闭的环境决定了集群内的供应商之间有着频繁的社会互动。由于互惠是社会互动的内在本质（Gouldner，1960），因此，供应商之间的关系具有典型的互惠特性。萨林斯（2009）认为，在现实的交换关系中，按照"群体间亲属关系的距离和交换的关联"，可将互惠关系分为慷慨互惠、等价互惠和消极互惠三种类型，各自在回馈的时限性、回馈的等价性和利益三个维度上具有不同的特征。由于这一分类观与中国传统文化背景下特有的"差序格局"特点相吻合（张江华，2010），反映出集群内供应商之间的社会关系在现实中的复杂性和独特性，因此，本研究将三种互惠关系类型引入到概念模型中，认为它们会分别对供应商之间的连带责任与其机会主义行为之间的关系起着不同的调节作用。

首先对萨林斯（2009）提出的关于慷慨互惠的观点进行简要介绍。萨林斯（2009）认为，慷慨互惠意味着不确定的回馈时限、不明确的回馈等价性，以及低的自利倾向。在这类互惠关系中，施惠者做出决策与采取行动的出发点具有利他性，不期望受惠者在某个预定的时间内回馈等价的东西，相反，其回馈往往取决于受惠者有能力提供回馈的时间和价值。因此，慷慨互惠被认为是“持之以恒的单向流动”（萨林斯，2009）。例如，中国的孝敬馈赠就是典型的慷慨互惠。在这种社会关系中，礼物自上而下地流动（刘军，2007）。对于慷慨互惠的这一标志性特点，萨林斯（2009）在其著作《石器时代经济学》中进行了非常深入而具体的阐释：“……交换过程的物质方面被社会性所压制：对人情的计算不能公开，一般都被忽略。……这类人情不受时间、数量或质量所限：对互惠的期求是可有可无的。人们对互惠时间和价值的计算，不仅受到赠予物的限定，也要取决于对方的需要与恰当的时间，也同样要考虑接受者的负担和进行的时间。接受物品之时，就是接受者必须或可能履行一项漫长义务之日。回报可能因之迅速抵达，但也可能永远不会兑现。有人甚至终生无法惠及自身或他人。”①

由上述分析可知，供应商之间的连带责任既会因更高的信息透明度而使他们实施机会主义行为的机会减少，又会因形成强大的社会性压力而使他们的机会主义行为倾向得到很好的抑制。但是，若是连带责任治理的实施对象是具有显著的慷慨互惠关系的供应商群体时，根据以上关于慷慨互惠的论述，本研究认为，供应商之间的连带责任对其机会主义行为的抑制作用反而会被削弱。具体理由如下。

首先，Sparrowe 和 Liden（1997）认为，慷慨互惠关系中的行动者之间具有强连带的特征。根据 Krackhardt（1995）的观点，三个或三个以上的行动者共享的强连带被称为“齐美尔连带”，能够促使行动者之间产生高度的团队认同感。那么，根据社会认同理论，“齐美尔连带”带来的群体认同感会强化群体间的冲突和消极的群体外偏见（Sidanius 等，

① 马歇尔·萨林斯．石器时代经济学［M］．张经纬，郑少雄，张帆，译．北京：三联书店，2009，第 224 页。

2004；Dimmock 等，2005），使行使不良行为的供应商易于得到群体内其他成员的包容、原谅，甚至蓄意包庇（Karlan，2007）。因此，若担负连带责任的供应商身处慷慨互惠关系当中，当他意欲谋求私利时，会习惯性地预期自身违背企业规定的行为带来的不利后果将能得到其他成员的宽容与原谅，致使他感知到的社会性压力显著降低，从而使其机会主义行为倾向被强化。

其次，当供应商之间的社会关系具有明显的慷慨互惠特性时，利他倾向会使他们受到很好的对待，使彼此所得往往超出其所能回报的，因而他们会对所在群体抱以更高的情感依恋，促使相互之间存在高度的信任感（Wu 等，2006）。但是，高度信任是一把双刃剑，越来越多的研究认为，高度信任也存在“黑暗面”或有害影响（Xu 等，2013）。例如，Gargiulo 和 Ertug（2006）研究发现，高度信任会导致“盲目信任”，从而使被信任的一方在采取违约行为方面更加有机可乘。由此可以推断，在连带责任小组中，慷慨互惠关系带来的高度信任可能会促使某些成员出于追求一己私利的目的而更加放肆地伺机采取机会主义行为，使其机会主义行为增加。

综合以上分析，本研究认为，随着供应商之间慷慨互惠关系的增强，他们之间的连带责任对其机会主义行为的抑制作用会下降。由此，提出以下假设：

假设 4a：随着供应商之间慷慨互惠关系的增强，他们之间的连带责任对其机会主义行为的负向作用减弱。

等价互惠的基本特征是回馈的即时性和回馈资源的等价性，即受惠者必须在短时间内回馈其施惠者以等价的东西；同时，等价互惠关系中的各方行动者寻求一种“交换条件”的交易，以使大家都能从中受益（萨林斯，2009）。具体而言，在回馈的时限方面，等价互惠无法接受物品的单向流动。萨林斯（2009）提出，如果在预期的时间内，受惠者没有及时回馈施惠者，他们之间的关系就会随之瓦解。在回馈的价值方面，“交换物或多或少都被计算”；尤其在完全等价的互惠关系中，行动者之间交换的是同样种类、同样数量的物品。在利益方面，等价互惠的特点是互利性，即通过交换使双方都受益。

综合以上特征，与慷慨互惠相比，等价互惠所具有的“个人色彩”要少些，经济性程度更高，行动者之间的互动具有明确的经济和社会目的。而且，在等价交换过程中，行动者之间的社会关系随着经济关系的变化而变化（萨林斯，2009）。所以，据此推断，在对具有很强的等价互惠关系的供应商群体实施连带责任治理时，供应商成员对因连带责任而形成的经济关系的重视程度超过对他们之间早已存在的各种社会关系的重视程度。在这种情境下，一旦某个供应商因采取机会主义行为而使其他成员的经济利益受到牵连，可以预知的是，其他成员必然会毫不手软地对该供应商采取警告、疏远、开除等集体性制裁行动（Wydick，2002），甚至使该供应商与其他成员之间的社会关系也会受到负面影响，波及他今后与其他成员在其他领域的长期性合作。因此，这些可预见的不良后果会强化连带责任小组中的供应商成员感知到的社会性压力，从而使其机会主义行为倾向得到更有效的控制。

鉴于以上分析，本研究认为，随着供应商之间等价互惠关系的增强，他们之间的连带责任对其机会主义行为产生的抑制作用也会得到增强。由此，提出以下假设：

假设 4b：随着供应商之间等价互惠关系的增强，他们之间的连带责任对其机会主义行为的负向作用增强。

萨林斯（2009）认为，互惠由一系列的交换组成，是一种连续的互动模式；在这个连续体中，消极互惠处在与慷慨互惠相反的一端。因此，消极互惠的基本特征是即时、等价的回馈以及高度自利性。具体地说，消极互惠关系中的行动者是索取导向的，“面对彼此，各有所图”，通常以他人的利益为代价来寻求自身利益的最大化，其唯一目的“就是为了赚取实际利益”，因而“最为经济”①。对此，萨林斯在田野调查中通常使用“投

① 马歇尔·萨林斯. 石器时代经济学［M］. 张经纬，郑少雄，张帆，译. 北京：三联书店，2009，第 226 页。

机”“诈骗”“行窃”等代表性的民族志术语对消极互惠的具体表现特征进行描述。

鉴于消极互惠具有与慷慨互惠完全相反的特性，本研究提出，当供应商群体内的消极互惠关系很强时，供应商成员之间的连带责任对其机会主义行为的负向作用会得到强化。其主要原因在于：根据社会交换理论，慷慨互惠关系和等价互惠关系中的行动者都存在不同程度的社会交换和经济交换，而在消极互惠关系中，行动者之间根本不存在社会交换，只有纯粹的经济交换（Wu 等，2006）。由于唯有社会交换才会产生“个人义务、感激和承诺的感情”，仅是纯粹的经济交换不会产生这类感情（Blau，1964），因此，当连带责任小组内的供应商之间具有显著的消极互惠特性时，他们“就会变成百分之百的理性经济人”，形成典型的“工具型关系”。那么，若是某个供应商成员采取核心企业在合同中明确禁止的不良行为，来自其他成员的对待方式将是具有“明码标价、讨价还价”特性的纯理性手段（罗家德，2011），其中，除了上面提及的集体性制裁之外，还包括在其他合作领域刻意实施的各种报复性行动（Antia 和 Frazier，2001），由此对连带责任小组内的成员形成一种巨大的惩罚威胁，从而使其机会主义行为得到更加有效的控制。

根据以上分析，本研究认为，与等价互惠的调节作用一样，随着供应商之间消极互惠关系的增强，他们之间的连带责任对其机会主义行为产生的抑制作用必然会更加显著。由此，提出以下假设：

假设 4c：随着供应商之间消极互惠关系的增强，他们之间的连带责任对其机会主义行为的负向作用增强。

（六）供应商之间的不同互惠关系在连带责任与横向监督之间的调节作用

已有研究一致认为，慷慨互惠的背后有着深刻的社会规范因素。例如，萨林斯（2009）认为，与等价互惠和消极互惠比较，慷慨互惠具有更高的道德价值；马林诺夫斯基（2002）发现，在慷慨互惠关系中起作用的是心理因素而非经济因素；我国学者刘军（2007）也提出，慷慨互惠的思想具有重要的社会学意义。由此，本研究推断，对具有显著的慷慨互惠关系的供应商群体实施连带责任治理时，他们对彼此之间的社会关系的重视超过对连带责任的经济关系的重视，从而使相互监督的程度降低。具体从以下几个方面进行分析。

首先，已有研究认为，慷慨互惠对所在社会群体更加有利，因为它扩展了社会的道德原则，并提高了成员之间的信任水平（王铭铭，2004）。因此，在具有慷慨互惠特性的连带责任小组中，供应商成员会因为相互之间的高度信任而认为没有进行严格监督的必要性，自然会导致横向监督活动的减少。即使当供应商成员表现出机会主义倾向时，其他供应商也会给予他以充分的不求"报"的信任，而非对他采取警觉性的监督行为（Wu 等，2006）。

其次，如前面所述，具有慷慨互惠特性的供应商成员之间共享"齐美尔连带"。而根据 Sparrowe 和 Liden（1997）基于委托代理理论提出的观点，对于委托人来说，如果代理人之间的信任和合作对任务的完成非常重要，那么代理人之间的"齐美尔连带"以及由此产生的高度认同感就是有利的，但在结果取决于竞争的情况下则会产生对委托人不利的局面。本研究据此推断，慷慨互惠关系强的供应商群体内的成员共享"齐美尔连带"，对本群体的认同感很高，这将不利于核心企业的连带责任治理。其原因在于，在实施连带责任治理时，核心企业的出发点是希望为机会主义行为共担责任的供应商成员之间能够出现相互监督的局面，但实际情况却与其初衷相反，即"齐美尔连带"促进的是供应商成员之间的高度合作，具体表现为对机会主义行为的相互袒护而非相互监督。对于这一点，小额贷款领域的相关研究文献提供了有力支持。例如，Sharma 和 Zeller（1997）研究发现，在实施连带责任的贷款小团体中，具有亲属关系的成员所占比例与横向监督的降低之间呈现显著的正相关关系。据此，有些小额贷款项目明确规定同一贷款小组中的成员之间不能存在亲属关系（Conning，2005）。

第三，从决策与行为的动机来看，由于慷慨互惠关系强的供应商成员之间在做出决策与采取具体行动时具有明显的利他倾向，因此，在连带责任小组内，即使供应商成员发现其他成员有违反核心企业合同规定的倾向，或是正在采取违反合同的机会主义行为，他们也不愿意相互监督，进行检举揭发，而是采取无条件的包庇行为，以免使违约成员遭受严厉惩罚（Zeller，1998）。

第四，根据社会交换理论，慷慨互惠关系强的供应商成员之间交换的资源内容一般是以社会情感资源为主的社会性交换（Wu 等，2006）。因此，在实施连带责任治理的情况下，虽然供应商成员之间承担着因某成员违约而负连带责任的经济损失风险，但与这种短期的经济利益相比，慷慨互惠关系强的供应商成员之间更加注重长期的社会情感资源。因此，由于横向监督会使连带责任小组内的社会关系变得紧张（Conning，2005），所以供应商成员相互之间往往不愿采取严格的监督措施。

综合以上分析，本研究认为，供应商成员之间的慷慨互惠关系越强，他们之间的连带责任对其横向监督的正向作用越弱。由此，提出以下假设：

假设 5a：随着供应商之间慷慨互惠关系的增强，他们之间的连带责任对其横向监督的正向作用减弱。

本研究提出，在对等价互惠关系强的供应商群体实施连带责任治理的过程中，由于供应商成员对连带责任的经济关系的重视程度超过对相互之间社会关系的重视程度，其社会关系具有潜在的不稳定性，会随着因连带责任产生的经济关系的变化而发生改变，因此，连带责任与横向监督的关系会因集群内供应商成员之间的等价互惠关系而得到强化。具体分析如下。

首先，由前述可知，处于显著的等价互惠关系中的行动者关注的是“一报还一报”的交换（Sparrowe 和 Liden，1997），即重视利益的相互性，因此，在连带责任小组中，如果供应商成员之间具有很强的等价互惠关系，他们的经济利益关系就要优先于其他诸如朋友、邻居等的社会关系，并且在这一点上达成高度共识。在这种情况下，供应商成员之间的相互监督便会成为被接受、被认可的行为，而无须顾忌是否会冒犯和损害彼此之间的其他社会关系。由此导致的结果便是，为了避免自己的经济利益因其他成员的机会主义行为而受损，供应商成员相互进行监督的积极性会大大提高，由此带来横向监督程度的增强。

其次，从社会交换理论的角度来看，与慷慨互惠关系对社会情感资源的高度重视不同，等价互惠关系中的资源内容更偏重于经济交易，意即处于其中的行动者更加注重相互之间在经济资源上的交换（Wu 等，2006）。因此，由于连带责任意味着集群内供应商之间存在着因其他成员违约而使自己经济利益受损的风险，出于对经济资源的追逐，供应商成员自然会主动加大相互监督的力度。

此外，根据 Wu 等（2006）的研究结果，等价互惠关系强的行动者之间也具有一定程度的信任。不过，这种信任是基于相互利益的考虑和经济交换的互动而产生的计算信任。Denise 等（1998）和 Lewicki 等（1998）一致认为，计算信任的基本特征是高水平信任与高水平不信任的同时存在，而且这两个维度的重要程度不是对称或静止不变的，而是具有非均衡性、动态性的特点，会根据具体情境的不同而发生变化。进一步地，根据 Lewicki 等（1998）的观点，当行动者之间涉及直接的、重要的经济利益时，高水平不信任会起主导作用。因此，在对等价互惠关系强的供应商成员实施连带责任治理的情况下，由于直接涉及自己的经济利益，相对于彼此之间的信任程度来说，他们之间会显示出更高程度的不信任，驱使他们“努力地先发制人，并积极采取监管、监督、检查等控制机制”（Lewicki 等，1998）。

综合以上分析，本研究认为，供应商成员之间的等价互惠关系越强，连带责任与横向监督之间的正向关系也会越强。由此，提出以下假设：

假设 5b：随着供应商之间等价互惠关系的增强，他们之间的连带责任对其横向监督的正向作用增强。

本研究提出，当供应商群体内的消极互惠关系很强时，供应商成员之间的连带责任对其横向监督的正向作用会得到强化。具体从以下两个方面进行分析。

首先，在具有消极互惠特性的供应商群体中，利己倾向主导着供应商成员的行为。因此，一旦对他们实施连带责任治理，同一小组内的供应商成员会担心其他成员将一味地为了追求一己私利而采取不利于集体的机会主义行为。这种担心使供应商群体内的不信任气氛显著增强（Wu 等，2006）。而 Denise 等（1998）认为，不信任被视为“对伤害行动的积极预期”，可促使行动者基于这种确定的预期而理性地采取保护性行动，并通过一些社会性约束手段具体表现出来，如监督机制、科层或制度控制等。因此，在连带责任小组中，一旦供应商成员之间的不信任程度增强，他们对本组内可能出现损人利己的行为预期就越确定，因而会投入更多精力和资源加强监督，为预期会发生的破坏性行为做准备，以保护自己的利益不因之受牵连。

其次，根据前述可知，从社会交换理论的角度看，在消极互惠关系中，行动者之间只有纯粹的经济交换（Wu 等，2006）。因此，当集群内供应商之间的消极互惠关系很强时，他们往往以“百分之百的理性经济人”的身份来对待彼此（罗家德，2011）。在这种情况下，当核心企业对供应商成员实施连带责任治理时，他们会基于利益最大化原则，只关注与自身相关的经济利益，并积极利用信息和技术等优势，尽最大努力对其他成员进行监督，而根本不会顾忌任何规范或道德等社会性因素。正如萨林斯（2009）提出的，“从道德意义上讲”，消极互惠显然是极为“消极的”。关于这一点，常向群（2009）通过对我国江村的田野调查也进行了验证。他研究发现，“慷慨互惠有更高的道德价值，而在等价的和消极的互惠中其道德价值就逐渐降低”①。可见，前人的研究成果都有力地支持了本研究的这一观点。

综上所述，本研究认为，供应商之间的消极互惠关系越强，他们之间的连带责任与其横向监督之间的正相关关系就越明显。由此，提出以下假设：

假设 5c：随着供应商之间消极互惠关系的增强，他们之间的连带责任对其横向监督的正向作用增强。

---

① 常向群．关系抑或礼尚往来？——江村互惠、社会支持网和社会创造的研究［M］．辽宁人民出版社，2009，第 224 页。

（七）供应商之间的不同互惠关系在连带责任通过横向监督影响机会主义行为的过程中的调节作用

根据上文分析，横向监督是连带责任有效制约供应商机会主义行为的核心中介因素，是连带责任治理模式得以有效运行的根本原因。因此，当集群内供应商相互为彼此的机会主义行为承担责任时，他们之间的不同互惠关系会强化或弱化横向监督活动，进而强化或弱化对集群内机会主义行为的抑制作用。这意味着，供应商之间的不同互惠关系在连带责任通过横向监督影响机会主义行为这一过程中起着不同的调节作用。具体分析如下。

首先，连带责任治理模式的实施能够有效地激发集群内供应商的“理性人”意识，促使他们为了避免个体利益受损而主动利用自身的有利条件采取横向监督活动，例如，观察、留意组内其他成员的行为表现；一旦发现某成员有违约倾向，就会当面指出、聚众议论，甚至向核心企业举报（Loughry 和 Tosi，2008）。而根据上文分析已知，不同供应商群体内的成员之间存在着慷慨互惠、等价互惠和消极互惠三种不同的互惠关系；在实施连带责任治理的情况下，这三种互惠关系会分别与连带责任之间产生不同的交互作用，进而导致供应商成员之间横向监督程度的增加或减少。具体而言，在对供应商集群实施连带责任治理的情况下，当供应商之间的慷慨互惠关系增强时，他们之间的横向监督程度会降低；相反，当供应商之间的等价互惠关系或消极互惠关系增强时，他们之间的横向监督程度则会得到强化。

其次，如果供应商之间的横向监督程度增强，集群内的机会主义行为就会得到更好的控制；相反，一旦供应商之间的横向监督程度减弱，集群内机会主义行为的控制效果也会降低。具体而言，其一，如果供应商之间的横向监督增强，就可以更充分地利用他们自身的信息优势和监督技术优势。根据社会网络理论，集群内的供应商处于一个“共同网络”，在该网络中，他们之间的信息交换频率和共享程度很高（Stiglitz，1990；张维迎、邓峰，2003）。同时，由于以密集型交易为特征的经济空间更易成为专业化文化和惯例形成的客观载体（Scott，1999），因此，供应商之间随着社会关系日益紧密而会逐渐形成一种共同文化，使他们在活动倾向、行为惯例等方面具有相通性，从而在监督彼此的机会主义行为方面具备很强的技术优势（Barron 和 Gjerde，1997）。其二，供应商之间的横向监督具备激励功能，横向监督程度的增强能够对供应商的行为起到良好的引导作用。在供应商集群内，供应商之间的社会关系复杂，如兼具亲缘、友缘或合作关系等。那么，在连带责任治理情境下，如果某供应商因采取机会主义行为而被发现或举报，必然会对他在集群网络中的声誉以及今后的发展产生不良影响，从而促使供应商主动采取符合“集体期望”的行为（Loughry 和 Tosi，2008）。而在“核心企业 + 供应商集群”的合作关系情境中，供应商的“群体期望”就是表现良好（即避免机会主义行为），实现与核心企业合作关系的稳定、持续发展，这既符合供应商群体层面的目标，实际上也将供应商的利益与核心企业的利益连接在了一起，减少了代理关系中委托人与代理人之间的目标冲突。而这一过程正是通过横向监督活动才得以实现。由此可见，如果供应商之间的横向监督程度增强，集群内的机会主义行为就会得到更好的控制；相反，如果供应商之间的横向监督程度减弱，集群内机会主义行为的控制效果也会降低。

综上所述，本研究认为，当供应商之间的慷慨互惠关系增强时，供应商之间的连带责任通过横向监督对机会主义行为产生的间接抑制作用就会变弱；相反，当供应商之间的等价互惠关系或消极互惠关系增强时，供应商之间的连带责任通过横向监督对机会主义行为产生的间接抑制作用也会得到增强。由此，提出以下三个假设：

假设 6a：随着供应商之间慷慨互惠关系的增强，他们之间的连带责任通过横向监督对机会主义行为产生的间接负向作用减弱。

假设 6b：随着供应商之间等价互惠关系的增强，他们之间的连带责任通过横向监督对机会主义行为产生的间接负向作用增强。

假设 6c：随着供应商之间消极互惠关系的增强，他们之间的连带责任通过横向监督对机会主义行为产生的间接负向作用增强。

四、研究方法

（一）研究样本与数据收集

目前，在供应商集群治理上尝试采取连带责任治理模式的核心企业尚不多见。据调查，仅有我国的中粮集团、巴马茶业、华虹茶业等企业在黑龙江五常、福建安溪等地实施，以及日本、美国的一些水产企业在我国山东盛产水产品的部分地区实施。由于调查的便利性与成本等因素的制约，本研究选择位于福建省安溪县的福建华虹茶业有限公司、八马茶业股份有限公司及其毛茶供应商集群作为调查对象。安溪县位于福建省东南沿海，厦、漳、泉闽南金三角西北部，隶属泉州市，下辖 24 个乡镇 460 个村（居）委，位居中国重点产茶县第一位，是中国乌龙茶（名茶）之乡、名茶铁观音的发源地，尤其是安溪铁观音，名扬四海，香溢五洲，已成为中国茶叶第一品牌，也成为福建省的一张亮丽名片。

与华虹茶业有限公司、八马茶业股份有限公司合作的上游毛茶供应商主要聚集在安溪县的虎邱镇、龙门镇、大坪乡和龙涓乡等几个位置毗邻的地区。其中，虎邱镇地处县境中偏南部，位于“闽南金三角”中心地带，东连官桥、龙门两镇，西邻西坪镇、长坑乡，南与大坪乡和长泰县枫洋镇交界，北与尚卿乡、蓬莱镇接壤，全镇面积 161.77 平方公里，距安溪县城 27 公里，离泉州市 75 公里，离厦门市 80 公里，到漳州市仅 110 公里，省道 207 线贯穿全境，基础配套设施日臻完善，交通便捷。该镇属于丘陵地区，亚热带季风气候，雨量充沛，朝雾夕岚，温润舒适，土壤肥沃，自然条件十分优越，是安溪铁观音、本山、黄金桂、毛蟹“四大名茶”的主产区域，全国名茶黄金桂和佛手的发源地，也是国家级茶树良种繁育基地，特色产业突显。龙门镇位于安溪县南部的东岭北麓，东邻南安市翔云乡，南连厦门市同安区汀溪镇，西与虎邱镇、大坪乡交界，北和官桥镇接壤，地理位置优越。该镇的仙地、仙东、仙西、龙门、龙山、龙美等村都属于安溪铁观音的主产区域。大坪乡位于安溪县南部，距县城 50 公里，人口 23 058 人，辖7个行政村。该乡海拔850米，属中亚热带气候，年平均气温16～18 ℃，日照时数1875小时，降雨量1700～1900毫米，相对湿度78%～80%，土壤以红壤和黄壤为主，空气、土壤、水质均无任何污染，具有发展茶叶生产得天独厚的有利条件，是国家级茶叶良种、安溪“四大名茶”之一“毛蟹”的原产地，是安溪县开发生产高山富硒绿色食品茶叶的重要基地。此外，该乡还种植铁观音、黄旦、本山、肉桂等茶叶品种。龙涓乡位于安溪西南部，平均海拔高度750米，全年温暖湿润，年平均气温在16～18 ℃，无霜期300多天，年降水量1800毫米左右，是安溪新生的茶叶主产区。全乡现有茶园4万亩，年产茶叶5000吨。其中，魏氏茗茶、华祥苑茗茶都在该乡建立生产基地，后田南崎、湖陵、长塔等地的铁观音已打出品牌，备受客商青睐。

虽然随着经济的开放与发展，安溪茶业已享誉国际市场，相关企业的国际化程度也非常高，但是，由于安溪历来被誉为“华侨之乡”，是台胞的主要祖籍地，认祖归宗和先祖崇拜的观念非常盛行，其表现特色之一就是浓厚的宗祠文化。例如，在我们调查的虎邱镇、龙门镇、大坪乡和龙涓乡等乡镇地区都有保存完好的不同姓氏的祠堂，绝大部分毛茶供应商就世世代代居住在一个相对闭塞的地理区域，形成熟悉程度非常高的社会性活动圈子（费孝通、刘豪兴，1985），社会关系十分紧密。这些先天性特点使企业在对其上游的毛茶供应商集群实施连带责任治理上拥有了基础性条件（Hermes和Lensink，2007）。

据调查，自2006年起，上述两家企业对其毛茶供应商集群采取连带责任治理模式，简称为“联作制”。这种治理模式的具体操作方式是，在安溪县的虎邱镇、龙门镇、大坪乡和龙涓乡等地理区域内，以“自愿组合、捆绑签约”为原则，由聚居在同一区域的6～12家毛茶供应商自愿结合组成一个小组，小组内部再推选出一名该区域的供应商代表作为组长，除了负责农药发放、通知传达、奖惩记录等日常事务之外，还负责以小组名义和该企业签订合作协议。其中，协议中第8条明确规定：“本着优化组合的原则，乙方自愿组成一个小组，小组内部应相互监督，发现小组内有茶农违反农药使用规定，致使甲方收购进来的毛茶农残无法达到日本规定标准的要求，应自觉举报，否则，企业有权拒收整个小组的毛茶。”这意味着，如果企业是通过自身监督发现某供应商在合作过程中使用违反合作协议规定的农药，而不是通过该供应商所在小组的其他成员的举报获得违约信息，那么，企业就可以按照所签协议的规定拒绝收购该违约供应商所在小组的所有成员的当季毛茶。

由于本研究的分析单位是具有连带责任关系的供应商小组，因此，问卷发放对象是符合此条件的与上述两家企业合作的122个供应商小组。选择调查对象时，我们按照Hermes等（2005）、Loughry和Tosi（2008）提出的关于小组内被调查者选取方法与数量的建议，从每个供应商小组中选择该组的组长和两名供应商负责人作为被调查者进行信息提供工作。因此，实际上发放问卷共366（即122×3）份，在回收问卷并剔除无效问卷后，得到有效问卷共246（即82×3）份，问卷回复率为67.2%，最后得到82个具有连带责任关系的供应商小组的数据作为本研究的有效研究样本。在问卷填写方面，每组组长单独提供关于连带责任和机会主义行为的答案。其原因在于，连带责任与机会主义行为测量的是每组整体上的实际情况，而上文提到，每个供应商小组的组长负责奖惩记录等事务，因此，组长单独提供这两个变量的信息能够防止信息不一致问题的出现（Hermes等，2005）。另外，关于合理权威的答案由除组长之外的其他两个被调查者提供，以避免组长的自我评定偏见（Zhang等，2012）。本研究模型中其他变量的题目则由每组的三个被调查者分别完成。由于组内被调查者不止一个，本研究检验了所有被调查者在这些变量上所提供答案之间的相关性。检验结果显示，两两被调查者之间在各个变量上的相关性显著为正，表明组内被调查者所提供同一变量答案的相似性程度都很高，满足对其进行合并以取平均值的条件。因此，最后计算出每组被调查者所提供答案的均值，作为用于检验本研究所有假设的数据。

（二）变量测量

本研究需要测量的变量共有11个，分别是：连带责任、慷慨互惠、等价互惠、消极互惠、横向监督、机会主义行为、管理监督、感知凝聚力、合理权威、成员同质性和小组规模。为了与本研究的具体情境相吻合，同时也为了减少共同方法偏差问题的影响，我们在现有文献的基础上对这些变量的题目进行了适当调整（Podsakoff等，2003）。除了连带责任、机会主义行为和小组规模之外，其他变量都使用李克特5点量表计分。下面对这些变量的测量一一进行阐述。

连带责任。连带责任是指在供应商小组内，若某一成员采取核心企业在合同中规定的违约行为，则其他所有成员对其违约行为共同承担责任（Pasupuleti，2010）。对连带责任的测量借鉴的是Ahlin和Townsend（2007）在小团体贷款情境下使用的方法。根据本研究调查对象的实际情况可知，在连带责任小组内，任一供应商的违约风险是整个小组当季毛茶都被企业拒收。从单个成员的角度看，若其当季毛茶产出量较大，意味着它因本组违约成员的机会主义行为而遭受的利益损失较大，因而承担的连带责任较大。由此推断，对于整个小组来讲，当季毛茶产出量较大的成员越多，该组承担的连带责任就越大。由于各个小组成员数不尽相同，且不同生产区域的小组之间的毛茶产出量差别较大，所以，本研究以每组所有成员的季度毛茶产出量的均值为分界点将成员划分为两类，一类是季度毛茶产出量大于或等于均值的“产出量较大的成员”，另一类是季度毛茶产出量小于均值的“产出量较小的成员”，然后计算出“产出量较大的成员”数占小组总成员数的比例。因此，最后用于统计分析的变量值是组内毛茶产出大于毛茶产出均值的供应商数在本组中所占比例，该比例越大，意味着该组所负的连带责任相对越大。

横向监督。横向监督是指供应商相互之间主动监察彼此的行为并积极做出反应，具体表现为观察、纠正、议论、举报等（Loughry和Tosi，2008）。横向监督的测量是在Loughry和Tosi（2008）开发的量表的基础上修改而成的，测量题项共5个，反映横向监督活动在四个方面的具体表现，包括：（1）观察组内成员的具体行为；（2）当场纠正组内成员的不良行为；（3）向组内其他成员或企业相关人员举报某成员的不良行为；（4）聚众议论组内每个成员的具体表现。

慷慨互惠。根据萨林斯（2009）的观点，慷慨互惠是指存在于行动者之间的以不确定的回馈时限、不明确的回馈等价性以及很强的利他倾向为主要特征的互惠关系。本研究借鉴 Wu 等（2006）基于中国企业情境开发的相关量表对慷慨互惠进行测量，共 3 个题项，反映出供应商小组内部成员之间的慷慨互惠关系程度。

等价互惠。等价互惠是指存在于行动者之间的以回馈的即时性、回馈资源的等价性及互利为主要特征的互惠关系（萨林斯，2009）。与慷慨互惠的测量一样，本研究根据 Wu 等（2006）基于中国企业情境开发的相关量表对等价互惠进行测量，通过 3 个题项来反映供应商小组内部成员之间的等价互惠关系程度。

消极互惠。消极互惠是指存在于行动者之间的以回馈的即时性、回馈的等价性以及高度自利性为基本特征的互惠关系（萨林斯，2009）。同样，本研究根据 Wu 等（2006）基于中国企业情境开发的相关量表对消极互惠进行测量，共 3 个题项，反映的是供应商小组内部成员之间具有的消极互惠关系的程度。

机会主义行为。鉴于核心企业在合同中明确规定连带责任惩罚适用于供应商使用禁用农药的情况，以及根据前述有关机会主义的定义，本研究借鉴 Hermes 等（2005）在小团体贷款情境下测量小组违约行为的方法，通过统计“本组成员使用禁用农药的次数”来反映每组发生机会主义行为的实际情况。其信息来自每组组长对本组自成立以来每个成员的奖惩情况的客观记录。需要说明的是，由于每个连带责任小组成立的时间不一致，因此，最终用于数据分析的关于每组机会主义行为的数据是其年均违约次数。

控制变量。现有研究发现，管理监督（Loughry 和 Tosi，2008）、感知凝聚力（Chin 等，1999）、合理权威（Carson 等，2007；Zhang 等，

2012）、成员同质性（Cassar 等，2007）和小组规模（Ahlin 和 Townsend，2007；Loughry 和 Tosi，2008）等因素会对组内成员的行为表现产生影响。因此，本研究将这五个因素作为控制变量。管理监督是指由核心企业采取的对供应商小组进行监督的活动。对管理监督的测量，本研究是在 Loughry 和 Tosi（2008）的量表的基础上修改而成，共两个测量题项，分别反映核心企业对供应商小组进行行为监督和质量检查的频率。感知凝聚力的测量采用 Chin 等（1999）在小团体情境下开发的量表，共 3 个题项，反映出供应商小组内的成员对本组凝聚力的一种感知状态。合理权威反映的是供应商小组内成员对本组组长的权威性、影响力和领导力的一种感知状态（Carson 等，2007；Zhang 等，2012）。由于在本研究情境中，供应商小组组长是由组内成员共同选举出来的不具有正式职位的非正式领导者，因此，对合理权威的测量借鉴的是 Zhang 等（2012）用于测量小组内非正式领导者的方法。首先，请求组内被调查者（不包括组长）对“本组成员对组长的依赖程度”进行计分，然后对其计分进行加权平均，计算出每组组长在其组内的合理权威程度。由于在本研究情境中，供应商内部成员之间有亲属关系的情况较为普遍，根据 Ferrara（2003）的观点，亲属之间在很多方面具有相似性，同质性程度较高，因此，本研究用每个小组内属于亲属关系的供应商成员所占比例来测量成员同质性。此外，根据 Ahlin 和 Townsend（2007）、Loughry 和 Tosi（2008）采用的测量方法，小组规模的测量即用每组供应商成员的数目来表示。

五、数据分析

（一）信度与效度检验

本研究首先计算变量的内部一致性系数以对信度进行检验。如表 4-2、表 4-3、表 4-4、表 4-5、表 4-6、表 4-7 所示，横向监督、慷慨互惠、等价互惠、消极互惠、管理监督、感知凝聚力这些变量的各测量题项层面的 Cronbach’s α 系数值都大于 0.80，且各变量的总量表层面的 Cronbach’s α 系数值都大于 0.80，说明本研究的量表具有良好的内部信度。

表 4-2　横向监督量表的信度分析结果

	均值	方差	Cronbach's α 系数值
PM1	13.254	15.093	0.955
PM2	13.264	15.180	0.951
PM3	13.526	13.990	0.956
PM4	13.801	14.548	0.959
PM5	13.439	15.158	0.956
横向监督			0.964

表 4-3　慷慨互惠量表的信度分析结果

	均值	方差	Cronbach's α 系数值
GR1	7.168	2.694	0.963
GR2	7.034	3.087	0.960
GR3	7.101	3.015	0.936
慷慨互惠			0.968

表 4-4　等价互惠量表的信度分析结果

	均值	方差	Cronbach's α 系数值
BR1	6.993	3.705	0.978
BR2	6.941	3.878	0.975
BR3	6.971	3.807	0.969
等价互惠			0.983

表 4-5　消极互惠量表的信度分析结果

	均值	方差	Cronbach's α 系数值
NR1	7.061	4.088	0.953
NR2	7.087	4.247	0.964
NR3	7.214	4.491	0.973
消极互惠			0.976

表 4-6　管理监督量表的信度分析结果

	均值	方差	Cronbach's α 系数值
SM1	3.451	0.547	0.835
SM2	3.179	0.859	0.835
管理监督			0.898

表 4–7　感知凝聚力量表的信度分析结果

	均值	方差	Cronbach's α 系数值
PC1	7.355	1.405	0.963
PC2	7.579	1.112	0.954
PC3	7.467	1.207	0.829
感知凝聚力			0.943

此外，Sijtsma（2009）认为，如果量表中包含多个子维度（即组合量表），那么，采用 Cronbach's α 系数值进行信度分析可能会出现低估现象。针对这一问题，可进一步采取组合信度（Composite Reliability）指标来反映研究模型中相关变量的内部一致性程度（Raykov，2004）。一般而言，研究者都是将组合信度作为判别概念模型内在质量的一个关键标准，如果相关变量的组合信度值都大于0.60,说明概念模型的内在质量良好(吴明隆，2010）。本研究采用吴明隆（2010）提供的专门用于计算组合信度和平均方差抽取值的简易应用程序，对横向监督、慷慨互惠、等价互惠、消极互惠、管理监督、感知凝聚力等潜变量的组合信度进行计算,计算结果如表4–8所示。根据上述判断标准，本研究模型中所有潜变量的组合信度符合要求，进一步证明本研究量表的内部信度良好。

表 4–8　各潜变量的组合信度

	横向监督	慷慨互惠	等价互惠	消极互惠	管理监督	感知凝聚力
组合信度	0.973	0.981	0.989	0.984	0.957	0.967

本研究使用吴明隆（2010）提供的专门用于计算组合信度和平均方差抽取值的简易应用程序，对模型中的横向监督、慷慨互惠、等价互惠、消极互惠、管理监督、感知凝聚力等潜变量的平均方差抽取量进行计算，计算结果如表 4–9 所示。按照上述的判断标准可以得知，这些变量的测量均具有良好的聚合效度。

表 4–9　各潜变量的平均方差抽取量

	横向监督	慷慨互惠	等价互惠	消极互惠	管理监督	感知凝聚力
平均方差抽取量	0.879	0.944	0.967	0.954	0.918	0.908

区分效度的测量一般使用卡方检验方法来判断。按照吴明隆（2010）提出的检验程序，首先设定两个模型，分别是未限制模型和限制模型。前者是指在不限制潜变量之间共变关系的情况下选择自由估计参数，后者是指将潜变量之间的共变关系限制为 1，且将共变参数设定为固定参数。然后，对两个模型的卡方值进行计算，并对二者之间的差异进行比较。一般而言，如果二者的卡方值之间具有显著差异（即 $p < 0.05$），则说明两个模型之间具有显著差异。此外，未限制模型的卡方值越小，则表示潜变量的题项之间的相关性越低，其区分效度就越高；相反，未限制模型的卡方值越大，则说明其题项之间的相关性越高，其区分效度也就越低。本研究使用 AMOS 18.0 统计软件，对横向监督（PM）、慷慨互惠（GR）、等价互惠（BR）、消极互惠（NR）、管理监督（SM）、感知凝聚力（PC）等潜变量以两两组合的方式进行区分效度检验。结果显示，所有变量之间的卡方值差异量都超过 3.84，且呈现统计显著性，说明区分效度良好。综上所述，本文中各变量的测量具有良好的信度和效度。

（二）相关分析

在进行回归分析之前，需要进行相关分析，即对两两变量之间的线性相关的强弱程度进行检测。因此，本研究采用 Pearson 相关系数来度量变量之间的线性相关关系，目的是看变量之间的相关性是否与基本假设保持一致。表 4–10 报告了连带责任（JL）、横向监督（PM）、慷慨互惠（GR）、等价互惠（BR）、消极互惠（NR）、机会主义行为（OB）、管理监督（SM）、感知凝聚力（PC）、合理权威（LA）、成员同质性（MH）、小组规模（TS）等变量的均值和标准差以及两两变量之间的相关系数（表格左下方区域）。其中，连带责任与横向监督之间显著正相关（$r = 0.512$，$p < 0.01$），横向监督与机会主义行为之间显著负相关（$r = -0.535$，$p < 0.01$），表明横向监督在连带责任与机会主义行为之间存在中介作用。同时，连带责任与慷慨互惠之间显著负相关（$r = -0.244$，$p < 0.05$），而连带责任分别与等价互惠、消极互惠之间显著正相关（$r = 0.218$，$p < 0.05$；$r = 0.282$，$p < 0.05$），

表明连带责任与三者之间存在显著不同的相关关系，与前面的研究假设趋势是一致的，说明本研究的研究思路可行。

表 4–10　均值、标准差和相关系数

	JL	PM	GR	BR	NR	OB	SM	PC	LA	MH	TS
JL	1	0.506**	–0.253*	0.209	0.273*	–0.190	–0.413**	0.031	0.263*	–0.208	–0.223*
PM	0.512**	1	–0.471**	0.669**	0.782**	–0.507**	–0.501**	–0.025	0.762	–0.503**	0.161
GR	–0.244*	–0.446**	1	–0.223*	–0.330**	0.137	0.322**	0.173	–0.341**	0.851**	0.088
BR	0.218*	0.676**	–0.211	1	0.874**	–0.266*	–0.356**	–0.043	0.772**	–0.267*	0.099
NR	0.282*	0.786**	–0.316**	0.877**	1	–0.305**	–0.460**	–0.057	0.932**	–0.380**	0.168
OB	–0.208	–0.535**	0.106	–0.293**	–0.330**	1	–0.094	–0.357**	–0.294**	0.230*	–0.253*
SM	–0.398**	–0.462**	0.328**	–0.334**	–0.436**	–0.128	1	0.297**	–0.465**	0.297**	0.076
PC	0.062	0.055	0.187	0.012	0.000	–0.436**	0.319**	1	–0.074	0.119	0.193
LA	0.267*	0.758**	–0.334**	0.773**	0.930**	–0.299**	–0.452**	–0.043	1	–0.357**	0.139
MH	–0.196	–0.467**	0.851**	–0.248*	–0.358**	0.181	0.306**	0.152	–0.347**	1	–0.025
TS	–0.175	0.220*	0.107	0.139	0.204	–0.339**	0.114	0.304**	0.153	0.017	1
AG	0.089	0.202	0.072	0.134	0.136	–0.321**	0.123	0.385**	0.065	0.112	0.358**
均值	0.486	3.364	3.551	3.484	3.560	1.764	3.321	3.734	3.744	2.926	7.561
标准差	0.143	0.957	0.849	0.970	1.028	0.630	0.803	0.549	1.145	1.314	1.398

注：（1）$^{**}p < 0.01$，$^{*}p < 0.05$，双尾检验。（2）表格左下方区域是零阶相关系数；表格右上方区域是控制年龄变量（标记变量）后的二阶偏相关系数。（3）样本量 $N = 82$ 个供应商小组。

（三）共同方法偏差

为了确保本研究的分析结果不受共同方法偏差（Common Method Bias）问题的影响，我们首先在数据收集阶段进行程序上的控制。具体的做法是：在每个供应商小组内，自变量和因变量的信息仅由组长提供，其他变量的信息由包括两名组员在内的被调查者提供。这种做法能够有效降低共同方法偏差的影响（Kumar 等，2011）。然后，我们根据 Lindell 和 Whitney（2001）的建议，在数据收集并整理完成后，使用标记变量法（Mark Variable）对数据进行统计检验。具体的操作方法是，选择一个与概念模型中所有变量在理论上都不存在直接关联的变量作为标记变量，然后将标记变量控制之后重新对所有变量进行相关分析。如果相关分析结果显示控制标记变量之前与控制标记变量之后概念模型中两两变量之间的相关系数没有产生显著变化，那么就说明研究的实证结果没有受到共同方法偏差问题的影响。据此，在本研究中，我们选择每组被调查者的平均年龄作为标记变量，然后对标记变量进行偏相关分析，分析结果如表 4-10 的右上方区域所示。本研究模型中的主要变量两两之间的相关系数没有发生显著变化，因此，本研究的数据分析结果受共同方法偏差问题的影响不大。

（四）共线性检验

所谓多重共线性（Multicollinearity），意即概念模型中不同解释变量之间可能具有线性的相关关系（薛薇，2011）。多重共线性问题会给回归分析造成很多不良影响，比如，在偏回归系数估计上增加难度，或使其估计方差、置信区间变大，或使估计值的结果波动，或造成假设检验的结果不显著，等等。因此，在进行回归分析之前，由于本研究的概念模型中有四个解释变量，有必要检验它们之间是否存在多重共线性问题。

解释变量之间的多重共线性有多种测度方式，其中常用的有容忍度和方差膨胀因子两个指标。一般而言，某解释变量的容忍度越大，表明模型中的其他解释变量对该解释变量的可解释程度越低；反之，其容忍度越小，表明其他解释变量对该解释变量的可解释程度越高。容忍度的范围是大于 0 小于 1，如果容忍度的值趋向于 0，说明存在严重的多重共线性问题；如果容忍度的值趋向于 1，则说明多重共线性问题不明显。第二个常用指标是方差膨胀因子。由于方差膨胀因子是容忍度的倒数，因此，其取值范围大于 1。一般情况下，如果方差膨胀因子的值趋向于 1，表明多重共线性问题不严重；如果方差膨胀因子的值大于 10，则表明多重共线性问题非常严重，会过度影响回归分析的结果。

本研究使用 SPSS 22.0 统计软件对多重共线性问题进行检验，检验结果如表 4-11 所示。根据上述的指标判断标准，连带责任、慷慨互惠、等价互惠和消极互惠这四个解释变量的容忍度和方差膨胀因子都在可接受范围之内，表明它们之间不存在严重的多重共线性问题（Neter 等，1990）。

表 4-11　解释变量的共线性检验结果

	连带责任	慷慨互惠	等价互惠	消极互惠
容忍度	0.893	0.857	0.226	0.209
方差膨胀因子	1.120	1.167	4.420	4.784

（五）整体模型适配度检验

根据吴明隆（2010）的建议，衡量结构方程模型的适配度指标包括 GFI（Goodness-of-fit Index）、CFI（Comparative Fit Index）、IFI（Incremental Fit Index）、RMSEA（Root Mean Square Error of Approximation）等。其中，GFI 是良适性适配指标，如果 GFI 值大于 0.90，说明本研究的概念模型与实际所获取的数据之间具有良好的适配度。CFI 是比较适配指数，其判断标准是 CFI 值大于 0.90。IFI 是增值适配指数，其判断标准是 IFI 值大于 0.90。RMSEA 是渐进残差均方和平方根，其值的判别标准是：当 RMSEA < 0.05 时，表示模型适配度良好；当 RMSEA < 0.08 时，表示存在合理的近似误差，而模型适配度仍处于可接受范围之内；当 $0.08 <$ RMSEA < 0.10 时，表示模型适配度处于普通水平；如果 RMSEA 的值大于 0.10，说明概念模型的适配度较差。

本研究使用 AMOS 18.0 统计软件对研究模型的整体模型适配度进行检验。检验结果显示，本研究模型的各项适配度指标值分别为：$\chi^2(69) = 98.625$，$p < 0.011$；GFI = 0.865；CFI = 0.984；IFI = 0.984；RMSEA = 0.073。根据上述各项指标的评判标准可知，本研究的模型各适配指标均在可接受范围之内。

（六）中介作用分析

本研究采取三步回归分析方法（Baron 和 Kenny，1986）对前三个研究假设进行检验。具体而言，在控制了管理监督、感知凝聚力、合理权威、成员同质性、小组规模等变量的影响后，第一步先检验连带责任对横向监督是否具有显著影响，第二步检验连带责任对机会主义行为是否具有显著影响。如果这两个检验通过，则说明前两个假设得到支持。最后一步同时检验连带责任和横向监督对机会主义行为的影响。如果检验结果显示横向监督的回归系数显著，而连带责任的回归系数减小但仍达到显著水平，说明横向监督在连带责任影响机会主义行为的过程中只起到部分中介作用；如果检验结果显示横向监督的回归系数显著，而连带责任的回归系数不再显著，则说明横向监督在连带责任影响机会主义行为的过程中起到完全中介作用。

回归分析结果如表 4-12 所示。在回归分析的第一步（模型 1），控制变量和连带责任共同解释了横向监督的方差的 74.6%（$F = 27.458$，$p < 0.001$）。其中，连带责任与横向监督之间显著正相关（$\beta = 2.111$，$p < 0.001$），表明供应商之间连带责任的增加会导致其横向监督程度的增加。在回归分析的第二步（模型 2），控制变量和连带责任一起解释了机会主义行为的方差的 33.6%（$F = 5.557$，$p < 0.001$）。其中，连带责任与机会主义行为之间显著负相关（$\beta = -1.002$，$p < 0.05$），表明供应商之间连带责任程度的提高会导致其机会主义行为的下降。因此，假设 1 和假设 2 得到支持。回归分析的第三步同时考察连带责任和横向监督对机会主义行为的影响。分析结果显示（模型 3），控制变量、连带责任与横向监督共同解释了机会主义行为的方差的 49%（$F = 8.796$，$p < 0.001$）。其中，横向监督对机会主义行为具有显著的解释能力（$\beta = -0.524$，$p < 0.001$），而连带责任对机会主义行为的解释能力不再显著（$\beta = 0.105$，$p > 0.1$）。根据上文的中介作用判断标准，这一结果表明横向监督在连带责任影响机会主义行为的过程中起到完全中介作用。因此，假设 3 得到支持。

表 4-12　回归分析结果

	模型 1	模型 2	模型 3
	横向监督	机会主义行为	机会主义行为
管理监督	-0.061 （0.086）	-0.216* （0.092）	-0.248** （0.081）
感知凝聚力	0.073 （0.113）	-0.345** （0.120）	-0.307** （0.105）

续表

	模型 1	模型 2	模型 3
合理权威	0.190 (0.135)	-0.114 (0.143)	-0.015 (0.127)
成员同质性	-0.085 (0.080)	0.110 (0.085)	0.065 (0.075)
小组规模	0.123** (0.044)	-0.093 (0.047)	-0.028 (0.043)
慷慨互惠	-0.114 (0.125)	-0.050 (0.133)	-0.110 (0.117)
等价互惠	0.126 (0.121)	-0.059 (0.129)	0.007 (0.114)
消极互惠	0.225 (0.205)	-0.006 (0.218)	0.112 (0.192)
连带责任	2.111*** (0.438)	-1.002* (0.466)	0.105 (0.469)
横向监督			-0.524*** (0.110)
R^2	0.774	0.410	0.553
调整后的 R^2	0.746	0.336	0.490
R^2 变化量			0.143
F 统计量	27.458***	5.557***	8.796***

注:(1)*** $p < 0.001$; ** $p < 0.01$; * $p < 0.05$,双尾检验。(2)括号中为标准误。(3)样本量 $N = 82$ 个供应商小组。

关于上述研究结论,也可从本研究前期对供应商代表进行的深度访谈得到进一步证实。被访的供应商代表一致认为连带责任治理的实施极大地激发了供应商成员之间相互监督的积极性,促使其主动利用自身的信息、技术等优势采取各种监督措施,最终使集群内的机会主义行为得到有效控制。正如一位供应商代表所说:"我的茶叶产量大,很怕其他成员使用禁用农药而使自己蒙受损失,因此会经常出去溜达,借机观察他们有没有购买禁用农药。""一旦发现,肯定会当面指责,或聚众议论,因此没有谁敢乱来。"另外,有一位供应商小组组长谈道:"我们组的成员已与企业合作 6 年,表现一向很好,就是因为大家平时都积极地相互监督,一有问题就主动向我举报。"这些访谈信息充分表明,连带责任治理对供应商集群内机会主义行为的影响通过横向监督这一中介机制而得以实现。

（七）调节作用分析

根据 Baron 和 Kenny（1986）的建议，调节作用的检验方法是先将自变量与调节变量相乘得到交互项，然后进行因变量对交互项的回归分析，如果结果显示交互项对因变量的回归系数显著，则表示调节变量显著调节自变量与因变量之间的关系，即调节变量的调节效应显著。由于本研究认为集群内供应商之间的不同互惠关系——慷慨互惠、等价互惠和消极互惠对供应商之间的连带责任与其机会主义行为的关系、供应商之间的连带责任与其横向监督的关系都存在不同的调节作用，因此，下面将分别对这三种互惠关系的调节作用进行分析。需要指出的是，在进行数据处理时，对慷慨互惠、等价互惠和消极互惠三个调节变量的效应分析是分别进行的，即每次只做机会主义行为或横向监督对连带责任、其中一个调节变量以及二者的交互项的回归分析。具体的做法是，当进行关于慷慨互惠这一调节变量的数据分析时，将等价互惠和消极互惠两个调节变量与管理监督、感知凝聚力、合理权威、成员同质性和小组规模等变量一起作为控制变量或协变量放入模型。进行其他两个调节变量的分析时也是采取类似的步骤，在此不再赘述。

1. 慷慨互惠在连带责任与机会主义行为之间的调节作用

如表 4-13 所示，本研究在对连带责任与慷慨互惠两个变量进行标准化处理的基础上将二者相乘得到交互项（连带责任 × 慷慨互惠），将该交互项作为一个新的变量放入模型中，进行机会主义行为对它的回归分析。回归分析结果显示，该交互项的系数显著为正（$\beta=1.523$，$p<0.01$），表明慷慨互惠弱化连带责任与机会主义行为之间的关系，即随着供应商之间慷慨互惠关系的增强，他们之间的连带责任对其机会主义行为的负向作用减弱。因此，本研究的假设 4a 得到支持。

表 4-13　慷慨互惠对连带责任与机会主义行为之间关系的调节作用

		机会主义行为		
		模型 1	模型 2	模型 3
自变量	连带责任		−1.002* （0.466）	−6.433*** （1.759）
调节变量	慷慨互惠		−0.050 （0.133）	−0.821** （0.272）
交互项	连带责任 × 慷慨互惠			1.523** （0.478）
控制变量	管理监督	−0.152 （0.088）	−0.216* （0.092）	−0.204* （0.087）
	感知凝聚力	−0.415** （0.117）	−0.345** （0.120）	−0.322** （0.113）
	合理权威	−0.094 （0.145）	−0.114 （0.143）	−0.193 （0.137）
	成员同质性	0.089 （0.049）	0.110 （0.085）	0.162 （0.082）
	小组规模	−0.070 （0.046）	−0.093 （0.047）	−0.077 （0.044）
	等价互惠	−0.044 （0.131）	−0.059 （0.129）	0.050 （0.126）
	消极互惠	−0.060 （0.220）	−0.006 （0.218）	−0.030 （0.205）
R^2		0.372	0.410	0.484
调整后的 R^2		0.312	0.336	0.411
R^2 变化量			0.038	0.074
F 统计量		6.254***	5.557***	6.654***

注：（1）*** $p < 0.001$；**$p < 0.01$；* $p < 0.05$，双尾检验。（2）括号中为标准误差。（3）样本量 $N = 82$ 个供应商小组。

2. 等价互惠在连带责任与机会主义行为之间的调节作用

如表 4-14 所示，本研究在对连带责任与等价互惠两个变量进行标准化处理的基础上将二者相乘得到交互项（连带责任 × 等价互惠），将该交互项作为一个新的变量放入模型中，进行机会主义行为对它的回归分析。回归分析结果显示，该交互项的系数显著为负（β = −0.870，$p < 0.05$），表明等价互惠强化连带责任与机会主义行为之间的负相关关系，即随着供应商之间等价互惠关系的增强，他们之间的连带责任对其机会主义行为的

负向作用增强。因此，本研究的假设 4b 得到支持。

表 4–14　等价互惠对连带责任与机会主义行为之间关系的调节作用

		机会主义行为		
		模型 1	模型 2	模型 3
自变量	连带责任		−1.002* （0.466）	1.991 （1.471）
调节变量	等价互惠		−0.059 （0.129）	0.373 （0.238）
交互项	连带责任 × 等价互惠			−0.870* （0.406）
控制变量	管理监督	−0.154 （0.088）	−0.216* （0.092）	−0.197* （0.090）
	感知凝聚力	−0.414** （0.118）	−0.345** （0.120）	−0.335** （0.117）
	合理权威	−0.085 （0.141）	−0.114 （0.143）	−0.104 （0.140）
	成员同质性	0.099 （0.087）	0.110 （0.085）	0.125 （0.083）
	小组规模	−0.066 （0.046）	−0.093 （0.047）	−0.089 （0.046）
	广义互惠	−0.021 （0.134）	−0.050 （0.129）	−0.095 （0.131）
	消极互惠	−0.109 （0.159）	−0.006 （0.218）	−0.062 （0.214）
R^2		0.371	0.410	0.446
调整后的 R^2		0.311	0.336	0.368
R^2 变化量		0.039	0.036	0.074
F 统计量		6.234***	5.557***	5.708***

注：（1）*** $p < 0.001$；** $p < 0.01$；* $p < 0.05$，双尾检验。（2）括号中为标准误差。（3）样本量 $N = 82$ 个供应商小组。

3. 消极互惠在连带责任与机会主义行为之间的调节作用

如表 4–15 所示，本研究在对连带责任与消极互惠两个变量进行标准化处理的基础上将二者相乘得到交互项（连带责任 × 消极互惠），将该交互项作为一个新的变量放入模型中，进行机会主义行为对它的回归分析。回归分析结果显示，该交互项的系数显著为负（$\beta = -0.784$，$p < 0.05$），表明消极互惠强化连带责任与机会主义行为之间的负相关关系，即随着供

应商之间消极互惠关系的增强，他们之间的连带责任对其机会主义行为的负向作用增强。因此，本研究的假设 4c 得到支持。

表 4–15　消极互惠对连带责任与机会主义行为之间关系的调节作用

		机会主义行为		
		模型 1	模型 2	模型 3
自变量	连带责任		−1.002* （0.466）	1.692 （1.333）
调节变量	消极互惠		−0.006 （0.218）	0.333 （0.265）
交互项	连带责任 × 消极互惠			−0.784* （0.365）
控制变量	管理监督	−0.148 （0.088）	−0.216* （0.092）	−0.205* （0.090）
	感知凝聚力	−0.417** （0.117）	−0.345** （0.120）	−0.330** （0.117）
	合理权威	−0.127 （0.087）	−0.114 （0.143）	−0.134 （0.140）
	成员同质性	0.104 （0.086）	0.110 （0.085）	0.122 （0.083）
	小组规模	−0.071 （0.045）	−0.093 （0.047）	−0.087 （0.046）
	广义互惠	−0.022 （0.134）	−0.050 （0.133）	−0.071 （0.130）
	等价互惠	−0.067 （0.095）	−0.059 （0.129）	−0.037 （0.126）
$R2$		0.371	0.410	0.446
调整后的 R^2		0.312	0.336	0.368
R^2 变化量		0.039	0.036	
F 统计量		6.244***	5.557***	5.715***

注：（1）*** $p < 0.001$；** $p < 0.01$；*$p < 0.05$，双尾检验。（2）括号中为标准误差。（3）样本量 $N = 82$ 个供应商小组。

4. 慷慨互惠在连带责任与横向监督之间的调节作用

如表 4–16 所示，本研究在对连带责任与慷慨互惠两个变量进行标准化处理的基础上将二者相乘得到交互项（连带责任 × 慷慨互惠），将该交互项作为一个新的变量放入模型中进行回归分析。回归分析结果显示，该交互项的系数显著为负（$\beta = -1.579$，$p < 0.01$），表明慷慨互惠负向调节连带责任与横向监督之间的关系，即随着供应商之间慷慨互惠关系的

增强，他们之间的连带责任对其横向监督的正向作用减弱。因此，本研究的假设 5a 得到支持。

表 4–16　慷慨互惠对连带责任与横向监督之间关系的调节作用

		横向监督		
		模型 1	模型 2	模型 3
自变量	连带责任		2.111*** （0.438）	7.742*** （1.628）
调节变量	慷慨互惠		−0.114 （0.125）	0.685** （0.252）
交互项	连带责任 × 慷慨互惠			−1.579** （0.442）
控制变量	管理监督	−0.205* （0.093）	−0.061 （0.086）	−0.074 （0.080）
	感知凝聚力	0.214 （0.124）	0.073 （0.113）	0.049 （0.105）
	合理权威	0.174 （0.153）	0.190 （0.135）	0.272* （0.127）
	成员同质性	−0.159** （0.052）	−0.085 （0.080）	−0.139 （0.076）
	小组规模	0.063 （0.048）	0.123** （0.044）	0.106* （0.041）
	等价互惠	0.090 （0.139）	0.126 （0.121）	0.012 （0.117）
	消极互惠	0.317 （0.233）	0.225 （0.205）	0.250 （0.190）
R^2		0.695	0.774	0.809
调整后的 R^2		0.666	0.746	0.782
R^2 变化量			0.079	0.035
F 统计量		24.119***	27.458***	30.026***

注：（1）*** $p < 0.001$；** $p < 0.01$；* $p < 0.05$，双尾检验。（2）括号中为标准误差。（3）样本量 $N = 82$ 个供应商小组。

5. 等价互惠在连带责任与横向监督之间的调节作用

如表 4–17 所示，本研究在对连带责任与等价互惠两个变量进行标准化处理的基础上将二者相乘得到交互项（连带责任 × 等价互惠），将该交互项作为一个新的变量放入模型中进行回归分析。回归分析结果显示，该交互项的系数显著为正（$\beta = 0.796$，$p < 0.05$），表明等价互惠正向调

节连带责任与横向监督之间的关系，即随着供应商之间等价互惠关系的增强，他们之间的连带责任对其横向监督的正向作用增强。因此，本研究的假设 5b 得到支持。

表 4-17　等价互惠对连带责任与横向监督之间关系的调节作用

		横向监督		
		模型 1	模型 2	模型 3
自变量	连带责任		2.111*** （0.438）	−0.629 （1.385）
调节变量	等价互惠		0.126 （0.121）	−0.270 （0.224）
交互项	连带责任 × 等价互惠			0.796* （0.383）
控制变量	管理监督	−0.205* （0.093）	−0.061 （0.086）	−0.079 （0.085）
	感知凝聚力	0.214 （0.124）	0.073 （0.113）	0.063 （0.110）
	合理权威	0.174 （0.153）	0.190 （0.135）	0.181 （0.132）
	成员同质性	−0.159** （0.052）	−0.085 （0.080）	−0.098 （0.079）
	小组规模	0.063 （0.048）	0.123** （0.044）	0.119** （0.043）
	慷慨互惠	0.090 （0.139）	−0.114 （0.125）	−0.072 （0.124）
	消极互惠	0.317 （0.233）	0.225 （0.205）	0.275 （0.202）
R^2		0.695	0.774	0.787
调整后的 R^2		0.666	0.746	0.757
R^2 变化量			0.079	0.013
F 统计量		24.119***	27.458***	26.286***

注：（1）*** $p < 0.001$；** $p < 0.01$；* $p < 0.05$，双尾检验。（2）括号中为标准误差。（3）样本量 $N = 82$ 个供应商小组。

6. 消极互惠在连带责任与横向监督之间的调节作用

如表 4-18 所示，本研究在对连带责任与消极互惠两个变量进行标准化处理的基础上将二者相乘得到交互项（连带责任 × 消极互惠），将该交互项作为一个新的变量放入模型中进行回归分析。回归分析结果显示，该交互项的系数显著为正（β =0.837，$p < 0.01$），表明消极互惠正向调节连带责任与横向监督之间的关系，即随着供应商之间消极互惠关系的增强，他们之间的连带责任对其横向监督的正向作用增强。因此，本研究的假设 5c 得到支持。

表 4-18　消极互惠对连带责任与横向监督之间关系的调节作用

		横向监督		
		模型 1	模型 2	模型 3
自变量	连带责任		2.111*** （0.438）	−0.765 （1.241）
调节变量	消极互惠		0.225 （0.205）	−0.137 （0.246）
交互项	连带责任 × 消极互惠			0.837* （0.339）
控制变量	管理监督	−0.205* （0.093）	−0.061 （0.086）	−0.073 （0.084）
	感知凝聚力	0.214 （0.124）	0.073 （0.113）	0.057 （0.109）
	合理权威	0.174 （0.153）	0.190 （0.135）	0.212 （0.130）
	成员同质性	−0.159** （0.052）	−0.085 （0.080）	−0.098 （0.078）
	小组规模	0.063 （0.048）	0.123** （0.044）	0.117** （0.042）
	慷慨互惠	0.090 （0.139）	−0.114 （0.125）	−0.091 （0.121）
	等价互惠	0.317 （0.233）	0.126 （0.121）	0.102 （0.118）
R^2		0.695	0.774	0.792
调整后的 R^2		0.666	0.746	0.763
R^2 变化量				
F 统计量		24.119***	27.458***	27.061***

注：（1）*** $p < 0.001$；** $p < 0.01$；*$p < 0.05$，双尾检验。（2）括号中为标准误差。（3）样本量 $N = 82$ 个供应商小组。

（八）有中介的调节作用分析

本研究还需要探讨的是横向监督是否中介了连带责任与三种互惠关系的交互效应与因变量机会主义行为之间的关系，即有中介的调节作用。具体的分析步骤是，首先将连带责任与慷慨互惠、等价互惠和消极互惠三个调节变量分别相乘，相应地得到三个交互项，即“连带责任 × 慷慨互惠”“连带责任 × 等价互惠”“连带责任 × 消极互惠”，成为三个新的解释变量，然后按照 Baron 和 Kenny（1986）提出的三步回归分析方法进行横向监督的中介作用分析。以“连带责任 × 慷慨互惠”为例，在控制了控制变量的影响后，第一步先检验“连带责任 × 慷慨互惠”对横向监督是否具有显著影响，第二步检验“连带责任 × 慷慨互惠”对机会主义行为是否具有显著影响。如果这两个检验通过的话，进行最后一步，即同时检验“连带责任 × 慷慨互惠”和横向监督对机会主义行为的影响。如果结果显示横向监督的回归系数显著，而“连带责任 × 慷慨互惠”的回归系数减小但仍达到显著水平，说明横向监督在“连带责任 × 慷慨互惠”影响机会主义行为的过程中只起到部分中介作用；如果结果显示横向监督的回归系数显著，而“连带责任 × 慷慨互惠”的回归系数不再显著，则说明横向监督在这一过程中起到完全中介作用。“连带责任 × 等价互惠”“连带责任 × 消极互惠”两个新变量的分析步骤与之类似，在此不再赘述。具体回归分析结果分别如表 4-19、表 4-20、表 4-21 所示。

表 4-19　回归分析结果

	模型 1	模型 2	模型 3
	横向监督	机会主义行为	机会主义行为
管理监督	-0.088 （0.091）	-0.192* （0.094）	-0.239** （0.081）
感知凝聚力	0.133 （0.118）	-0.375** （0.121）	-0.314** （0.105）
合理权威	0.158 （0.142）	-0.099 （0.146）	-0.013 （0.126）
成员同质性	-0.064 （0.085）	0.100 （0.087）	0.065 （0.075）
小组规模	0.116* （0.047）	-0.085 （0.048）	-0.022 （0.043）
慷慨互惠	-0.359* （0.141）	0.047 （0.144）	-0.146 （0.129）
等价互惠	0.151 （0.129）	-0.065 （0.132）	0.016 （0.114）
消极互惠	0.242 （0.217）	-0.024 （0.222）	0.106 （0.192）

续表

	模型 1	模型 2	模型 3
	横向监督	机会主义行为	机会主义行为
连带责任 × 慷慨互惠	0.457** （0.126）	0.169* （0.129）	0.077 （0.120）
横向监督			−0.539*** （0.104）
R^2	0.748	0.387	0.556
调整后的 R^2	0.716	0.310	0.493
R^2 变化量			0.169
F 统计量	23.724***	5.041***	8.877***

注：（1）*** $p < 0.001$；** $p < 0.01$；* $p < 0.05$，双尾检验。（2）括号中为标准误差。（3）样本量 $N = 82$ 个供应商小组。

从表 4–19 的模型 2 可以得知，机会主义行为对“连带责任 × 慷慨互惠”的回归系数值为 0.169，且显著为正（$p < 0.05$）。这表明，当其他所有因素保持不变时，交互项“连带责任 × 慷慨互惠”增加一个单元会导致机会主义行为增加 0.169 个单元。将横向监督（中介变量）加入模型后（模型 3），“连带责任 × 慷慨互惠”的回归系数值降为 0.077，且不再显著（$p > 0.05$），而横向监督的回归系数显著为负（$\beta = -0.539$，$p < 0.001$），说明横向监督中介了连带责任与慷慨互惠之间的交互关系对机会主义行为的影响，在统计上证实了有中介的调节效应（Hayes，2013），效应值为 0.169 − 0.077 = 0.092。

表 4–20　回归分析结果

	模型 1	模型 2	模型 3
	横向监督	机会主义行为	机会主义行为
管理监督	−0.071 （0.083）	−0.221* （0.089）	−0.256** （0.080）
感知凝聚力	0.061 （0.110）	−0.328** （0.116）	−0.297** （0.105）
合理权威	0.184 （0.131）	−0.114 （0.140）	−0.022 （0.127）
成员同质性	−0.096 （0.078）	0.117 （0.084）	0.070 （0.076）
小组规模	0.122** （0.042）	−0.096* （0.046）	−0.035 （0.043）

续表

	模型 1	模型 2	模型 3
	横向监督	机会主义行为	机会主义行为
慷慨互惠	-0.079 （0.122）	0.074 （0.131）	-0.133 （0.117）
等价互惠	0.187 （0.129）	0.110 （0.138）	0.017 （0.125）
消极互惠	0.262 （0.198）	-0.018 （0.213）	0.112 （0.192）
连带责任 × 等价互惠	0.631*** （0.118）	-0.347** （0.126）	-0.033 （0.133）
横向监督			-0.498*** （0.113）
R^2	0.787	0.431	0.553
调整后的 R^2	0.760	0.360	0.491
R^2 变化量			0.122
F 统计量	29.509***	6.068***	8.799***

注：（1）*** $p < 0.001$；** $p < 0.01$；* $p < 0.05$，双尾检验。（2）括号中为标准误差。（3）样本量 $N = 82$ 个供应商小组。

从表 4-20 的模型 2 可以得知，机会主义行为对“连带责任 × 等价互惠”的回归系数值为 0.347，且显著为负（$p < 0.01$）。这表明，当其他所有因素保持不变时，交互项“连带责任 × 等价互惠”增加一个单元会导致机会主义行为减少 0.347 个单元。将横向监督（中介变量）加入模型后（模型 3），“连带责任 × 等价互惠”的回归系数值降为 0.033，符号为负，但不再显著（$p > 0.05$），而横向监督的回归系数显著为负（$\beta = -0.498$，$p < 0.001$），说明横向监督中介了连带责任与等价互惠之间的交换关系对机会主义行为的影响，在统计上证实了有中介的调节效应（Hayes，2013），效应值为 $-0.347 + 0.033 = -0.314$。

表 4-21　回归分析结果

	模型 1	模型 2	模型 3
	横向监督	机会主义行为	机会主义行为
管理监督	-0.064 （0.082）	-0.224* （0.089）	-0.256** （0.080）
感知凝聚力	0.055 （0.109）	-0.325** （0.118）	-0.298** （0.105）

续表

	模型 1 横向监督	模型 2 机会主义行为	模型 3 机会主义行为
合理权威	0.208 (0.130)	–0.127 (0.140)	–0.023 (0.128)
成员同质性	–0.095 (0.077)	0.117 (0.084)	0.069 (0.076)
小组规模	0.120** (0.042)	–0.095* (0.045)	–0.035 (0.043)
慷慨互惠	–0.094 (0.120)	–0.065 (0.130)	–0.112 (0.117)
等价互惠	0.109 (0.117)	–0.052 (0.126)	0.002 (0.114)
消极互惠	–0.057 (0.208)	0.155 (0.225)	0.127 (0.202)
连带责任 × 消极互惠	0.640*** (0.115)	–0.349** (0.125)	–0.030 (0.133)
横向监督			–0.498*** (0.114)
R^2	0.791	0.433	0.553
调整后的 R^2	0.765	0.363	0.490
R^2 变化量			0.120
F 统计量	30.287***	6.119***	8.796***

注：（1）*** $p < 0.001$；** $p < 0.01$；* $p < 0.05$，双尾检验。（2）括号中为标准误差。（3）样本量 $N = 82$ 个供应商小组。

从表 4–21 的模型 2 可以得知，机会主义行为对“连带责任 × 消极互惠”的回归系数值为 0.349，且显著为负（$p < 0.01$）。这表明，当其他所有因素保持不变时，交互项“连带责任 × 消极互惠”增加一个单元会导致机会主义行为减少 0.349 个单元。将横向监督（中介变量）加入模型后（模型 3），“连带责任 × 等价互惠”的回归系数值降为 0.030，符号为负，但不再显著（$p > 0.05$），而横向监督的回归系数显著为负（$\beta = -0.498$，$p < 0.001$），说明横向监督中介了连带责任与消极互惠之间的交换关系对机会主义行为的影响，在统计上证实了有中介的调节效应（Hayes，2013），效应值为 $-0.349 + 0.030 = -0.319$。

为了进一步分析有中介的调节效应，本研究还参照 Preacher 等（2007）

和 Hayes（2013）提出的有中介的调节分析模型对连带责任与慷慨互惠、等价互惠、消极互惠的交互项分别对机会主义行为产生的间接效应进行 Bootstrap 中介变量检验。具体地说，本研究采用他们编写的 SPSS 宏“INDIRECT”，选择 5000 的样本量以及 95% 置信区间，然后进行回归分析，分析结果如表 4-22、表 4-23、表 4-24 所示。其中，间接效应等于连带责任与慷慨互惠、等价互惠、消极互惠的交换项到横向监督这一路径（路径 a）的系数与横向监督到机会主义行为这一路径（路径 b）的系数的乘积，若 95% 置信区间内不包含零，则说明间接效应显著（Preacher 等，2007）。

表 4-22　有中介的调节作用的 Bootstrap 检验结果

	连带责任 × 慷慨互惠横向监督（路径 a）	横向监督机会主义行为（路径 b）	间接效应（路径 a× 路径 b）	直接效应（路径 c）	总效应（路径 c′）
β（CI）	−1.5791***	−0.4454***	0.7033（0.2680，1.4082）	0.8196	1.5229*

注：（1）CI = 间接效应的 95% 置信区间。如果 CI 不包含零，表示间接效应具有统计上的显著性（粗体表示）。（2）* $p < 0.05$。（3）样本量 $N = 82$ 个供应商小组。

从表 4-22 可以看出，“连带责任 × 慷慨互惠”对机会主义行为的间接效应值为 0.7033，且 95% 置信区间内不包含零（LLCI = 0.2680，ULCI = 1.4082），说明间接效应显著。这一结果充分表明横向监督中介了连带责任与慷慨互惠的交互项对机会主义行为的间接影响。具体地说，随着慷慨互惠关系的增强，供应商之间的连带责任通过横向监督对其机会主义行为产生的间接抑制作用减弱。因此，假设 6a 得到支持。

表 4-23　有中介的调节作用的 Bootstrap 检验结果

	连带责任 × 慷慨互惠横向监督（路径 a）	横向监督机会主义行为（路径 b）	间接效应（路径 a× 路径 b）	直接效应（路径 c）	总效应（路径 c′）
β（CI）	0.7960*	−0.4899***	−0.3900（−0.9192，0.0665）	−0.4799	−0.8699*

注：（1）CI = 间接效应的 95% 置信区间。如果 CI 不包含零，表示间接效应具有统计上的显著性（粗体表示）。（2）* $p < 0.05$。（3）样本量 $N = 82$ 个供应商小组。

从表 4-23 可以看出，“连带责任 × 等价互惠”对机会主义行为的间接效应值为 -0.3900，且 95% 置信区间内不包含零（LLCI = -0.9192，ULCI = -0.0665），说明间接效应显著。这一结果充分表明横向监督中介了连带责任与等价互惠的交互项对机会主义行为的间接影响。具体地说，随着等价互惠关系的增强，供应商之间的连带责任通过横向监督对其机会主义行为产生的间接抑制作用增强。因此，假设 6b 得到支持。

表 4-24　有中介的调节作用的 Bootstrap 检验结果

	连带责任 × 慷慨互惠横向监督（路径 a）	横向监督机会主义行为（路径 b）	间接效应（路径 a × 路径 b）	直接效应（路径 c）	总效应（路径 c´）
β（CI）	0.8366*	-0.4892***	-0.4093（-0.9359，0.1002）	-0.3745	-0.7838*

注：（1）CI = 间接效应的 95% 置信区间。如果 CI 不包含零，表示间接效应具有统计上的显著性（粗体表示）。（2）* $p < 0.05$。（3）样本量 $N = 82$ 个供应商小组。

从表 4-24 可以看出，“连带责任 × 消极互惠”对机会主义行为的间接效应值为 -0.4093，且 95% 置信区间内不包含零（LLCI = -0.9359，ULCI = -0.1002），说明间接效应显著。这一结果充分表明横向监督中介了连带责任与消极互惠的交互项对机会主义行为的间接影响。具体地说，随着消极互惠关系的增强，供应商之间的连带责任通过横向监督对其机会主义行为产生的间接抑制作用增强。因此，假设 6c 得到支持。

六、研究结论

本研究以我国福建省两家茶叶出口企业及其毛茶供应商集群为研究对象，在供应链合作关系情境下探讨了核心企业针对供应商集群实施的连带责任治理的效果以及产生这种效果的核心作用机制，并在此基础上分析了供应商之间的不同互惠关系对连带责任治理效果产生的不同影响。通过理论分析与实证检验，本研究主要得到以下几点结论：随着供应商之间连带责任的增加，他们的机会主义行为减少；随着供应商之间连带责任的增加，他们的横向监督程度增强；横向监督在连带责任影响机会主义行为的过程中起到完全中介作用；慷慨互惠弱化供应商之间的连带责任对其机会主义行为的负向作用；等价互惠强化供应商之间的连带责任对其机会主义行为的负向作用；消极互惠强化供应商之间的连带责任对其机会主义行为的负向作用；慷慨互惠弱化供应商之间的连带责任对其横向监督的正向作用；等价互惠强化供应商之间的连带责任对其横向监督的正向作用；消极互惠强化供应商之间的连带责任对其横向监督的正向作用；供应商之间的三种互惠关系在连带责任通过横向监督影响机会主义行为这一过程中起着不同的调节作用，即：当供应商成员之间的慷慨互惠关系增强时，他们之间的连带责任通过横向监督对其机会主义行为产生的间接抑制作用就会变弱；相反，当供应商成员之间的等价互惠关系或消极互惠关系增强时，他们之间的连带责任通过横向监督对其机会主义行为产生的间接抑制作用也会得到增强。

在理论贡献上，本研究对连带责任治理、网络治理以及互惠理论等领域的研究都具有一定的促进作用。首先分析本研究对连带责任治理研究的贡献。在小额贷款领域盛行的连带责任治理近年来被我国的中粮集团、巴马茶业、华虹茶业等企业引入到对上游供应商集群的管理实践当中，可理论研究者们对这一现象尚缺乏应有的关注，现有关于连带责任治理的研究仍聚焦在小额贷款问题上（Hossain，1988；Stiglitz，1990；Wenner，1995；Ahlin 和 Townsend，2007；Hermes 和 Lensink，2007；Giné 和 Karlan，2009；Pasupuleti，2010）。本研究首次探讨了连带责任治理在供应链合作关系情境中的影响。研究发现，随着供应商之间连带责任的增加，他们相互监督的动机增强，并会积极利用自身优势监督彼此的行动，使集群内的机会主义行为得到有效控制。这一结论证实了连带责任治理模式在上游供应商集群管理中的可行性和有效性。因此，本研究是对连带责任治理研究在供应链合作关系情境中的一次有力推进。其次，分析本研究对网络治理研究的贡献。第一，在供应链合作关系治理研究领域，网络治理的重要性日益受到研究者们的关注（Heide，1994；Wilkinson，2001；Crisan 等，2011），但现有文献偏向于分析核心企业对合作伙伴所嵌入社会网络的影响的消极应对，如基于区域网络考虑资源配置的均衡性（Vinhas 等，

2012），或根据网络密度及网络中心性程度调整违约执行策略等（Antia 和 Frazier，2001）。它们并没有探讨核心企业如何主动利用合作伙伴之间的横向网络关系对其机会主义行为进行治理，更遑论提出具有可操作性的网络治理模式。针对这一研究缺口，本研究对核心企业主动“组织”的以供应商小组为治理单位的连带责任治理进行分析，并揭示了该治理模式基于非正式网络关系形成的核心作用机制。这是基于核心企业的角度对具体可行的网络治理模式的一次探索性实证研究，丰富了网络治理理论研究领域的文献。第二，Provan 和 Kenis（2008）明确提出，网络治理模式研究应以网络关系为分析单位。但在供应链合作关系治理研究领域中，现有相关文献仅是将核心企业与焦点合作伙伴的垂直二元关系置于网络关系情境当中，以此为背景探讨核心企业的治理措施（Antia 和 Frazier，2001；Caniëls 和 Gelderman，2007；Vinhas 等，2012）。例如，Caniëls 和 Gelderman（2007）基于供应商网络情境分析产业购买者与强势供应商之间的相对权力与依赖关系及其应对策略。究其本质，这些研究并没有脱离将二元关系作为研究焦点的窠臼。因此，本研究以供应商小组为分析单位对连带责任治理进行探讨，弥补了以横向网络关系为研究焦点的研究缺口。第三，在对比分析网络、层级、市场等治理模式的研究中，普遍认为网络治理的独特优势在于网络内部存在的非正式社会机制，如限制进入、文化氛围、横向监督、集体制裁、声誉等（Jones 等，1997）。但鲜有文献对具体的网络内部特征进行深入探讨，更多的是认为所有网络之间具有趋同性，因而将网络治理视为没有区别的治理模式（Provan 和 Kenis，2008）。而根据 Jones 等（1997）的观点，不同的社会机制在网络治理中的作用不尽相同，例如，限制进入、文化氛围等有利于网络内部的协调，集体制裁、声誉等则在保障交易进行方面更具优势。基于此，Provan 和 Kenis（2008）推断，网络治理并非千篇一律，而是具有不同的特征，会因不同的社会机制而产生不同的治理效果。但是，尚未有文献探寻不同社会机制与具体网络治理模式之间的匹配关系，并对其进行实证检验。因此，本研究通过实证分析发现，横向监督在连带责任与机会主义行为之间的关系中具有完全中介作用，其是连带责任治理的核心作用机制，这不仅从实证的角度呼应了 Jones 等（1997）的观点，而且实现了横向监督这一社会机制与基于连带责任关系形成的特定网络情境的关系对接，实质上是对网络治理理论的一次推进与深化。最后，探讨本研究对互惠理论研究的贡献。第一，本研究将萨林斯（2009）的互惠理论与我国的供应商集群情境结合起来，据此将供应商之间错综复杂的社会关系分为具体的三种类型，即慷慨互惠、等价互惠和消极互惠，并分别探究它们在连带责任与机会主义行为之间、连带责任与横向监督之间的不同调节作用。已有一些研究者发现，萨林斯（2009）的互惠理论体现了“差序”的思想，与我国以“差序格局”为主要特点的社会关系以及儒家“爱有等差”的传统观念相吻合，因而对我国的交换关系现象具有较强的解释力。但是，现有研究仅局限于组织内交换关系情境，将萨林斯（2009）的互惠理论应用于对员工与员工之间、员工与组织之间交换关系问题的分析与探讨。因此，本研究将萨林斯（2009）提出的三种互惠类型纳入概念框架，作为分析核心企业对供应商集群实施连带责任治理的有效性的关键影响因素，实际上是对该互惠理论在我国供应链合作关系情境中的首次应用。第二，本研究结果显示，当供应商之间的慷慨互惠关系增强时，他们之间的连带责任对横向监督、机会主义行为的作用都会变弱。与此相反，当供应商之间的等价互惠关系增强时，他们之间的连带责任对横向监督、机会主义行为的作用都会增强。而 Wu 等（2006）在研究我国组织内情境下员工与组织之间的关系时发现，等价互惠与心理授权、情感承诺、组织信任、退出意向这四个外部变量的关系，较之慷慨互惠与它们之间的关系来说，具有高度一致性。由此可见，虽然本研究与他们的研究同样是在我国传统文化背景下进行的，但关于慷慨互惠与等价互惠之间关系的结论却正好相反。出现这种相反结论的原因可能在于：Wu 等（2006）的研究是基于我国组织内交换关系情境，关注的是个体与组织之间的关系，而本研究是基于我国组织间交换关系情境，关注的是供应商与供应商之间的关系特征。一般而言，与组织内员工重视组织对自己的信任与支持不同，供应商作为独立的经济主体，其核心目标是自身利益最大化。因此，即使组成同一连带责任小组的供应商成员相互之间存在朋友、邻居、合作伙伴等较亲密的社会交换关系，但因连带责任关系而可能导致的经济利益损失风险相较而言处于更受关注的位置。所以，对于供应商成员而言，在这种经济交换与社会交换并存的等价互惠关系中，他们会更偏重于经济交换带来的经济利益，而非社会交换背后的情感与规范因素。由此可以认为，本研究对萨林斯（2009）的互惠理论的应用，无疑为我国传统文化背景下组织内与组织间交换关系的不同表征找到了一个更具解释力的理论视角。第三，萨林斯（2009）认为，互惠是一个连续体，具体的互惠类型“通常使用的范围由其两个端点和中点决定”，其中，慷慨互惠是“人人有份的极端”，消极互惠是“非社会化的极端”，而等价互惠处于“互惠体系中的中点”。但是，本研究的实证结果表明，等价互惠在连带责任与横向监督之间、连带责任与机会主义行为之间的调节作用强度，与消极互惠在其间的调节作用强度几乎是一样的。这说明等价互惠并非处于由慷慨互惠与消极互惠构成的互惠连续体的中间位置，与上述萨林斯的观点存在显著的不一致。这一不同结论的产生根源应该与我国的传统文化有关。儒家五经之一《礼记·曲礼上》中提到“往而不来，非礼也；来而不往，亦非礼也”（戴圣，1997），因此，“礼尚往来”这一传统儒家观念自古以来就深刻影响着我国人民的经济和社会生活，成为建立与维系良好人际关系的一个普遍准则。至于“礼”的具体内容，既包括社会情感方面，又包括物质方面（Wu 等，2006）。所以，如本章的研究结果所示，在涉及直接经济利益的情况下，人们对待等价互惠关系与消极互惠关系的态度是一样的，相互之间会要求对方予以即时的、对等的回报。这种规则合乎我国传统的社会情理，而所谓“在商言商”正是这一规则的具体体现，在以自身利益最大化为导向的独立经济主体（如供应商）之间自然成为不言自明的共识。由此可见，本研究应用萨林斯的互惠理论揭示了我国经济主体之间交换关系的内在经济特性。

本研究探讨连带责任治理对供应商集群内机会主义行为的抑制作用及其核心作用机制，并深入分析供应商之间的不同互惠关系对连带责任治理效果的影响，这对于与供应商集群合作的核心企业来说，无疑具有非常重要的实践意义。具体体现在以下几个方面。首先，本研究有利于启发核心企业在供应链合作关系治理模式上的创新。近年来，为了保证稳定的供销关系以及降低交易成本，越来越多的企业纷纷与聚集在同一地理区域的多个供应商进行合作，这在农产品行业表现得尤为突出。据农业部调查统计结果显示，“核心企业 + 供应商集群”合作模式是我国当前农业产业化发展过程中最常采用的经营模式，比例高达 45%（高阔、甘筱青，2012）。对核心企业来说，这种合作经营模式在规避市场风险、实现规模经营等方面发挥着积极作用，但在实践中，其弊端也日渐显露，突出表现就是市场上的产品安全问题愈演愈烈。究其根源，一般都出现在供应链的源头——上游供应商。他们为了最大限度地攫取经济利益，常常利用核心企业的信息劣势而实施偷工减料、掺假甚至非法使用禁用原料等各种机会主义行为，致使核心企业防不胜防，疲于监督。针对这一棘手问题，核心企业一般是采取与每个供应商一一签署合作合同，或是着力于与当地供应商构建良好关系等方法对他们进行管理，而频频发生的诸多产品质量事件表明这些治理方法的实施效果并不理想（张广玲、胡琴芳，2014）。由此可见，核心企业亟需一种更有效的治理模式来控制集群内供应商猖獗的机会主义行为。那么，根据本研究的具体情境，即在“核心企业 + 供应商集群”的合作经营关系中，核心企业一般是基于目标市场需求与数量众多的小规模供应商签订“订单”合同，为供应商们生产经营利益的实现提供了基本保障。这意味着核心企业拥有供应商们需要的非常有价值的资源，等同于具有了对他们进行影响或控制的权力（张闯等，2012）。而 Gaski 和 Nevin（1985）、Frazier 和 Summers（1986）都通过实证研究发现，当供应链上的一个成员具有权力或地位优势时，就能够使另一成员去做其不情愿做的事情。因此，核心企业可以利用这一相对权力优势或地位优势对供应商集群采取连带责任治理模式，让供应商在自愿的基础上自行分成多个小组，并规定每组内的供应商成员相互之间对合作期间的机会主义行为共同承担责任。本研究的实证结果显示，连带责任治理模式的实施能够使集群内的机会主义行为得到有效控制，从而从供应链的源头消除了对核心企业的产品质量管理产生不利影响的因素（Noordewier 等，1990；Kumar 等，2011）。此外，正如前面所提到的，连带责任治理已被我国的中粮集团、巴马茶业、华虹茶业等企业引入管理实践当中，并在治理它们与上游供应商集群的合作关系方面取得了初步成效。这无疑为本研究所具有的实践意义提供了最有力的证明和支持。其次，核心企业可利用非正式网络中的横向影响因素来实现对集群内供应商机会主义行为的有效抑制。在我国，供应商集群往往依托于资源要素优势形成稳定的区域化生产基地，具有典型的地理集中性特征（Gereffi 等，2005），如福建安溪的铁观音供应商集群、黑龙江五常的稻米供应商集群等。在这种特定的地理环境中，集群内的供应商成员之间日常接触频繁，关系嵌入程度高，随着时间推移而形成了一个相对封闭和稳定的非正式网络系统，而这类网络的独特优势在于其内部存在非正式的社会机制（Jones 等，1997）。正如本研究通过实证分析所发现的，在连带责任治理中起关键作用的是集群内供应商相互之间的横向监督活动。因此，核心企业可采取措施鼓励集群内的供应商积极采取以下几个方面的行为，具体包括：第一，平时注意观察其他供应商成员的行为；第二，一旦发现某供应商成员有采取机会主义行为的倾向或正在实施机会主义行为，可当场纠正或制止；第三，当发现某供应商成员正在实施机会主义行为时，可向本组组长或直接向核心企业的具体负责人汇报；第四，定期或不定期地聚众讨论本组内每个供应商成员在遵守企业合同方面的具体表现，互相交换自己掌握的相关信息。核心企业应该认识到，若仅仅依靠自身的渠道权力对供应商进行直接监督，不仅由于供应商数量多、分布零散且规模较小而导致监督成本颇高，而且容易引起供应商的反感甚至集体性抵制，致使效果不佳。相较而言，供应商之间的横向监督不仅使核心企业在监督上的人力成本与物质成本下降，而且供应商能够利用自身的信息共享条件获得核心企业不能得到的内部信息，从而比核心企业的直接监督更易实施，实施效果也更好。可见，在供应商集群网络环境中，供应商之间的相互监督能够有效抑制他们的机会主义行为。关于这一点，也可从本研究前期对供应商代表进行的深度访谈中得到进一步证实。被访的供应商代表一致认为，连带责任治理的实施极大地激发了供应商成员之间相互监督的积极性，促使其主动利用自身的信息、技术等优势采取各种监督措施，从而使机会主义行为得到了有效控制。正如一位供应商代表所说：“我的茶叶产量大，很怕其他成员使用禁用农药而使自己蒙受损失，因此会经常出去溜达，借机观察他们有没有购买禁用农药。”“一旦发现，肯定会当面指责，或聚众议论，因此没有谁敢乱来。”另外，有一位某供应商小组组长谈道：“我们组的成员已与企业合作6年，表现一向很好，就是因为大家平时都积极地相互监督，一有问题就主动向我举报。”这些访谈信息充分表明，针对当前供应商集群内猖獗的机会主义行为，核心企业在实施连带责任治理模式时，应该借力打力，依靠集群网络内供应商成员具有的监督技术、信息、声誉等优势去影响和控制其他供应商成员的态度与行为，从而在抑制机会主义行为上取得事半功倍的效果。最后，核心企业在具体实施连带责任治理时必须考虑供应商小组内部成员之间的关系。在集群内，供应商们长期处于一个较为狭窄的地理空间内，日常交往频繁，形成了慷慨互惠、等价互惠和消极互惠等不同的交换关系。根据本研究得到的结论，连带责任治理在具有不同互惠关系的供应商小组内的效果是不一样的，甚至截然相反。具体而言，供应商集群内的等价互惠关系和消极互惠关系都会强化连带责任与横向监督之间、连带责任与机会主义行为之间的关系，实际上对连带责任治理的效果起着强化作用；而慷慨互惠关系则会弱化连带责任与横向监督之间、连带责任与机会主义行为之间的关系，实际上弱化了连带责任治理的效果。因此，核心企业在对供应商集群具体实施连带责任治理时，应着眼于供应商之间不同的互惠关系特点来制定合适的小组成员准入制度，具体可围绕以下几项工作进行：首先，在连带责任具体落实之前，由核心企业选派合适的负责人深入当地了解集群内供应商之间的社会关系情况，也可与供应商集群所在地的相关人员合作，利用他对当地情况的了解来获取关于供应商之间社会关系的信息；然后，在允许供应商自愿组成连带责任小组的情况下，从家族、年龄、生产规模、地理位置等多个方面合理控制同一个小组内供应商成员的构成，尽量降低供应商成员之间的同质性程度；最后，尤其值得注意的是，要尽可能排除具有直系亲属关系的供应商成员加入同一个连带责任小组，以免严重削弱连带责任治理的有效性（Ahlin 和 Townsend，2007）。唯有这样，具有连带责任关系的供应商成员才会产生更大的监督动机和意愿，并主动利用自身的信息优势和监督技术优势对组内其他供应商成员的生产或经营行为进行监督，使集群内的机会主义行为得到有效控制，最终产生符合核心企业预期的结果。

但是，对照网络治理理论的基本观点，我们发现，目前这些研究还处于对连带责任治理的初步探索阶段，尚存在很大研究空间。第一，Provan 和 Kenis（2007）提出，网络治理模式并非千篇一律，而是具有不同特征，但现有研究偏向于强调连带责任治理作为一种网络治理模式的总体特性，将连带责任治理本身视为毫无区别的治理模式（Provan 等，2007），未讨论其分类问题。第二，根据 Jones 等（1997）的观点，网络治理模式往往通过多种社会机制达到良好的治理效果，如限制进入、横向监督、集体制裁、声誉等，但现有研究仅探讨了连带责任治理的横向监督机制，忽视了基于不同类型连带责任治理形成的网络内其他社会机制及其相应的作用机理（Provan 和 Kenis，2007）。第三，不少研究者发现，在企业实践中，任何一种治理模式都不是单独实施的，而是与其他治理模式混合使用，并产生不同于单独实施时的效果（Sewell 和 Barker，2006；Wallenburg 和 Schäffler，2014）。据此推断，不同类型连带责任治理组合起来实施也会产生不同于单独实施时的效果，但现有研究尚未涉及这一问题。最后，连带责任治理作为一种适用于供应链合作关系情境的网络治理模式，其组合的实施应具有特定的适用条件，尤其会受到供应商所处社会网络中某些因素的显著影响（Wathne 和 Heide，2004），因而有必要进一步从供应商网络层面探寻适用连带责任治理组合的边界条件。因此，未来研究拟在借鉴现有研究成果的基础上，首先从信息、效用和交易规模的角度对连带责任治理进行分类，然后基于网络治理视角，深入剖析不同类型连带责任治理与供应商集群内机会主义行为之间的中介机制，进而探讨连带责任治理组合对供应商集群内机会主义行为的交互作用，最后从供应商网络层面探讨连带责任治理组合的交互作用的边界条件。

第二节 调节机制之二：核心企业监督的影响研究

在“企业 + 供应商集群”的合作经营模式中，供应商集群内机会主义行为频发，对企业的产品质量构成严重隐患（Seggie 等，2013），例如我国的三聚氰胺事件、欧洲的毒鸡蛋事件等。对此，企业一般采取单边治理的方式，即利用自身在供应链上的权力或地位优势对集群内的供应商进行直接监督与管理（Jaworski，1988）。已有研究认为，企业监督是一种典型的治理机制，能够对上游供应商的机会主义行为产生一定的规范和约束作用（Heide 等，2007）。但在实践中，企业监督往往不是单一地进行，而是与其他治理机制混合使用，导致治理的实际效果因具体情境而迥异（Sewell 和 Barker，2006）。例如，在与关系治理或执行等治理机制并行使用时，企业监督会强化其在抑制机会主义行为上的效果（Heide 等，2007；Kashyapv 等，2012），而在与契约治理同时采取时，企业监督则会弱化其对机会主义行为的抑制作用（Kashyapv 等，2012）。那么，在对供应商集群实施连带责任治理时，企业监督会对其效果产生什么样的影响？现有研究分析了单独实施连带责任治理的效果，发现它是一种能够通过同伴监督对供应商集群内的机会主义行为产生有效抑制作用的治理模式（胡琴芳、张广玲和江诗松，2016）。但目前关于企业监督对连带责任治理效果的影响的研究尚未见到。鉴于此，本研究在已有研究的基础上，以供应商小组为分析单位，深入探讨企业监督在连带责任治理抑制供应商集群内机会主义行为过程中的影响。

一、文献综述

（一）连带责任治理

自 20 世纪 80 年代末以来，关于连带责任治理的研究一直集中在小额贷款领域，基本上是围绕连带责任治理的实施效果及其影响因素等展开。大量研究结果显示，连带责任治理对违约行为具有显著的抑制作用。例如，Karlan（2007）的研究表明，受连带责任治理约束的借款小组会充分利用信息共享优势，使组内成员的机会主义行为得到有效控制；Pasupuleti（2011）的实证研究发现，连带责任治理能够有效地诱发借款人产生强烈的横向监督动机，进而使内部成员的违约倾向受到抑制。但也有少量研究发现，连带责任治理对借款人违约行为的抑制作用并不显著，甚至还会引发共谋行为。例如，Giné 和 Karlan（2014）对分别实施独立责任治理与连带责任治理的借款区域进行比较研究，结果显示两类区域在履约方面的表现并没有显著差异。他们认为，连带责任治理的实施会引致“劣币驱逐良币”的结果，使信用好的借款人因担心受其他成员不良表现的牵连而拒绝加入或主动退出。

近年来，连带责任治理研究取得了新的进展。在供应链合作关系治理领域，有少数国内外研究者开始关注核心企业针对供应商集群引入的连带责任治理，将其提升到供应链合作关系治理模式的理论高度来进行更深入的探讨，并已取得了初步性的研究成果。张广玲和胡琴芳（2014）最先对供应链合作关系情境下的连带责任治理进行了研究，明确提出了供应链合作关系情境中连带责任治理模式的定义。胡琴芳，张广玲和江诗松（2016）在吸收上述研究成果的前提下，以网络治理理论为基础，提出了连带责任治理是一种具体的适用于供应链合作关系情境的网络治理模式的观点，提升了连带责任治理研究的理论高度。此外，Hu 等（2016）还尝试通过实证研究打开连带责任治理影响机会主义行为的“暗箱”，进一步证实横向监督是连带责任治理能够抑制供应商集群内机会主义行为的重要原因，深化了对供应链合作关系情境中连带责任治理的探究。

（二）企业监督

企业间合作关系研究领域关于企业监督的研究非常充分，尤其在企业监督的效果这一问题上积累了较丰富的文献。根据理论视角的不同，关于企业监督的效果研究出现了两类不一致的观点。大部分研究者基于交易成本及相关理论提出，企业监督是一种重要的治理机制，因而能够有效地抑制合作伙伴的机会主义行为（Williamson，2002）。例如，Jacobides 和 Croson（2001）提出，随着信息技术的不断进步，企业应利用这一优势强化对合作伙伴的监督，以提高其顺从程度。Heide 等（2014）认为监督与协调是一对相近的概念，因而企业监督有利于合作关系的持续发展。在吸收这一观点的基础上，Kashyap 和 Murthab（2017）进一步通过实证研究发现，企业监督本身具有很强的信息性。企业通过监督能够及时获取合作领域的相关信息，尤其掌握突发性事件的动态，因而能够在第一时间采取有针对性的应对措施。从这一点来讲，企业监督实质上为合作关系的持续发展创造了良好的协调情境，因而能够增强合作伙伴的合作意愿。

但是，有部分研究者认为，企业监督是一把双刃剑，在某些情况下会产生不利于企业自身的结果。例如，Heide 等（2007）和 Kashyap 等（2012）分别探讨了企业的结果监督和行为监督对交易伙伴机会主义行为的影响。研究发现，结果监督能够有效抑制交易伙伴的机会主义行为，但行为监督由于涉及对交易伙伴一举一动的严格监视，导致对方产生“被侵犯”的心理感知，因而诱发抵抗性态度和行为。

通过文献梳理可知，关于连带责任治理和企业监督的效果研究都很丰富，但是，目前尚未有文献将二者结合起来进行探讨。不少研究者发现，在企业实践中，任何一种治理机制都不是单独实施的，而是与其他治理机制混合使用，并产生不同于单独实施时的效果（Kashyap 和 Murtha，2017）。据此推断，企业若是对供应商集群同时实施连带责任治理和企业监督，也会产生不同于单独实施连带责任治理的效果，但现有研究尚未涉及这一问题。因此，本研究拟基于供应链合作关系情境，深入探讨企业监督在对供应商集群实施连带责任治理中的影响。

二、研究模型与假设

根据张广玲和胡琴芳（2014）的观点，所谓连带责任治理，是指企业利用集群内供应商之间地理毗邻的先天条件，将他们分成若干小组，规定每个小组内部若某一成员采取机会主义行为，其他所有成员对其机会主义行为共同承担责任的一种治理模式。如上所述，大量研究发现连带责任治理对机会主义行为具有显著的抑制作用，但也有研究认为二者之间的关系并不稳定，在有些情境下，连带责任治理对机会主义行为无显著抑制作用，甚至还会引发更严重的机会主义行为。这说明连带责任治理的作用受到某些关键情境因素的影响，如供应商集群外部的企业监督。根据单边治理理论（Heide，1994），企业与供应商集群之间是一种典型的单边依赖关系，前者作为占据更多市场资源的供应链成员，具有明显的权力或地位优势，可以对后者采取单向的监管与控制行动，如监测产品生产过程、检查产品质量等，以抑制其机会主义行为。

委托代理理论认为，信息不对称是机会主义行为产生的关键条件（陈支武、黄雅艳，2016）。因此，连带责任治理之所以能够有效抑制集群内供应商的机会主义行为，主要在于供应商之间地理毗邻，信息透明度非常高，从而遏制了信息不对称对其机会主义行为的诱发作用。由于企业监督也是通过减少信息不对称来实现对供应商行为的控制，如提防其在产品质量方面的偷懒或违约行为（Heide 等，2007），所以，企业在监督活动上的加强必然会削弱供应商之间的连带责任通过降低信息不对称而对其机会主义行为产生的抑制作用。此外，Heide 等（2007）认为，监督涉及对被监督者的行为及其具体行为方式的严格控制，会使对方产生被侵犯的感觉，尤其在经济独立的交易合作伙伴之间，更易激发被监督者的抵触性态度，并通过机会主义行为表现出来。因此，企业若直接对与之合作的集群内供应商采取监督行动，不仅容易引发其反感与厌恶，而且，由于具有连带责任关系的供应商成员之间在经济利益上相连，加之社会联系紧密，因而甚至可能会导致集体性违约现象的出现（Kashyap 等，2012）。由此，提出 H1 假设。

H1：随着企业监督的增强，供应商之间的连带责任对其机会主义行为的负向作用减弱。

所谓同伴监督，是指集群内的供应商相互之间主动提防彼此的不良行为并积极做出反应，具体表现为观察、议论、纠正、举报等（Loughry 和 Tosi，2008）。供应商作为独立的经济主体，在本质上是追求一己私利的“理性人”，所做的任何决策都是对未来的收益与成本进行权衡之后的结果（Kumar 等，2011）。因此，具有连带责任关系的供应商成员之间会主动地相互监督，制止违约行为的发生，以避免自己的利益因其他成员的违约行为而受损。但是，若企业增强对集群内供应商的监督，却会使其相互监督的积极性受到抑制。根据社会认同理论，对具有强关系特征的群体进行监督，会强化群体内成员积极的群内认同和消极的群外偏见（Wieseke 等，2012）。在供应商集群内，供应商成员聚居在一个相对封闭和狭小的地理空间内，相互之间的关系嵌入程度高，社会关系密切，除了共为企业的上游供应商之外，还存在亲缘、友缘或其他领域的合作关系。在此基础上，连带责任关系将其经济利益直接捆绑在一起，由此构成了典型的利益共同体。在这种情况下，企业若是一味地对供应商成员进行监督，一方面会强化他们的集群内认同感，另一方面会刺激其对集群外对象的消极偏见，因而不仅会导致同伴监督的积极性降低，还会引发不利于企业的行为，比如集体隐瞒内部成员的不良表现（Wieseke 等，2012）。由此，提出 H2 假设。

H2：随着企业监督的增强，供应商之间的连带责任对同伴监督的正向作用减弱。

有关委托代理理论的文献认为，委托人监督与代理人同伴监督二者之间的作用存在相互替代的关系（Arnott 和 Stiglitz，1991）。这是因为，委托人通过对代理人的严密监督可以获取更多的有效信息，并限制代理人的隐藏行为，从而降低了代理人的同伴监督在抑制其机会主义行为上的作用（Loughry 和 Tosi，2008）。由此推断，当企业（委托人）的监督程度很高时，供应商（代理人）之间的同伴监督对其机会主义行为的抑制作用也会下降。如前文所述，集群内的供应商相互之间地理毗邻，关系嵌入程度高，具有很强的信息内部共享特性，这是其同伴监督之所以能够抑制机会主义行为的优势所在。一旦企业能够通过自身的监督努力获取关于供应商决策与行为的信息，就会使供应商的同伴监督所能提供信息的价值大大降低。此外，根据渠道权力理论，具有权力或地位优势的企业拥有集群内供应商所需要的资源，以及由此派生出来的报复性惩罚能力（庄贵军、周筱莲，2002），因此，企业监督能对供应商起到一定的威慑作用，使其不敢贸然采取违约行动，从而降低了集群内部的同伴监督在抑制机会主义行为上的有效性（Loughry 和 Tosi，2008）。由此，提出 H3 假设。

H3：随着企业监督的增强，供应商之间的同伴监督对其机会主义行为的负向作用减弱。

已有研究发现，供应商之间的连带责任之所以能够有效抑制其机会主义行为，在于连带责任治理在实施过程中催生出来的同伴影响因素的作用。其中，Karlan（2007）提出，同伴监督是最关键的影响因素。因此，根据前文所述，集群内供应商之间的连带责任、企业的监督努力与信息不对称之间关系密切，进而对供应商的机会主义行为产生影响。本研究认为，在这一过程中起关键作用的是供应商之间的同伴监督活动。具体地说，H1 假设提出企业监督弱化供应商之间的连带责任对其机会主义的负向作用，主要原因在于企业监督会降低连带责任在降低信息不对称方面的作用，甚至引发供应商集体性的抵触态度和违约行为。同时，H2 假设基于社会认同理论提出，企业监督使具有连带责任关系的供应商进行同伴监督的积极性显著下降。综合以上分析，本研究认为供应商之间的连带责任通过同伴监督对其机会主义行为产生的间接作用受到企业监督的负向影响。由此，提出 H4 假设。

H4：随着企业监督的增强，供应商之间的连带责任通过同伴监督对其机会主义行为产生的负向作用减弱。

本研究的研究模型如图 4-3 所示。

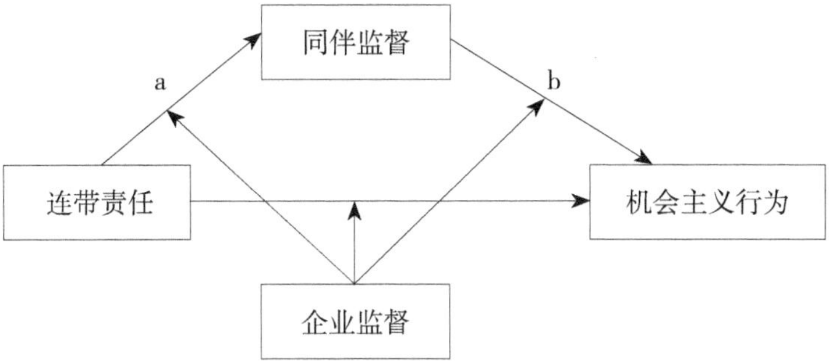

图 4-3 研究模型

三、研究方法

（一）样本选取与数据收集

本研究以福建安溪某茶叶企业（以下简称茶企）的毛茶供应商集群为调研对象。与该茶企合作的毛茶供应商集群聚集在安溪县的 4 个不同乡镇。因集群内使用禁用农药这一投机行为屡禁不止，茶企自 2006 年起尝试实施连带责任治理模式。具体的做法是：在自愿的基础上，将毛茶供应商划分为不同小组，规定每组成员 6~12 个，如果在无人举报的情况下企业发现某毛茶供应商使用禁用农药，就会拒收该组所有成员当季的毛茶，更严重者则会解除与该组的合作关系。

根据研究需要，本课题组将问卷发放给与该茶企合作的 122 个供应商连带责任小组，选择每组的组长和两名组员填写问卷，取其均值作为统计分析的最终值。共发放问卷 366（即 122 × 3）份，在回收并剔除无效问卷后，共计有效问卷 246（即 82 × 3）份，问卷有效率为 67.2%，最终得到 82 个有效研究样本（即 82 个供应商连带责任小组的有效数据）。

（二）变量测量

本研究须测量的变量共 9 个，即：连带责任、同伴监督、企业监督、机会主义行为、互惠、合理权威、群体压力、共同规范和成员同质性。为了与研究情境相吻合，本研究在借鉴已有文献的基础上，对这些变量的测量题项进行了适当调整。其中，除连带责任、机会主义行为和成员同质性3个变量外，其他6个变量都使用李克特5点量表进行计分。

连带责任。直接采取张广玲、胡琴芳（2014）及胡琴芳等（2016）使用的代理策略对连带责任进行测量，即先确定每组内毛茶产出大于组均毛茶产出的供应商数量，再计算这一供应商数量与该组所有成员数量的比值。比值越大，说明该组所承担的连带责任相对越大。

同伴监督。根据 Loughry 和 Tosi（2008）开发的量表对同伴监督进行测量，共5个测量题项，反映出4个方面的同伴监督活动，包括：观察组内成员的具体行为；当场纠正组内成员的不良行为；向组内其他成员或企业相关人员举报某成员的不良行为；聚众议论组内每个成员的具体表现。Cronbach 的 alpha 值为0.96。

企业监督。根据 Loughry 和 Tosi（2008）的量表对企业监督进行测量，共2个测量题项，反映出企业对每个供应商连带责任小组进行生产过程监督和产品质量检查的频率。Cronbach 的 alpha 值为0.90。

机会主义行为。借鉴 Hermes 等（2005）的方法，通过统计“本组成员年均使用禁用农药的次数”来反映每组发生机会主义行为的实际情况。

控制变量。已有研究发现，互惠、合理权威、群体压力、共同规范、成员同质性等因素会对组内成员的行为表现产生影响。因此，本研究将这5个因素作为控制变量。互惠的测量量表基于 Rabin（1993）的研究编制而成，共2个测量题项，分别反映互惠的积极方面和消极方面。合理权威的测量借鉴 Zhang 等（2012）的方法，要求组内成员（不包括组长）对组长的合理权威进行计分。群体压力采用 Wydick（1999）的量表，共4个测量题项，反映小组成员在互相督促遵守合同规定、执行惩罚、道德约束、关系影响等方面的情况。共同规范的测量采用 Heide 和 John（1992）的量表，反映小组成员在信息交换、灵活性和团结等方面的情况。成员同质性则用每个连带责任小组内属于亲属关系的供应商成员所占比例来表示（Cassar 等，2007）。

四、数据分析及结果

（一）描述性统计分析

表 4–25 为各研究变量的均值、标准差以及变量之间的相关系数。其中，连带责任、企业监督与同伴监督之间分别呈显著正相关、负相关关系（$r = 0.512$，$p < 0.01$；$r = -0.462$，$p < 0.01$），同伴监督与机会主义行为之间呈显著负相关（$r = -0.535$，$p < 0.01$），而连带责任与机会主义行为之间呈负相关关系，但不显著（$r = -0.208$，$p > 0.05$）。该结果为分析企业监督的调节作用和同伴监督的中介作用提供了必要前提。

（二）共同方法偏差

针对共同方法偏差问题，其一，本研究在数据收集时进行程序控制，即由每组组长提供自变量和因变量的数据，其他主要变量的计分则由组内所有被调查者提供，在一定程度上减少了共同方法偏差的影响。其二，在数据收集完成后使用标记变量（mark variable，MV）法进行统计检验。由于年龄与研究模型中的所有变量没有理论上的关联，课题组选择将它作为标记变量进行偏相关分析。由表 4–25 分析可知，主要变量之间的相关性并没有发生显著变化，说明本研究的结果不会受到共同方法偏差问题的影响。

表 4–25 研究变量的均值、标准差和相关系数

变量	1	2	3	4	5	6	7	8	9
连带责任	**NA**	0.506**	−0.413**	−0.190	−0.051	0.263*	0.002	−0.004	−0.208
同伴监督	0.512**	0.96	−0.501**	−0.507**	−0.252*	0.762**	0.278*	−0.281*	−0.503**
企业监督	−0.398**	−0.462**	0.90	−0.094	0.194	−0.465**	0.161	0.132	0.297**
机会主义行为	−0.208	−0.535**	−0.128	**NA**	0.016	−0.294**	−0.251*	0.048	0.230*
互惠	−0.041	−0.225*	0.204	−0.018	0.91	−0.192	−0.015	0.922**	0.478**
合理权威	0.267*	0.758**	−0.452**	−0.299**	−0.184	**NA**	0.033	−0.192	−0.357**

续表

变量	1	2	3	4	5	6	7	8	9
群体压力	0.034	0.327**	0.194	−0.338**	0.022	0.054	**0.94**	−0.082	−0.247*
共同规范	0.001	−0.262*	0.139	0.026	0.921**	−0.188	−0.054	**0.98**	0.534**
成员同质性	−0.196	−0.467**	0.306**	0.181	0.484**	−0.347**	−0.189	0.537**	**NA**
年龄（MV）	0.089	0.202	0.123	−0.321**	0.102	0.065	0.362**	0.061	0.112
均值	0.486	3.364	3.321	1.764	3.535	3.744	3.289	3.509	2.926
标准差	0.143	0.957	0.803	0.630	0.866	1.145	0.860	0.855	1.314

注：** $p < 0.01$，*$p < 0.05$，双尾检验。对角线上的粗体数字是各变量在本研究中的内部一致性系数，NA 表示不适用。以对角线为界，表格左下方区域内是零阶相关系数，表格右上方区域内是控制年龄后的相关系数。N = 82 个供应商连带责任小组。

（三）假设检验

本研究按照 Preacher 等（2007）和 Hayes（2013）提出的多元回归和 Bootstrap 程序对研究假设进行检验。首先进行三步多元回归分析，检验企业监督是否调节连带责任与同伴监督之间的关系（图 4–3 中的路径 a）以及同伴监督与机会主义行为之间的关系（图 4–3 中的路径 b）。

表 4–26 为有调节的中介回归分析结果。由表 4–26 分析可知，在模型 1 中进行机会主义行为对连带责任和企业监督的回归分析，结果显示连带责任与机会主义行为呈负相关（β = −5.453，$p < 0.01$），且企业监督负向调节二者之间的关系（β = 1.352，$p < 0.05$），表明随着企业监督的增强，连带责任与机会主义行为之间的负相关关系变弱，假设 H1 得到支持。在模型 2 中进行同伴监督对连带责任和企业监督的回归分析，结果显示连带责任与同伴监督呈正相关（β = 5.343，$p < 0.01$），且企业监督负向调节二者之间的关系（β = −1.025，$p < 0.05$），表明随着企业监督的增强，连带责任与同伴监督之间的正相关关系变弱，假设 H2 得到支持。在模型 3 中进行机会主义行为对同伴监督和企业监督的回归分析，结果显示同伴监督与机会主义行为之间呈负相关（β = −1.079，$p < 0.01$），且企业监督负

向调节二者之间的关系（β =0.176，$p < 0.05$），表明随着企业监督的增强，同伴监督与机会主义行为之间的负相关关系变弱，假设 H3 得到支持。

表 4-26 有调节的中介回归分析结果

相关变量	模型 1	模型 2	模型 3
	机会主义行为	同伴监督	机会主义行为
连带责任	−5.453**	5.343**	−1.318
企业监督	−0.908**	0.333	−1.110**
同伴监督			−1.079**
连带责任 × 企业监督	1.352*	−1.025*	0.402
同伴监督 × 企业监督			0.176*
合理权威	−0.221**	0.493***	−0.016
成员同质性	0.103	−0.093	0.075
群体压力	−0.139	0.293***	0.053
共同规范	0.014	−0.268	−0.133
互惠	−0.114	0.223	−0.043
R^2	0.354	0.803	0.532
F 统计量	5.008**	37.158***	8.084***

注：*** $p < 0.001$，** $p < 0.01$，* $p < 0.05$，双尾检验。N = 82 个供应商连带责任小组。

为了进一步分析条件性间接效应，本研究参照 Preacher 等（2007）和 Hayes（2013）提出的有调节的中介分析模型进行 Bootstrap 中介变量检验。选择 5 000 个样本量以及 95% 置信区间，检验结果如表 4-27 所示。其中，间接效应等于连带责任到同伴监督这一路径（图 4-3 中的路径 a）的系数与同伴监督到机会主义行为这一路径（图 4-3 中的路径 b）的系数的乘积，值为 0.5915；且 95% 置信区间内不包含零（LLCI = 0.1511，ULCI = 1.3811），说明间接效应显著（Preacher 等，2007）。这一结果充分表明同伴监督中和了企业监督与连带责任的交互项对机会主义行为的间接影响。具体地说，随着企业监督的增强，供应商之间的连带责任通过同伴监督对其机会主义行为产生的间接抑制作用减弱。因此，假设 H4 得到支持。

表 4-27　有调节的中介的 Bootstrap 检验结果

	连带责任 同伴监督（路径 a）	同伴监督 机会主义行为（路径 b）	间接效应（路径 a × 路径 b）	直接效应（路径 c）	总效应（路径 c′）
β（CI）	-1.0250*	-0.5771	0.5915（0.1511，1.3811）	0.7606	1.3521*

注：CI = 间接效应的 95% 置信区间。如果 CI 不包含零，表示间接效应具有统计上的显著性（粗体表示）。* $p < 0.05$；$N = 82$ 个供应商连带责任小组。

五、结论与讨论

（一）研究结论

本研究以福建某茶企的毛茶供应商集群为研究样本，基于连带责任治理的相关文献，探讨了企业监督在供应商之间的连带责任影响其机会主义行为这一过程中的调节效应。通过实证分析，得到如下结论。

第一，企业监督会弱化供应商之间的连带责任对其机会主义行为的抑制作用。其原因在于，企业对供应商的直接监督可能会引发其反感与厌恶，甚至会导致集体性违约现象的出现；同时，企业在监督活动上的加强会减少信息不对称，因而会削弱供应商之间的连带责任通过降低信息不对称而对其机会主义行为产生的抑制作用。

第二，企业监督会弱化供应商之间的连带责任对同伴监督的正向作用。研究结果表明，企业若是一味地对集群内供应商进行监督，既会强化其集群内认同感，又会刺激他们对集群外对象的消极偏见，因而不仅会导致同伴监督的积极性降低，还会引发不利于企业的行为，如集体隐瞒、集体包庇。

第三，企业监督会弱化供应商之间的同伴监督对其机会主义行为的抑制作用。研究发现，企业监督的作用与同伴监督的作用之间在一定程度上相互替代，一是由于企业监督使供应商的同伴监督所能提供信息的价值大大降低；二是由于企业监督能对供应商起到一定的威慑作用，使其不敢贸然采取违约行动，因而降低了同伴监督在抑制机会主义行为上的有效性。

第四，企业监督会弱化供应商之间的连带责任通过同伴监督对其机会主义行为产生的间接抑制作用。由于供应商之间的连带责任通过同伴监督最终对机会主义行为起到有效的间接抑制作用，研究表明，企业监督使具有连带责任关系的供应商降低了同伴监督的积极性，进而通过降低同伴监督提供信息的价值弱化了同伴监督对机会主义行为的抑制作用，因而导致供应商之间的连带责任通过同伴监督对其机会主义行为产生的间接作用受到企业监督的负向影响。

（二）理论贡献与实践意义

本研究的理论贡献表现在两个方面：其一，基于供应链合作关系情境分析了企业监督在供应商之间的连带责任影响其机会主义行为这一过程中的消极作用，揭示了企业监督对连带责任治理的蚕食效应，是对供应链合作关系治理机制研究的一次推进。其二，通过与已有研究进行对比，本研究的研究结论与 Chowdhury 和 Sabherwal（2003）的正好相反，后者基于小团体贷款情境研究发现，委托人监督会刺激具有连带责任关系的代理人之间进行同伴监督的力度，从而使后者的机会主义行为得到更有效的控制。这说明连带责任治理的效果因实施情境的不同而迥异，暗示着供应商集群内部关系更加复杂以及对其进行进一步研究的必要性，更加突显了基于供应链合作关系情境对连带责任治理进行研究的理论价值。

在实践上，本研究的结论能够给与供应商集群合作的企业提供以下指导：首先，企业可对供应商集群采取连带责任治理，让地理毗邻的供应商共同对机会主义行为承担责任，充分刺激他们的理性人意识，使其产生强烈的相互监督动机并积极付诸行动，从而有效抑制机会主义行为，从供应链源头消除对企业产品质量控制的不利因素。其次，在对供应商集群具体实施连带责任治理的过程中，企业不能过度依赖传统的治理思路，一味地利用权力或地位优势加强自身对集群内供应商的监督，否则不仅会使治理成本居高不下，而且极大地削弱了连带责任治理的效果，使企业得不偿失。

（三）研究局限及展望

本研究还存在一定的局限性，需要在后续研究中进一步完善。第一，本研究选取的调研对象所处行业单一，且样本量不大，可能限制了上述研究结论的普适性。后续研究应将调研范围拓展到不同行业领域，以检验研究结论的有效性。第二，对连带责任、机会主义行为的测量都是采用客观数据，不能有效捕捉隐藏在客观结果后面的主观信息。后续研究应开发多维度的测量量表，更精准地捕捉集群情境下供应商的动机与态度因素。第三，本研究使用的是处于同一时点上的横截面数据，无法反映研究模型中各变量之间关系的动态性。对此，后续研究可尝试采取纵序研究设计。

本章小结

本章是在第三章的基础上对连带责任治理模式的重要调节机制进行探讨，共分为两大部分。在第一部分，主要是在供应链合作关系情境下研究核心企业针对供应商集群所实施的连带责任治理的作用及其核心作用机制，并在此基础上探讨供应商之间的不同互惠关系对连带责任治理效果的不同影响。研究表明，随着供应商之间慷慨互惠关系的增强，他们之间的连带责任对其机会主义行为的抑制作用被削弱，他们之间的连带责任对其横向监督的正向作用减弱，且他们之间的连带责任通过横向监督对其机会主义行为产生的间接抑制作用会变弱；而随着供应商之间等价互惠关系和消极互惠关系的增强，他们之间的连带责任对其机会主义行为的抑制作用得到增强，他们之间的连带责任对其横向监督的正向作用也会增强，且他们之间的连带责任通过横向监督对其机会主义行为产生的间接抑制作用会得到增强。在第二部分，主要是采用问卷调查方法，选取 82 个供应商小组样本，并基于供应链合作关系情境，研究企业监督在对供应商集群实施连带责任治理中的影响。研究发现，随着企业监督的增强，供应商之间的连带责任对同伴监督的正向作用减弱，供应商之间的横向监督对其机会主义行为的负向作用减弱；同时，供应商之间的连带责任通过同伴监督对其机会主义行为产生的间接抑制作用也减弱。因此，这一部分研究表明，企业在对供应商集群实施连带责任治理时，应限制对自身权力或地位优势的依赖，减少对供应商的监督，以免抵消集群内同伴监督的效果。

第五章 连带责任治理模式的效果研究

一、引言

在我国“核心企业 + 供应商集群”的合作经营模式中，集群内供应商的机会主义行为难以控制，直接影响核心企业的产品质量（Seggie 等，2013），致使问题频发，如近年发生的“三聚氰胺”“瘦肉精”“毒姜”等事件。对此，已有部分企业在实践中率先采用连带责任治理，借以制约集群内供应商的机会主义行为。

现有关于连带责任治理的研究集中在小额贷款领域。大量研究结果显示，被治理者之间的连带责任对其机会主义行为具有有效的抑制作用——连带责任越大，机会主义行为越少（Pasupuleti，2010；Ahlin 和 Townsend，2007）。不过，连带责任与机会主义行为之间的负相关关系不稳定，有些研究得出了二者具有正相关或无显著相关关系的结论（Besley 和 Coate，1995；Chowdhury，2005）。那么，在营销渠道关系情境中，核心企业实施连带责任治理会如何影响供应商集群的机会主义行为，鲜有研究对此进行探讨。同时，二者之间关系的不稳定意味着可能受到内、外部情境变量的影响，如网络中心性和使用渠道权力。从供应商集群内部来看，在这种非正式的社会网络内，网络中心性强的供应商领导者具有信息优势和声望优势，对其他成员的机会主义行为可起到一定的制约作用（Ahearne等，2013）。而在供应商集群外部，核心企业会利用渠道权力优势对供应商集群进行治理，以尽量减少他们针对自己的机会主义行为或将其控制在可以容忍的范围内（庄贵军等，2008）。那么，在实施连带责任治理的情况下，供应商领导者的网络中心性与核心企业对渠道权力的使用会如何作用于供应商集群的机会主义行为并影响连带责任的有效性，这亟须进一步分析与探究。

鉴于此，本研究基于渠道关系情境研究核心企业针对供应商集群实施的连带责任治理的作用，并在此基础上探讨供应商领导者的网络中心性、核心企业使用渠道权力对供应商集群机会主义行为的直接影响，以及对连带责任与机会主义行为之间关系的调节效应，试图揭示连带责任在治理供应商集群机会主义行为上的作用，还有在内、外情境因素共同影响下连带责任治理的有效性。

二、文献回顾

（一）连带责任治理

所谓连带责任治理，是指治理者利用被治理者之间的地理临近或强关系嵌入条件将他们分成若干小组，规定小组内部若某一成员违约，则该组其他所有成员对其违约行为共同承担责任的一种治理模式（Pasupuleti，2010）。其中，被治理者之间具有地理临近或强关系的特征，是实施连带责任治理的基本条件（Hermes和Lensink，2007）。

由于连带责任治理发起并盛行于发展中国家的小额贷款行业（Hermes和Lensink，2007），因此，相关理论研究集中在该领域。大量研究结果显示，连带责任治理能够有效抑制借款人的违约行为（Pasupuleti，2010；Ahlin和Townsend，2007）。例如，Ahlin和Townsend（2007）的研究认为，连带责任小组内的非正式惩罚（如监督、警告、对外通告或结束其他领域的合作）有利于提高借款成员的还款意愿。Pasupuleti（2010）通过实证研究发现，连带责任促使借款成员主动进行筛选、监督，并对违约成员进行制裁，使贷款方的运营成本与借款人的违约率都有明显降低。但也有研究发现，连带责任治理对借款人违约行为的抑制作用并不显著（Chowdhury，2005；Giné 和 Karlan，2009），甚至还会引发其共谋行为（Besley 和 Coate，1995）。例如，Giné 等（2009）对分别实施独立责任与连带责任的借款区域进行比较研究，结果显示两类区域在履约方面的表现并未有显著差异。究其原因在于连带责任治理会引发"劣币驱逐良币"的结果，使信用好的借款人由于担心受违约牵连而主动退出。Besley 和 Coate（1995）则通过构建策略违约模型对连带责任治理进行研究，发现某些有能力还款的借款人观察到其他成员违约后，会出于策略考虑也同样采取不履约行为。

综上所述，已有关于连带责任治理作用的研究并没有取得一致性结论。这些研究大多从内部作用机制的角度分析连带责任治理的有效性，很少关注具体社会情境因素可能产生的影响。而且，现有研究主要是围绕小团体贷款展开，对营销渠道情境中的连带责任治理现象尚缺乏应有的关注。因此，核心企业将连带责任作为一种独特的渠道治理模式进行实施，能否有效抑制供应商集群的机会主义行为，以及供应商集群的内、外部情境因素会对其产生怎样的影响，也是亟待解答的问题。

（二）社会网络理论

社会网络理论认为，社会网络是由行动者与行动者之间相互依赖的关系组成的集合（Sloane 和 O' Reilly，2013）。社会网络中的行动者可以是个体或组织，嵌入在网络当中，其态度与行为相互影响、相互制约（Adler 和 Kwon，2002）。其中，集群现象是由地理上相对集中的组织构成的社会网络（杨勇、周勤，2013），是社会网络理论研究的一个重要方面。例如，Arikan（2009）研究了集群的知识创造能力对集群网络内企业整体创新的影响；Wang 等（2010）以中国深圳的信息与通信技术产业为研究对象，探讨了产业集聚对集群内企业间技术转移或知识溢出的作用。但是，现有关于集群的研究着重从宏观、整体的角度对集群社会网络的影响进行分析，鲜有从微观、个体的角度对集群网络内部单个行动者的作用进行关注。因此，本研究试图探讨供应商集群内非正式领导者的网络中心性在连带责任治理中的作用，以弥补这一理论空缺。

网络中心性是社会网络分析的基本概念，反映了行动者处于网络中心位置的状况（周密等，2009）。Ibarra（1993）认为，网络中心性是行动者权力的关键来源；处于网络中心位置的行动者可以控制相关资源，并获得更多利益。Ahearne 等（2013）的研究发现，具有强网络中心性的行动者在其所处网络中拥有两大关键优势：一是信息获取优势；二是声望优势。这些优势使其能够影响甚至控制网络内其他成员的态度与行为。可见，在供应商集群网络内，当某供应商相对来说与其他供应商有更多的直接联系时，它就具有很强的网络中心性（Freeman，1979），成为该网络中的非正式领导者，能够基于信息获取、声望等优势对其他成员进行指导、激励和监督（Zhang 等，2012）。那么，在实施连带责任治理的情况下，具有强网络中心性的供应商领导者将如何发挥这些优势并对连带责任治理的作用产生怎样的影响，是本研究拟将深入探讨的重要问题。

（三）渠道权力理论

西方理论界关于渠道权力的定义是一致的，即一个渠道成员对另一个在同一渠道中不同层级上的渠道成员的控制力或影响力。已有研究认为，渠道权力的来源有两种，一是渠道成员的依赖，二是社会权力基础，两者都意味着某渠道成员具有其他渠道成员需要的资源（张闯等，2012）。换言之，如果一个渠道成员拥有对另一个渠道成员有价值的资源，他就具备了对另一个渠道成员进行影响或控制的能力。因此，Gaski 和 Nevin（1985），Frazier 和 Summers（1986）也都认为，当一个渠道成员具有渠道权力时，就能够使另一个渠道成员去做他原本不会去做的事情。

在我国实践领域，核心企业与供应商集群之间是一种典型的单边依赖关系，前者作为占据更多市场资源的渠道成员，具有明显的渠道权力优势。而且，这种优势在双方签订合同阶段就已经植入二者关系之中，常被核心企业用于对供应商集群机会主义行为的管治（Hunt和Nevin，1974）。例如，曹艳爱（2014）研究发现，在我国“订单农业”经营模式中，由于与“小农户”集群之间的权力关系具有内在的不对等性，公司依靠渠道权力对他们进行治理是经常行为。已有研究认为，渠道权力的使用有利于实现渠道系统内的协调、整合与目标的达成（Frazier和Summers，1986），但鲜有研究对渠道权力与其他治理形式同时使用时的结果进行检验。基于此，本研究拟探讨核心企业在实施连带责任治理的情况下使用渠道权力可能产生的与预期不一致的影响。

三、研究假设与概念框架

（一）供应商之间的连带责任与机会主义行为

首先，供应商集群具备实施连带责任治理的基本条件。根据前文可知，实施连带责任治理的基本条件是被治理者之间具有地理临近或强关系嵌入的特性（Hermes和Lensink，2007）。在现实中，供应商集群往往聚集在同一地理区域内，形成稳定的区域化生产基地，比如黑龙江五常的稻米供应商集群、福建安溪的铁观音供应商集群等。可见，供应商集群具备地理临近这一条件。同时，供应商集群是一个相对封闭与稳定的系统，集群内部成员之间日常接触频繁，显然也具有强关系嵌入特征。以安溪铁观音供应商集群为例，毛茶供应商们长期聚居在同一乡镇或村落，除了与同一茶企进行合作外，相互之间还有业缘、人缘、亲缘等各种错综复杂的关系，关系嵌入程度非常高。

其次，在实施连带责任治理的情况下，供应商之间的连带责任会促使他们基于个体利益的考虑，主动利用自身有利条件进行相互监督，在抑制机会主义行为上起着积极作用。从本质上看，供应商作为独立的经济主体，是追求一己私利的“理性人”，所做的任何决策都是对未来收益与成本进行权衡之后的结果（Kumar等，2011）。因此，由于连带责任意味着某一成员的违约行为会损害其他成员的利益，负连带责任的供应商们会主动地相互监督，制止违约行为的发生，以避免自己的利益因之受损（张维迎、邓峰，2003）。

他们的横向监督活动表现为：留意、观察其他成员的行为表现；一旦发现某成员有违约倾向或采取违约行为，就会当面指出、聚众议论，甚至向核心企业举报（Loughry 和 Tosi，2008）。这些横向监督活动能够有效地抑制集群内供应商的机会主义行为，原因在于：第一，横向监督活动具有很强的信息优势和技术优势。由于聚集在一个相对封闭的地理区域，供应商之间的信息流动非常快，具有很强的信息内部共享特性（张维迎、邓峰，2003）。同时，集群内部会产生一种嵌入社会结构的共同集群文化，决定了供应商们在许多方面具有相似性（魏江、向永胜，2012），使他们了解彼此的活动习性，熟知彼此的行为习惯，在监督技术上具有明显优势。第二，横向监督活动起着激励机制的作用。在供应商网络内，负连带责任的成员之间关系嵌入程度非常高，除了共为核心企业的上游供应商之外，还存在其他的社会关系，在很多领域有着密切往来与合作。一旦某供应商的机会主义行为被其他成员发现或举报，会对他的个体声誉产生不良影响，继而影响到他在其他领域的合作关系的发展（Gonzalez 等，2014）。因此，横向监督活动能够激励供应商为“得到成员的认可和称赞”而采取符合“群体期望”的行动（Loughry 和 Tosi，2008），使机会主义行为得到有效抑制。

根据以上论述，本研究提出如下假设。

H1 供应商之间的连带责任负向影响供应商的机会主义行为。

（二）供应商领导者的网络中心性的作用

根据社会网络理论，集群内的供应商领导者具有很强的网络中心性，能够而且愿意对其他供应商成员进行指导、激励和监督（Zhang 等，2012），有利于机会主义行为的控制。一方面，供应商领导者可以利用自身在社会网络中的中心位置，与其他成员以多种非正式的方式进行互动与交流，获取私密信息，从而降低信息不对称程度，提高对他们进行监督的能力。另一方面，供应商领导者与很多成员建立了直接联系，是他们经常咨询、求助的对象，因而在网络内易于树立一种“专家”形象，形成声誉优势，提高了供应商领导者对其他成员态度和行为的影响力（Ahearne 等，2013）。由于供应商领导者自身也是集群网络内的成员，受到核心企业相关规定的制约，因此，他愿意利用自身的声誉影响力积极引导其他成员遵守相关规定，减少机会主义行为。

在实施连带责任治理的情况下，供应商领导者的网络中心性能够强化供应商之间的连带责任对其机会主义行为的抑制作用。首先，处于网络中心位置的供应商领导者能够在内部制定有影响力的行为规则（Hermes 等，2006）。这些规则的推行增加了供应商成员行为的透明度，使横向监督活动更易实施，且实施成本更低。因此，负连带责任的供应商进行相互监督的意愿更强（Giné 和 Karlan，2009）。其次，供应商领导者的强网络中心性意味着他有能力在社会网络内发起大量的集体活动，比如召集群体会议，定期拜访其他成员等。这些集体活动给其他成员提供了更多相互监督的渠道和机会，有利于提高连带责任治理的有效性（Hermes 等，2006）。第三，供应商领导者在一定程度上是“代理”核心企业对其他成员进行管治。因此，他的网络中心性越强，意味着连带责任这一惩罚策略的可置信程度越高，刺激其他成员进行横向监督的动机就越强烈，从而越有利于对机会主义行为的控制（Conning，2005）。据此，本研究提出如下假设。

H2a 供应商领导者的网络中心性负向影响其他成员的机会主义行为。

H2b 供应商领导者的网络中心性强化供应商之间的连带责任对供应商机会主义行为的负向影响。

（三）核心企业使用渠道权力的作用

根据渠道权力理论，拥有渠道权力的核心企业具有集群内供应商所需要的资源，以及由此派生出来的在必要时对供应商实施报复性惩罚的能力（庄贵军、周筱莲，2002）。因此，当核心企业使用渠道权力，采取针对供应商集群的治理策略与措施时，一方面，供应商出于与他维持长期关系以持续获取所需资源的愿望，会在遵守合同规定方面表现良好；另一方面，实施报复性惩罚这一能力具有威慑作用，使供应商不敢轻易违背核心企业的意愿，以免遭受报复。可见，核心企业对渠道权力的使用可以在一定程度上抑制集群内供应商的机会主义行为。

但是，在实施连带责任治理的情况下，核心企业对其渠道权力的使用程度并非越高越好。社会认同理论认为，对具有强关系特征的群体使用权力进行治理，会强化群体内的积极认同感和对群体外的消极偏见，进而引发不利于群体外对象的行为，甚至会出现集体隐瞒内部成员所犯错误的情形，导致“共谋”的结果，致使治理失效（Wieseke 等，2012）。根据前文分析，在实施连带责任治理的情况下，供应商网络内部成员的经济利益直接联系在一起，使原本就存在的强关系特征得到进一步强化。所以，核心企业若是一味地运用自身的渠道权力对负连带责任的供应商进行管治，不但不会促进供应商之间的相互监督，反而会引发他们共同的压力与抵触，甚至导致集体性违约行为（Kashyap 等，2012）。据此，本研究提出如下假设。

H3a 核心企业使用渠道权力负向影响供应商的机会主义行为。

H3b 核心企业使用渠道权力弱化供应商之间的连带责任对供应商机会主义行为的负向影响。

综上所述，本研究的概念框架如图 5-1 所示。

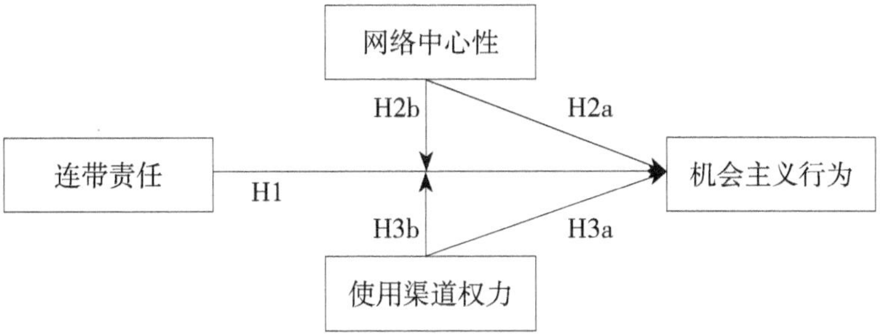

图 5-1 概念框架

四、研究方法

（一）样本选取与数据收集

本研究以我国一家茶叶出口企业的毛茶供应商集群为研究对象。该企业的供应商聚集在地理位置毗邻的四个乡镇，形成颇具规模的毛茶生产加工区域。由于我国乡镇地区至今仍保留较为显著的世代聚居特性，是一个相对封闭和传统的熟人社会，因此，该供应商集群具有地理临近和强关系嵌入的特征，具备对其实施连带责任治理的基本条件（Hermes 和 Lensink，2007）。为了解决供应商长期存在的机会主义行为这一“痼疾”，企业自 2006 年起引入连带责任治理形式，即：在供应商自愿加入的基础上，将他们分为若干小组，每组成员 6 ～ 12 家，并由内部推选一家供应商成员担任组长，组内所有成员对任一成员的违约行为负连带责任。具体地说，如果企业在无人举报的情况下发现某家供应商在种植茶叶过程中使用合同规定禁用的农药，就拒收该供应商所在小组全体成员当季所有的毛茶。

在问卷设计上，我们首先将前人研究采用的相关量表翻译成中文。为了确保概念等价性，由两个非相关专业的研究者对所有题目进行了还原翻译，并由三个营销相关领域的研究者对问卷进行了核查。之后，我们采取情景模拟的形式进行了一次有 10 个本科生小组（每组成员平均 7 人）参加的预备试验，并根据参与小组对问卷设计和措辞提出的意见进行了部分修改与调整。为了进一步确保变量测量的内容效度和表面效度，在企业负责人的帮助下，我们以问卷为提纲对企业的总经理和八个供应商代表进行了半结构化的深度访谈。以这些被访者的反馈为基础，问卷得到进一步的完善，确保逻辑与措辞等方面符合被调查者的实际文化水平与用语习惯，便于其正确理解与回答。

数据收集工作在企业的协助下从 2013 年 2 月持续到 5 月。本研究的分析单位是连带责任小组，剔除无效样本之后，最终的有效研究样本是 82 个由供应商组成的连带责任小组（共 246 个被调查者）。在被调查者的选择上，我们根据 Hermes 等（2005），Loughry 和 Tosi（2008）的建议，从每个连带责任小组中选择组长以及随机选取两名组员作为调查对象完成问卷填写工作。其中，关于连带责任、机会主义行为、小组规模与成员同质性的数据只由每组组长提供，因为这四个变量测量的是每组成员的客观情况，而组长是最可靠的信息源，单独由其提供答案可以避免信息的不一致性（Hermes 等，2005）。

（二）变量测量

本次调查的变量包括连带责任、网络中心性、使用渠道权力、机会主义行为、小组规模和成员同质性。为了与本研究的具体情境相吻合，同时也为了减少共同方法偏差问题的影响，我们在现有文献的基础上对这些变量的题项进行了适当调整。网络中心性和使用渠道权力的题项都使用 Likert 5 分等级量表，1 代表“从不”，5 代表“总是”。

连带责任。测量连带责任借鉴 Ahlin 等在小团体贷款情境下使用的方法。根据前文可知，在连带责任小组内，任一供应商的违约风险是整个小组当季毛茶都被企业拒收。从单个成员的角度看，若其当季毛茶产出量较大，意味着他因本组违约成员的机会主义行为而遭受的利益损失较大，因而承担的连带责任较大。由此推断，对于整个小组来讲，当季毛茶产出量较大的成员越多，该组承担的连带责任就越大。由于各个小组成员数不尽相同，且不同生产区域的小组之间的毛茶产出量差别较大，所以，本研究以每组所有成员的季度毛茶产出量的均值为分界点将成员划分为两类，一类是季度毛茶产出量大于或等于均值的“产出量较大的成员”，另一类是季度毛茶产出量小于均值的“产出量较小的成员”，然后计算出“产出量较大的成员”数占小组总成员数的比例。因此，最后用于统计分析的变量值是组内毛茶产出大于毛茶产出均值的供应商数在本组中所占比例，该比例越大，意味着该组所负的连带责任相对越大。

网络中心性。对网络中心性的测量借鉴 Ahearne 等（2013）用于测量区域经理在业务员网络中的网络中心性的方法。首先，通过向组内被调查者（不包括组长）询问“与组长交流种茶方面问题的频率”，获得关于成员与组长之间网络连带强度的计分，然后对其计分进行加权平均，计算出每组组长在其组内的网络中心性程度。

使用渠道权力。借鉴 Gaski 和 Nevin（1985）的量表对使用渠道权力进行测量，包括两个题项，反映核心企业对连带责任小组进行监督、质量检查的频率。Cronbach 的 alpha 值为 0.898。使用渠道权力的数据由包括组长在内的所有被调查者提供，最后用于统计分析的变量值是被调查者计分的均值。

机会主义行为。根据现有研究对小组层面败德行为的测量方法（Besley 和 Coate，1995；Hermes 等，2005），本研究通过计算“本组成员使用禁用农药的次数”来反映每组发生机会主义行为的实际情况。需要说明的是，由于每个连带责任小组成立的时间不一致，因此，最终用于数据分析的关于每组机会主义行为的数据是其年均次数。

控制变量。现有研究发现，小组规模（Ahlin 和 Townsend，2007；Loughry 和 Tosi，2008）、成员同质性（Cassar 等，2007）等因素会影响连带责任小组成员的行为表现。因此，本研究将这两个因素作为控制变量。小组规模即每组供应商成员的数目。成员同质性则用每个小组内属于亲属关系的供应商成员所占比例来表示（Cassar 等，2007）。

五、数据分析与结果讨论

（一）研究变量的描述性统计

对各研究变量进行相关性分析，以了解各变量之间的相关性状况是否与研究假设预测的趋势相符合。表 5-1 报告了各个变量的均值、标准差、变量之间的相关系数（表格左下方）以及研究样本量。其中，连带责任与网络中心性之间显著正相关（$r = 0.267$，$p < 0.05$），与使用渠道权力之间显著负相关（$r = -0.398$，$p < 0.05$），表明连带责任与二者之间存在方向相反的交互关系，与前文的相关研究假设一致，在一定程度上反映出本研

究思路的可行性。

（二）共同方法偏差

由于本研究所有测量指标来自同一份调查问卷，分析结果可能会受到共同方法偏差的影响。针对这个问题，我们首先在数据收集时进行程序控制，即由每组组长回答自变量、因变量和控制变量的问题，两个调节变量的计分则由每组多个被调查者提供，这在一定程度上减少了共同方法偏差的影响。进一步地，在数据收集完成后使用标记变量法进行统计检验。由于年龄与本研究模型中的所有变量没有理论上的关联，我们选择它作为标记变量进行偏相关分析，即控制年龄变量后对其他变量重新做相关性分析。结果显示（见表 5–1），重要变量之间的相关性没有发生显著变化。这表明共同方法偏差问题对本研究的影响不大。

表 5–1　均值、标准差和相关系数（$N = 82$ 个供应商小组）

	均值	标准差	1	2	3	4	5	6
1. 连带责任	0.486	0.143	**NA**	0.263*	−0.413**	−0.190	−0.223*	−0.208
2. 网络中心性	3.744	1.145	0.267*	**NA**	−0.465**	−0.294**	0.139	−0.357**
3. 使用渠道权力	3.321	0.803	−0.398*	−0.452**	**0.898**	−0.094	0.076	0.297**
4. 机会主义行为	1.764	0.630	−0.208	−0.299**	−0.128	**NA**	−0.253*	0.230*
5. 小组规模	7.561	1.398	−.175	0.153	0.114	−0.339**	**NA**	−0.025
6. 成员同质性	2.926	1.314	−0.196	−0.347**	0.306**	0.181	0.017	**NA**
7. 年龄（标记变量）	46.732	7.797	0.089	0.065	0.123	−0.321**	0.358**	0.112

注：（1）$^{**}p < 0.01$，$^{*}p < 0.05$，双尾检验。（2）以加粗后对角线数字为界，左下方为零阶相关系数，右上方为控制年龄（标记变量）后的相关系数。

（三）假设检验

本研究使用 SPSS19.0 软件，采用层级回归法对研究假设进行检验。第一步对控制变量进行回归分析（模型 1）；第二步将连带责任、网络中心性、使用渠道权力并入回归方程（模型 2）；第三步是分别将连带责任与网络中心性的交互项、连带责任与使用渠道权力的交互项并入回归方程（模型 3、4）。回归分析结果见表 5–2。

表 5-2 回归分析结果（$N = 82$ 个供应商小组）

变量	假设	机会主义行为			
		模型 1	模型 2	模型 3	模型 4
连带责任	H1		−0.311**	0.364	−1.119**
网络中心性	H2a		−0.299*	0.326	−0.335**
使用渠道权力	H3a		−0.395**	−0.385**	−1.036**
连带责任 × 网络中心性	H2b			−1.043*	
连带责任 × 使用渠道权力	H3b				0.831*
小组规模		−0.342**	−0.305**	−0.297**	−0.278**
亲属比例		0.186	0.142	0.167	0.192
R^2		0.150	0.333	0.377	0.372
调整后的 R^2		0.128	0.290	0.328	0.322
F 检验		6.946**	7.605***	7.577***	7.400***

注：***$p < 0.001$；**$p < 0.01$；*$p < 0.05$，双尾检验。

如表 5-2 所示，在模型 1 中，小组规模对机会主义行为有显著影响，但控制变量仅解释了机会主义行为的方差的 15%（$F = 6.946$，$p < 0.01$）。在模型 2 中，连带责任、网络中心性、使用渠道权力进入回归方程后，分析结果显示，连带责任与机会主义行为之间呈显著的负相关关系（$\beta = -0.311$，$p < 0.01$），表明随着供应商之间连带责任的增加，他们的机会主义行为会减少，H1 得到验证；网络中心性与机会主义行为之间也呈显著的负相关关系（$\beta = -0.299$，$p < 0.05$），表明随着供应商领导者网络中心性的增强，供应商成员的机会主义行为会减少，H2a 得到验证；此外，使用渠道权力与机会主义行为之间亦显著负相关（$\beta = -0.395$，$p < 0.01$），说明随着核心企业对渠道权力使用程度的增加，集群内供应商的机会主义行为也会减少，H3a 得到验证。

模型 3、4 分别考察了网络中心性、使用渠道权力对连带责任与机会主义行为之间关系的调节作用。其中，模型 3 在模型 2 的基础上加入了连带责任与网络中心性的交互项，回归分析结果显示，该交互项系数显著为负（$\beta = -1.043$，$p < 0.05$）。说明网络中心性这一调节变量对主效应的强化作用显著，表示供应商领导者的网络中心性越强，连带责任对机会主

义行为的抑制作用就越明显，H2b 得到验证。模型 4 在模型 2 的基础上加入了连带责任与使用渠道权力的交互项，回归分析结果显示，该交互项系数显著为正（β = 0.831，$p < 0.05$）。这表明使用渠道权力这一调节变量对主效应的弱化作用显著，意味着核心企业对渠道权力的使用程度越高，连带责任对机会主义行为的抑制作用会变弱，H3b 得到验证。

为了进一步证实网络中心性、使用渠道权力对连带责任与机会主义行为之间关系的影响，本研究绘制了二者的调节效应图（图 5–2）。如图 5–2（a）所示，在低网络中心性时，连带责任与机会主义行为之间呈微弱的负相关关系；在高网络中心性时，连带责任与机会主义行为之间呈现出显著的负相关关系，这表明供应商领导者的网络中心性会强化供应商之间的连带责任对供应商机会主义行为的抑制作用。由图 5–2（b）可知，在使用渠道权力较低的情况下，连带责任与机会主义行为之间关系呈现显著的负相关；而在使用渠道权力较高的情况下，连带责任与机会主义行为之间的负相关关系明显变弱。这表明核心企业对渠道权力的使用会弱化供应商之间的连带责任对其机会主义行为的抑制作用。综上所述，图 5–2 的结果进一步支持了假设 H2b 和 H3b，有力地验证了供应商领导者的网络中心性与核心企业使用渠道权力对连带责任与机会主义行为之间关系的截然相反的调节效应。

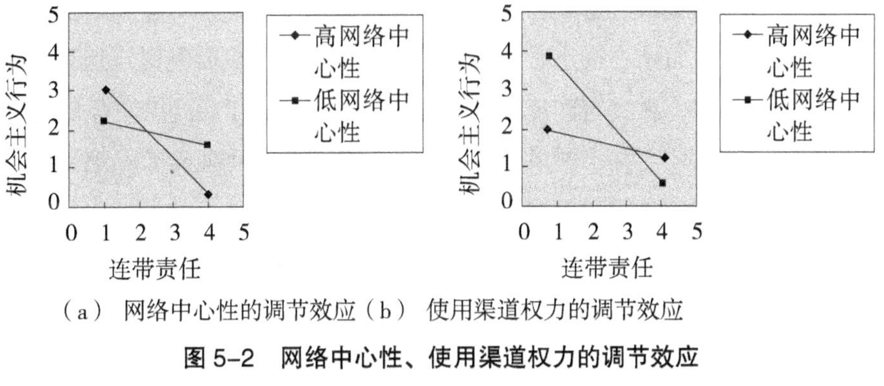

（a）网络中心性的调节效应（b）使用渠道权力的调节效应

图 5–2　网络中心性、使用渠道权力的调节效应

（四）结果讨论

通过对本研究提出假设的检验，得到以下研究结果。

（1）供应商之间的连带责任对供应商机会主义行为有显著的抑制作用。在集群网络内，当供应商成员共同对机会主义行为负有连带责任时，他们会出于利己的动机进行横向监督；由于具有较之核心企业更强的信息优势和监督技术优势，以及刺激供应商成员寻求符合所嵌入网络中“群体期望”的激励作用，供应商之间的横向监督活动能够使内部的机会主义行为得到有效控制。

（2）供应商领导者的网络中心性越强，越能抑制其他供应商成员的机会主义行为，并使供应商之间的连带责任对供应商机会主义行为的抑制作用得到强化。供应商领导者处于社会网络中心，能够通过信息优势和声望优势有效控制其他成员的机会主义行为。在实施连带责任治理的情况下，供应商领导者依然可以利用自身优势制定内部行为规则，发起集体活动，使负连带责任的供应商成员有更多相互监督的途径和机会；同时，其身份的特殊性提高了连带责任惩罚的可置信程度，因而强化了供应商成员因负连带责任而进行相互监督的动机，提高了连带责任的有效性。

（3）核心企业通过对渠道权力的使用能够减少集群内供应商的机会主义行为，但会弱化供应商之间的连带责任对供应商机会主义行为的抑制作用。一方的渠道权力意味着占有另一方所需的资源以及对其采取报复性惩罚的能力，因而核心企业对渠道权力的使用会对供应商集群起到有效的威慑作用。但是，在实施连带责任治理的情况下，由于负连带责任的供应商们在利益上休戚与共，关系嵌入程度非常高，核心企业若较多地使用渠道权力，对供应商进行频繁的监督与检查，就会强化他们的群体内社会认同和群体外消极偏见，使之对核心企业产生集体性的不满和反感，甚至引发共谋行为，导致连带责任治理失效。

六、结论

本研究以一家出口企业的 82 个供应商连带责任小组为样本，运用层级回归分析方法，考察供应商之间的连带责任、供应商领导者的网络中心性、核心企业使用渠道权力对供应商集群机会主义行为的影响，并探讨供应商领导者的网络中心性、核心企业使用渠道权力对连带责任与机会主义行为之间关系的调节作用。研究结果表明，随着供应商之间连带责任的增加，供应商的机会主义行为会减少；随着供应商领导者的网络中心性的增强，其他供应商成员的机会主义行为会减少，且供应商之间的连带责任对供应商机会主义的抑制作用会增强；随着核心企业对渠道权力使用程度的增加，集群内供应商的机会主义行为会减少，但供应商之间的连带责任对供应商机会主义的抑制作用会减弱。

本研究的理论贡献在于：第一，在小额贷款领域盛行的连带责任治理近年被越来越多的企业借鉴应用于对供应商集群的治理实践当中，但相关理论研究领域对这一现象的关注却处于滞后状态，现有关于连带责任治理的文献仍集中在小额贷款领域。本研究基于渠道关系情境探讨了核心企业对供应商集群实施连带责任治理的作用，研究发现供应商之间的连带责任能够刺激横向监督行为的产生，使机会主义行为得到有效控制。这是对连带责任治理研究在营销渠道情境中的一次有力推进。第二，引入网络中心性和使用渠道权力两个关键调节变量，分别从供应商集群内、外部的角度探究了影响连带责任治理效果的情境因素，有利于调和目前研究中关于连带责任治理作用的不一致观点。有研究发现，连带责任可以有效抑制机会主义行为的发生；也有研究认为，连带责任对机会主义行为的抑制作用并不显著，有时还会起反作用。本研究通过实证研究发现，供应商领导者的网络中心性越强，连带责任治理的效果越显著；核心企业若依赖于使用其渠道权力，连带责任治理的效果反而会变弱，甚至导致负连带责任的供应商串谋抵制核心企业的严重后果。这在一定程度上给连带责任治理失效现象找到了合理的理论解释。

在管理启示方面，本研究能够为与供应商集群合作的核心企业提供有益的借鉴和参考。第一，本研究有利于启发核心企业在渠道治理模式上的创新。目前，大部分核心企业通过与集群内供应商采取一对一的合同签订或建立关系规范的方式对他们进行治理。但近年来由供应商机会主义行为引发的质量问题事件频频发生，表明这些方式的治理效果不佳。根据本研究的结果，核心企业可采取连带责任治理，让地理毗邻的供应商共同对机会主义行为承担连带责任，充分刺激他们的“理性人”意识，促使其产生强烈的相互监督动机并积极付诸行动，使机会主义行为得到有效抑制，从而从渠道源头消除对企业产品质量不利的因素。

第二，本研究对核心企业如何有效实施连带责任治理具有直接的指导作用。一方面，核心企业应有节制地使用渠道权力。本研究的结果表明，在一般情况下，核心企业使用渠道权力能对供应商的机会主义行为起到一定的抑制作用。但是，针对具有连带责任关系的供应商集群，核心企业若频繁地使用渠道权力，不但会使渠道权力的威慑力失效，而且会激发他们的集体性抵制。因此，在实施连带责任治理时，核心企业应转变传统的治理思维，尽量减少对渠道权力的运用，以免妨碍连带责任治理作用的有效发挥。另一方面，核心企业应注重发挥供应商领导者的作用。本研究的结果显示，若处于网络中心的供应商领导者运用其影响力对其他成员进行管治，不仅不会引起他们的抵制，反而会促进他们的监督行动，有利于对机会主义行为的控制。因此，在具体实施连带责任治理时，核心企业应借力打力，依靠供应商领导者的监督技术、信息、声誉等优势去影响和控制其他供应商的态度与行为，从而在抑制机会主义行为上取得事半功倍的效果。

本研究还存在一定的局限性。首先，由于连带责任治理在我国供应商集群情境中的实践尚处于探索阶段，采用的企业不多且位于不同地理区域，因此，出于便利性和调查成本方面的考虑，本研究的调查对象只是一家企业的供应商集群，导致样本量不大，且所收集数据仅限于茶业这一单一行业。这些问题可能限制了本研究结论的应用价值和普适性。其次，在研究模型方面，本研究仅考虑了网络中心性和使用渠道权力两个变量对连带责任治理效果的调节作用。后续研究可以加入其他变量进行探讨，如社会连带、监督成本等，使关于连带责任治理边界条件方面的研究更加充分和深入。第三，在变量测量方面，除使用渠道权力变量之外，其他变量都是通过获取客观数据或使用单个题目进行测量。后续研究需要基于更深入的理论梳理与调研工作开发多题目测量量表，以更好地揭示导致客观行为的态度、意图等主观因素的特点。最后，本研究获取的数据是同一时点上的横截面数据。在今后的研究中应进行纵序研究设计，以对本研究模型所揭示的变量之间关系进行进一步的分析和检验。

本章小结

本章主要是对连带责任治理模式的实施效果进行探讨，即在核心企业与供应商集群的渠道关系情境下探讨连带责任治理对机会主义行为的作用，并将网络中心性和使用渠道权力变量纳入连带责任治理研究框架，考察二者对机会主义行为的影响以及对连带责任与机会主义行为之间关系的调节效应。本章以一家出口企业的供应商集群为研究对象，获得 82 个连带责任小组（共 246 个被调查者）样本的调查数据，应用 SPSS19.0 软件和层级回归法对研究假设进行检验。研究结果表明，供应商之间的连带责任对其机会主义行为有显著的抑制作用；供应商领导者的网络中心性负向影响其他供应商成员的机会主义行为，并强化连带责任对机会主义行为的抑制作用；核心企业通过使用渠道权力负向影响供应商集群的机会主义行为，但会弱化连带责任对机会主义行为的抑制作用。

参考文献

［1］Abrahamson E , Charles J F . Forging the iron cage: Interorganizational networks and the production of macro-culture[J]. Journal of Management Studies, 2007, 29(2):175-194.

［2］Abrahamson E , Charles J F . Macro cultures: Determinants and consequences［J］. Academy of Management Review, 1994, 19（4）: 728.

［3］Achrol R S . Changes in the theory of interorganizational relations in marketing: Toward a network paradigm[J]. Journal of the Academy of Marketing Science, 1997, 25(1):56.

［4］Adler P S, Kwon S W . Social capital : Prospects for a new concept［J］. Academy of Management Review, 2002, 27（1）: 17-40.

［5］Ahearne M, Lam S K, Hayati B, Kraus F. Intrafunctional competitive intelligence and sales performance : A social network perspective［J］. Journal of Marketing, 2013, 77（5）: 1-52.

［6］Ahearne Michael, MacKenzie Scott B, Podsakoff Philip M, Mathieu John E, Lam Son K. The role of consensus in sales team performance［J］. Journal of Marketing Research, 2010, 47（3）: 458-469.

［7］Ahlin C, Townsend R M. Using repayment data to test across models of joint liability lending [J] . The Economic Journal, 2007, 117 (517) : 11–51.

[8] Ahuja Gautam. Collaboration networks, structural holes, and innovation: A longitudinal study[J]. Administrative Sciense Quarterly, 2000, 45(3): 425–445.

[9] Alter C, Hage J. Organizations working together [M] . Newbury Park: CA: Sage, 1993.

[10] Amihud Y, Lev B. Risk reduction as a managerial motive for conglomerate mergers [J] . Bell Journal of Economics, 1981, 12 (2) : 605–616.

[11] Anderson J C, Gerbing D W. Structural equation modeling in practice: A review and recommended two–step approach [J] . Psychological Bulletin, 1988, 103 (3) : 411–423.

[12] Anderson J C, Narus J A. A model of the distributor' s perspective of distributor–manufacturer working relationships [J] . Journal of Marketing, 1984, 48 (4) : 62–74.

[13] Andrea Attar, Eloisa Campioni, Gwenal Piaser, Uday Rajand. On multiple–principal multiple–agent models of moral hazard [J] . Games & Economic Behavior, 2010, 68 (1) : 376–380.

[14] Andrew J, Noblet John J, Rodwell. Integrating job stress and social exchange theories to predict employee strain in reformed public sector contexts [J] . Journal of Public Administration Research and Theory, 2009, 19 (3) : 555–578.

[15] Ansari Asim, Koenigsberg Oded, Stahl Florian. Modeling multiple relationships in social networks [J] . Journal of Marketing Research, 2011, 48 (4) : 713–728.

[16] Anselmi K, Marquardt R A. A manufacturer' s dependence advantage and the reduction in distributor opportunism: The role of a benevolent perspective of governance [C] . American Marketing Association,

Conference Proceedings, 2000 (11): 325-337.

[17] Antia K D, Frazier G L. The severity of contract enforcement in interfirm channel relationships [J]. Journal of Marketing, 2001, 65 (4): 67-81.

[18] Antia Kersi D, Zheng Xu, Frazier Gary L. Conflict management and outcomes in franchise relationships: The role of regulation [J]. Journal of Marketing Research, 2013, 50 (5): 577-589.

[19] Ariane Lambert-Mogiliansky. On optimality of illegal collusion in contracts [J]. Review of Economic Design, 1998, 3 (4): 303-328.

[20] Arikan A T. Interfirm knowledge exchanges and the knowledge creation capability of clusters [J]. Academy of Management Review, 2009, 34 (4): 658-676.

[21] Armendariz de Aghion, Beatriz. On the design of a credit agreement with peer monitoring [J]. Journal of Development Economics, 1999, 60 (1): 79-104.

[22] Arnott R, Stiglitz J E. Moral hazard and nonmarket institutions: Dysfunctional crowding out of peer monitoring? [J]. American Economic Review, 1991, 81 (1): 179-190.

[23] Arrow Kenneth J. Essays on the theory of risk bearing [M]. Amsterdam: North Holland Publishing Company, 1974.

[24] Arrow Kenneth J. The economics of agency [C]. Principals and agents: The structure of business, Boston: Harvard Business School Press, 1985.

[25] Axelrod R. An evolutionary approach to norms [J]. American Political Science Review, 1985, 80 (4): 1055-1111.

[26] Bandiera O, Barankay I, Rasul I. Social incentives in the workplace [J]. Review of Economic Studies, 2010, 77 (2): 417-458.

[27] Baron R M, Kenny D A. The moderator-mediator variable distinction in

social psychological research: Conceptual, strategic, and statistical considerations [J] . Journal of Personality and Social Psychology, 1986, 51 (6) : 1173–1182.

[28] Barron J M, Gjerde K P. Peer pressure in an agency relationship [J] . Journal of Labor Economics, 1997, 15 (2) : 234–254.

[29] Befu H. Social exchange [J] . Annual Review of Anthropology, 1977, 6 (1) : 255–281.

[30] Bell S J, Tracey P, Heide J B. The organization of regional clusters [J] . Academy of Management Review, 2009, 34 (4) : 623–642.

[31] Bellemare C, Lepage P, Shearer B. Peer pressure, incentives, and gender: An experimental analysis of motivation in the workplace [J] . Labour Economics, 2010, 17 (1) : 276–283.

[32] Bergen M, Dutta S, Walker O C. Agency relationships in marketing: A review of the implications and applications of agency and related theories [J] . Journal of Marketing, 1992, 56 (3) : 1–24.

[33] Bergman E M. Industrial cluster sustainability at austria' s accession edge: Better or worse than regional sustainability? [C] . Environment and Sustainable Development in the New Central Europe: Austria and Its Neighbors, 2002, September: 19–21.

[34] Besley T, Coate S. Group lending, repayment incentives and social collateral [J] . Journal of Development Economics, 1995, 46 (1): 1–18.

[35] Blau Peter M. Exchange and power in social life [M] . New York: John Wiley & Sons Inc, 1964.

[36] Bodla Mahmood A, Afza T, Danish R Q. Relationship between organizational politics perceptions and employees' performance; mediating role of social exchange perceptions [J] . Pakistan Journal of Commerce & Social Sciences, 2014, 8 (2) : 426–444.

[37] Bond P, Rai A. Cosigned vs. group loans [J] . Journal of Development

Eeonomics，2008，85（1–2）：8–80.

[38] Borgatti S P，Foster P C. The network paradigm in organizational research：A review and typology [J] . Journal of Management，2003，29（6）：991–1013.

[39] Braddon Derek. The role of economic interdependence in the origins and resolution of conflict[J]. Revue D' é conomie Politique, 2012, 122(2): 299–319.

[40] Brown R. Cluster dynamics in theory and practice with application to Scotland [M] . European Policies Research Centre，University of Strathclyde，2000.

[41] Bruseo S. The idea of industrial districts：Its genesis [A] . in：Pyke F. and Sengenberger W.（eds）. Industrial districts and cooperation [C] . ILO，Geneva，1990（11）.

[42] Bryman Alan，Cramer Duncan. Quantitative data analysis with spss release 8 for windows：A guide for social scientists [M] . London and New York：Taylor & Francis Group，1999.

[43] Cai S，Yang Z，Hu Z. Exploring the governance mechanisms of quasi–integration in buyer–supplier relationships [J] . Journal of Business Research，2009，62（6）：660–666.

[44] Calv ó –Armengol A，Jackson M O. Peer pressure [J] . Journal of the Economic Association，2010，8（1）：62–89.

[45] Camerer C, Vepsalainen A. The economic efficiency of corporate culture[J]. Strategic Management Journal，1988，（9）：115–126.

[46] Caniëls M C J，Gelderman C J. Power and Interdependence in Buyer Supplier Relationships：A purchasing portfolio approach [J] . Industrial Marketing Management，2007，36（2）：219–229.

[47] Cao Yanai. " Company & peasant household " mode breach of contract and influencing factors analysis from perspective of channel power theory

[J]. Journal of Anhui Agriculture Science, 2014, 42 (15): 4880-4882, 4908.

[48] Carson Jay B, Tesluk Paul E, Marrone Jennifer A. Shared leadership in teams: An investigation of antecedent conditions and performance [J]. Academy of Management Journal, 2007, 50 (5): 1217-1234.

[49] Cassar A, Crowley L, Wydick B. The effect of social capital on group loan repayment: Evidence from field experiments [J]. The Economic Journal, 2007, 117 (517): 85-106.

[50] Catarina Roseira, Carlos Brito, Stephan C. Henneberg. Managing interdependencies in supplier networks [J]. Industrial Marketing Management, 2010, (39): 925-935.

[51] Charles D, Noussair C, Tucker S, Villeval M-C. Monetary and non-monetary punishment in the voluntary contributions mechanism.2001 (Working Paper).

[52] Che Y-K, Yoo S-W. Optimal incentives for teams [J]. American Economic Review, 2001, 91: 525-541.

[53] Chin W W, Salisbury W D, Pearson A W, Stollak M J. Perceived cohesion in small groups adapting and testing the perceived cohesion scale in a small-group setting [J]. Small Group Research, 1999, 30 (6): 751-766.

[54] Choi T Y, Wu Z. Taking the leap from dyads to triads: Buyer-supplier relationships in supply networks [J]. Journal of Purchasing and Supply Management, 2009, 15 (4): 263-266.

[55] Choudhury Y V, Sabherwal R. Portfolios of control in outsourced software evelopment projects [J]. Information Systems Research, 2003, 14 (3): 291-314.

[56] Chowdhury P R. Group-lending: Sequential financing, lender monitoring and joint liability [J]. Journal of Development Economics,

2005，77（2）：415–439.

[57] Chua C，Lim W，Soh C，et al. Enacting clan control in complex IT Projects：A social capital perspective [J] . Management Information Systems Quarterly，2012，36（2）：577–600.

[58] Conning J. Monitoring by delegates or by peers? Joint liability loans under moral hazard. Williams College，2005（Working Paper）.

[59] Cook T D，Campbell D T. Quasi–Experimentation：Design and analysis issues for field settings [M] . Chicago：Rand McNally，1979.

[60] Corbin Juliet，Strauss Anselm. Basics of qualitative research：Techniques and procedures for developing grounded theory [J] . Thousand Oaks Ca Sage Tashakkori A & Teddlie C，1998，36（100）：137—140.

[61] Coughlan Anne T. Pricing and the role of information in market，D. T. M.，Issues in Pricing [M] . Lexington：MA：Lexington Books，1988.

[62] Coyle S J，Conway N. Exchange relationships：Examining psychological contracts and perceived organizational support [J] . Journal of Applied Psychology，2005，90（4）：774–781.

[63] Crisan E，Parpucea I，Ilies L. The relation between supply chain performance and supply chain governance practices [J] . Management & Marketing Challenges for the Knowledge Society，2011，6（4）：637–644.

[64] Crosby Lawrence A，Evans Kenneth R，Cowles Deborah. Relationship quality in services selling：An interpersonal influence perspective [J] . Journal of Marketing，1990，54（July）：68–81.

[65] Crosno J L，Dahlstrom R. A meta–analytic review of opportunism in exchange relationships [J] . Journal of the Academy of Marketing Science，2008，36（2）：191–201.

[66] Cui Anna S，O' Connor Gina. Alliance portfolio resource diversity and firm innovation [J] . Journal of Marketing，2012，76（4）：24–43.

[67] Czinkota M, Kaufmann HR, Basile G. The relationship between legitimacy, reputation, sustainability and branding for companies and their supply chains. Industrial Marketing Management, 2014, 43 (1) : 91–101.

[68] Dahlstrom R, Nygaard A. An empirical investigation of ex post transaction costs in franchised distribution channels [J] . Journal of Marketing Research, 1999, 36 (2) : 160–170.

[69] David W Wallace, Jean L Johnson, Umesh U N. Multichannels strategy implementation: The role of channel alignment capabilities [J] . Decision Sciences, 2009, 40 (4) : 869–900.

[70] De Langen P. The performance of seaport clusters: A framework to analyze cluster performance and an application to the seaport clusters of durban, rotterdam and the lower mississippi [D] . Unpublished Doctoral Thesis, Erasmus University, 2004.

[71] De Propris L, Wei P. Governance and competitiveness in the birmingham jewellery district [J] . Urban Studies, 2007, 44 (12) : 2465–2486.

[72] Dei Ottati G. Trust, interlinking transactions and credit in the industrial district [J] .Cambridge Journal of Economics, 1994, 18 (6) : 529–546.

[73] Delgado J A P, Greer R D. The effects of peer monitoring training on the emergence of the capability to learn from observing instruction received by peers [J] . The Psychological Record, 2010, 59 (3) : 407–434.

[74] Denise M Rousseau, Sim B Sitkin, Ronald S Burt, Colin Camerer. Not so different after all: A cross–discipline view of trust [J] . Academy of Management Review, 1998, 23 (3) : 393–404.

[75] Dimmock James A, Grove J Robert, Eklund Robert C. Reconceptualizing team identification: New dimensions and their relationship to intergroup bias[J]. Group Dynamics: Theory, Research, and Practice, 2005, 9(2):

75-86.

[76] Dimoka Angelika. What does the brain tell us about trust and distrust? Evidence from a functional neuroimaging study [J] . Mis Quarterly, 2010, 34 (2) : 373-396.

[77] Dwyer F Robert, Schurr Paul H, Oh Sejo. Developing buyer-seller relationships [J] . Journal of Marketing, 1987, 51 (2) : 11-27.

[78] Dyer J, Nobeoka K. Creating and managing a high performance knowledge-sharing network: The toyota case [J] . Strategic Management Journal, 2002, 21 (2) : 345-367.

[79] Eccles RG. The quasifirm in the construction industry [J] . Journal of Economic Behavior and Organization, 1981, (2) : 335-357.

[80] Eisenhardt K M. Agency theory: An assessment and review [J] . Academy of Management Review, 1989, 14 (1) : 57-74.

[81] Eisenhardt K M. Building theories from case study research [J] . Academy of Management Reviewl, 1989, 14 (4) : 532-550.

[82] Eisenhardt K M. Control: Organizational and economic approaches [J] . Management Science, 1985, 31 (2) : 134-149.

[83] Elie Ofek, Zsolt Katona, Miklos Sarvary. "Bricks and clicks" : The impact of product returns on the strategies of multichannel retailers [J] . Marketing Science, 2011, 30 (1) : 42-60.

[84] Emerson Richard M. Social exchange theory [J] . Annual Review of Sociology, 1976 (2) : 335-362.

[85] Enrighi M J. The globalization of competition and the localization of competitive advantage: Policies toward regional clustering [M] . University of Strathclyde, 1998.

[86] Enright M J. Survey on the characterization of regional clusters: Initial results. Institute of Economic Policy and Business Strategy [M] . University of Hong Kong, 2000.

[87] Erica L Plambeck, Stefanos A Zenios. Performance-based incentives in a dynamic principal-agent model [J] . Manufacturing & Service Operations Management, 2000, 2 (2) : 240-263.

[88] Fama E, Jensen M. Separation of ownership and control [J] . Journal of Law and Economics, 1983, 26 (2) : 301-325.

[89] Fama E. Agency problems and the theory of the firm [J] . Journal of Political Economy, 1980, 88: 288-307.

[90] Faraj S, Sambamurthy V. Leadership of information systems development projects [J] . Engineering Management, IEEE Transactions on, 2006, 53 (2) : 238-249.

[91] Ferrara Eliana, La. Kin groups and reciprocity: A model of credit transactions in ghana.2003 (Working Paper) .

[92] Fischer P, Huddart S. Optimal contracting with endogenous social norms [J] . American Economic Review, 2008, 98 (4) : 1459-1475.

[93] Frazier G L, Summers J O . Perceptions of interfirm power and its use within a franchise channel of distribution [J] . Journal of Marketing Research, 1986, 23 (2) : 169-176.

[94] Frazier Gary L, Maltz E, Antia K D, Rindfleisch A. Distributor sharing of strategic information with suppliers [J] . Journal of Marketing, 2009, 73 (4) : 31-43.

[95] Fred Kofman, Jacques Lawarr é e. On the optimality of allowing collusion [J] . Journal of Public Economics, 1991, 61 (3) : 383-407.

[96] Freeman L C. Centrality in social networks conceptual clarification [J] . Social Networks, 1979, 1 (3) : 215-239.

[97] Freeman R B, Kruse D L, Blasi J R. Worker responses to shirking under shared capitalism [J] . National Bureau of Economic Research, 2010: 77-103.

[98] Fritz H, Mahringer M T, Valderrama A. Risk-oriented analysis of

regional clusters. Clusters and Regional Specialisation, Published by Pion Limited, 207 Brondesbury Park, London NW25JM, 1998.

[99] Fudenberg D, Holmstrom B, Milgrom P. Short-term contracts and long-term agency relationship [J] . Journal of Economic Theory, 1990 (51) : 1-31.

[100] Ganesan Shankar, Brown Steven P, Mariadoss Babu John, Ho Hillbun. Buffering and amplifying effects of relationship commitment in business-to-business relationships [J] . Journal of Marketing Research, 2010, 47 (2) : 361-373.

[101] Gargiulo M, Ertug G. The dark side of trust [M] . Cheltenham: Edward Elgar, 2006.

[102] Gaski J F, Nevin J R. The differential effects of exercised and unexercised power sources in a marketing Channel [J] . Journal of Marketing Research, 1985, 22 (2) : 130-142.

[103] Gassenheimer J B, Baucus D B, Baucus M S. Cooperative arrangements among entrepreneurs: An analysis of opportunism and communication in franchise structures [J] . Journal of Business Research, 1996, 36 (1) : 67-79.

[104] Gereffi G, Humphrey J, Sturgeon T. The governance of global value chains [J] . Review of International Political Economy, 2005, 12 (1) : 78-104.

[105] Geyskens I, Steenkamp Jbem, Scheer L K, Kumar N. The effects of trust and interdependence on relationship commitment: A trans-atlantic study[J]. International Journal of Research in Marketing, 1996, 13(4): 303-317.

[106] Ghatak M, Guinnane TW. The economics of lending with joint liability: Theory and practice [J] . Journal of Development Economics, 1999, 60 (1) : 195-228.

［107］Ghosh M，John G. When should original equipment manufacturers use branded component contracts with suppliers?［J］. Journal of Marketing Research，2009，46（5）：597–611.

［108］Giné X，Karlan D S. Group versus Individual Liability：Long term evidence from philippine microcredit lending groups. Economic Growth Center of Yale University，No.970.2009（Working Paper）.

［109］Gin é X，Karlan D S. Group versus individual liability：Short and long term evidence from philippine microcredit lending groups［J］. Journal of Development Economics，2014，107（1）：65–83.

［110］Glaser and Strauss. The discovery of grounded theory：Strategies for qualitative research［M］. London，Wisdenfeld and Nicholson，1967.

［111］Goh S K，Sandhu M S. Affiliation，reciprocal relationships and peer pressure in knowledge sharing in public universities in Malaysia［J］. Asian Social Science，2013，9（7）：211–225.

［112］Gomez R，Santor. Do peer group members outperform individual borrowers?：A test of peer group Lending using canadian micro–credit data. Bank of Canada，2003（Working Paper）.

［113］Gonzalez G R，Claro D P，Palmatier R W . Synergistic effects of relationship managers' social networks on sales performance［J］. Journal of Marketing，2014，78（1）：76–94.

［114］Gordon G C. Industry determinants of organizational culture［J］. Academy of Management Review，1991，16（2）：396–415.

［115］Gouldner A W . The norm of reciprocity: A preliminary statement[J]. American Sociological Review, 1960, 25(2):161–178.

［116］Graen G B，Uhl–Bien M. Relationship–based approach to leadership：Development of leader–member exchange theory of leadership over 25 years：Applying a multi–level multi–domain perspective［J］. The Leadership Quarterly，1995，6（2）：219–247.

[117] Granovetter M. Problems of explanation in economic sociology [C]. Networks & Organizations Structure Form & Action Boson. Boston: Harvard Business School Press, 1992.

[118] Grewal Rajdeep, Chakravarty Anindita, Saini Amit. Governance mechanisms in business-to-business electronic markets [J]. Journal of Marketing, 2010, 74 (4): 45-62.

[119] Grossman S, Hart O D. An analysis of the principal-agent problem [J]. Econometric, 1983, 51 (1): 7-46.

[120] Gu F F, Kim N, Tse D K, et al. Managing distributors' changing motivations over the course of a joint sales program [J]. Journal of Marketing, 2010, 74 (5): 32-47.

[121] Gu Flora F, Kim namwoon, Tse David K, et al. Managing distributors' changing motivations over the course of a joint sales program [J]. Journal of Marketing, 2010, 74 (5), 32-47.

[122] Gundlach G T, Cadotte E R. Exchange interdependence and interfirm interaction: Research in a simulated channel setting [J]. Journal of Marketing Research, 1994, 31 (4): 516-532.

[123] Hada Mahima, Grewal Rajdeep, Lilien Gary L. Supplier-selected referrals [J]. Journal of Marketing, 2014, 78 (March): 34 -51.

[124] Hakansson H, Snehota I. Developing relationships in business networks. london: routledge, 1995.

[125] Harmon Dion, Stacey Blake, Bar-Yam Yavni, Bar-Yam Yaneer. Networks of economic market interdependence and systemic risk [C]. Papers, 2010.

[126] Hayes A F. Introduction to mediation, moderation, and conditional process analysis: A regression-based approach [M]. New York: The Guilford Press, 2013: 448.

[127] Hayes Andrew F. Introduction to mediation, moderation, and

conditional process analysis: A regression-based approach [M]. Guilford Press, 2008.

[128] Heide J B, John G. Alliances in industrial purchasing: The determinants of joint action in buyer-supplier relationships [J]. Journal of Marketing Research, 1990, 27 (1): 24-36.

[129] Heide J B, John G. Do norms matter in marketing relationships? [J]. Journal of Marketing, 1992, 56 (2): 32-44.

[130] Heide J B, Kumar A, Wathne K H. Concurrent sourcing, governance mechanisms, and performance outcomes in industrial value chains [J]. Strategic Management Journal, 2014, 35 (8): 1164-1185.

[131] Heide J B, Wathne K H, Rokkan A I. Interfirm monitoring social contracts and relationship outcomes [J]. Journal of Marketing Research, 2007, 44 (3): 425-433.

[132] Heide J B. Interorganizational governance in marketing channels [J]. Journal of Marketing, 1994, 58 (1): 71-85.

[133] Hermes N, Lensink R, Mehrteab H T. Does the group leader matter? The impact of monitoring activities and social ties of group leaders on the repayment performance of group-based lending in Eritrea [J]. African Development Review, 2006, 18 (1): 72-97.

[134] Hermes N, Lensink R, Mehrteab H T. Peer monitoring, social ties and moral hazard in group lending programs: Evidence from Eritrea [J]. World Development, 2005, 33 (1): 149-169.

[135] Hermes N, Lensink R. The empirics of microfinance: What do we know? [J]. The Economic Journal, 2007, 117 (517): 1-10.

[136] Hodgson G M. Competence and contract in the theory of the firm [J]. Journal of Economic Behavior and Organization, 1998, 35 (2): 179-201.

[137] Holmstrom B. Moral hazard and observability [J]. Bell Journal of

Economics, 1979, 10 (1): 74–91.

[138] Homans George C. Social behavior as exchange [J]. American Journal of Sociology, 1958, 63 (6): 597–606.

[139] Homans George C. Social behavior [M]. New York: Harcourt–Brace, 1974.

[140] Homburg C, Klarmann M, Reimann M, Schilke O. What drives key informant accuracy? [J]. Journal of Marketing Research, 2012, XLIX (August): 594–608.

[141] Hoppner Jessica J, Griffith David A. The role of reciprocity in clarifying the performance payoff of relational behavior [J]. Journal of Marketing Research, 2011, 48 (5): 920–928.

[142] Hoskisson Robert E, Eden Lorraine, Lau Chung Ming, Wright Mike. Strategy in emerging economies [J]. Academy of Management Journal, 2000, 43 (3): 249–267.

[143] Hossain M. Credit for alleviation of rural poverty: The Grameen bank in Bangladesh. Intl Food Policy Res Inst, 1988.

[144] House R J, Aditya R N. The social scientific study of leadership: Quo vadis? [J]. Journal of Management, 1997, 23 (3): 409–473.

[145] Hu Qinfang, Chan S Fiona, Zhang Guangling, Yang Zhiling. The joint–liability mechanism: Controlling opportunism through peer monitoring among Chinese supplier groups [J]. Journal of Business & Industrial Marketing, 2016, 31 (5): 640–653.

[146] Huang Q, Nijs V R, Hansen K, Anderson E T. Wal–mart's impact on supplier profits [J]. Journal of Marketing Research, 2012, 49 (2): 131–143.

[147] Humphreys A. Megamarketing: The creation of markets as a social process [J]. Journal of Marketing, 2010, 74 (2): 1–19.

[148] Hunt S D, Nevin J R. Power in a channel of distribution: Sources and

consequences [J] . Journal of Marketing Research, 1974, 11 (2) : 186–193.

[149] Ibarra H. Network centrality, power, and innovation involvement : Determinants of technical and administrative roles [J] . Academy of Management Journal, 1993, 36 (3) : 471–501.

[150] Jacobides Michael G, Croson David C. Information policy: Shaping the value of agency relationships [J] . Academy of Management Review, 2001, 26 (2) : 202–223.

[151] Jagdish N. Sheth. Impact of emerging markets on marketing: Rethinking existing perspectives and practices [J] . Journal of Marketing, 2011, 75 (July) : 166–182.

[152] Jap S D, Anderson E. Safeguarding interorganizational performance and continuity under ex post opportunism [J] . Management Science, 2003, 49 (12) : 1684–1701.

[153] Jap S D, Robertson D C, Worline M C. The dark side of rapport: Agent misbehavior face–to–face and online [D] . Philadelphia: University of Pennsylvania, 2009.

[154] Jap Sandy D, Robertson Diana C, Rindfleisch Aric, Hamilton Ryan. Low–stakes opportunism [J] . Journal of Marketing Research, 2013, 50 (2) : 216–227.

[155] Jaworski B J, Macinnis D J. Marketing jobs and management controls: Toward a framework [J]. Journal of Marketing Research, 1989, 26(4): 406–419.

[156] Jaworski B J, Stathakopoulos V, Krishnan H S. Control combinations in marketing: Conceptual framework and empirical evidence [J] . Journal of Marketing, 1993, 57 (1) : 57–69.

[157] Jaworski B J. Toward a theory of marketing control: Environmental context, control types, and consequences [J] . Journal of Marketing,

1988, 52（3）: 23–39.

[158] Jensen M, Meckling W. Theory of the firm: Managerial behavior, agency costs, and ownership structure [J]. Journal of Financial Economics, 1976, 3（4）: 305–360.

[159] Jiang Ruihua Joy, Tao Qingjiu Tom, Santoro Michael D. Alliance portfolio diversity and firm performance [J]. Strategic Management Journal, 2010, 31（10）: 1136–1144.

[160] Jick T D. Mixing qualitative and methods: Triangulation in action [J]. Administrative Science Quarterly, 1979, 24（4）: 602–611.

[161] Johnson Colleen Leahy. Gift giving and reciprocity among the Japanese Americans in Honolulu 1 [J]. American Ethnologist, 1974, 1（2）: 295–308.

[162] Johnston W J, Le A N H, Cheng JMS. A meta-analytic review of influence strategies in marketing channel relationships [J]. Journal of the Academy of Marketing Science, 2017（12）: 1–29.

[163] Jones C, Hesterly W S, Borgatti S P. A general theory of network governance: Exchange conditions and social mechanisms [J]. Academy of Management Review, 1997, 22（4）: 911–945.

[164] Joseph K, Thevaranjan A. Monitoring and incentives in sales organizations: An agency-theoretic perspective [J].Marketing Science, 1998, 17（2）: 107–123.

[165] Joshi A W, Arnold S J. The impact of buyer dependence on buyer opportunism in buyer-supplier relationships: The moderating role of relational norms [J]. Psychology & Marketing, 1997, 14（8）: 823–845.

[166] Jung D F, Lake D A. Markets, hierarchies, and networks: An agent - based organizational ecology [J]. American Journal of Political Science, 2011, 55（4）: 972–990.

[167] Kahneman D, Slovic P, Tversky A. Heuristics and biases [M] . Cambridge University Press, 2002.

[168] Kahneman D, Tversky A. Prospect theory: An analysis of decision under risk [J] . The Econometric Society, 1979, 47 (2) : 263–292.

[169] Kandel E, Lazear E. Peer pressure and partnership [J] . Journal of Political Economy, 1992, 100: 801–817.

[170] Karlan D S. Social connections and group banking [J] . The Economic Journal, 2007, 117 (517) : 52–84.

[171] Kashyap V, Antia K D, Frazier G L. Contracts, extracontractual incentives, and ex –post behavior in franchise channel relationships [J] . Journal of Marketing Research, 2012, 49 (2) : 260–276.

[172] Kashyap V, Murtha B R. The joint effects of ex ante contractual completeness and ex post governance on compliance in franchised marketing channels [J] . Journal of Marketing, 2017, 81 (3) : 130–153.

[173] Kelley H H, Thibaut J W. Interpersonal relations: A theory of interdependence [M] . New York: Wiley, 1978.

[174] Kim S K, McFarland R G, Kwon S, Son S, Griffith D A. Understanding governance decisions in a partially integrated channel: A contingent alignment framework [J] . Journal of Marketing Research, 2011, 48 (3) : 603–616.

[175] Kirsch L J. Deploying common systems globally: The dynamics of control [J] . Information Systems Research, 2004, 15 (4) : 374–395.

[176] Kirsch L S, Kodg Haney M H. Investigating the antecedents of team–based clan control: Adding social capital as a predictor [J] . Organization Science, 2010, 21 (2) : 469–489.

[177] Kirsch L S. Portfolios of control modes and IS project management [J] .

Information Systems Research, 1997, 8 (3): 215–239.

[178] Kline R B. Software review: Software programs for structural equation modeling: Amos, EQS, and LISREL [J]. Journal of Psychoeducational Assessment, 1998, 16 (4): 343–364.

[179] Knez M, Simester D. Firm - wide incentives and mutual monitoring at continental airlines [J]. Journal of Labor Economics, 2001, 19 (4): 743–772.

[180] Kohli R, Kettinger W J. Informating the clan: Controlling physicians' costs and outcomes [J]. MIS Quarterly, 2004, 28 (3): 363–394.

[181] Krackhardt D. Groups, roles, and simmelian ties in organizations [D]. Pittsburgh: Carnegie Mellon University, 1995.

[182] Kreiner K, Schultz M. Informal collaboration in R & D: The formation of networks across organizations[J]. Organization Studies, 1993, 14(2): 189–209.

[183] Kumar A, Heide J B, Wathne K H. Performance implications of mismatched governance regimes across external and internal relationships [J]. Journal of Marketing, 2011, 75 (2): 1–17.

[184] Kumar N, Scheer L K. The effects of perceived interdependence on dealer attitudes [J]. Journal of Marketing Research, 1995, 32 (3): 348–356.

[185] Kwortnik Jr R J, Lynn W M, Ross Jr W T. Buyer monitoring: A means to insure personalized service [J]. Journal of Marketing Research, 2009, 46 (5): 573–583.

[186] Laffont JJ. Collusion and group lending with adverse selection [J]. Journal of Development Economics, 2003, 70: 329–348.

[187] Lam S, Kraus F, Ahearne M. The diffusion of market orientation throughout the organization: A social learning theory perspective [J]. Journal of Marketing, 2010, 74 (5): 61–79.

[188] Larson A. Network dyads in entrepreneurial settings: A study of the governance of exchange relationships [J] . Administrative Science Quarterly, 1992, 37 (1) : 76–104.

[189] Lebra T S. An alternative approach to reciprocity [J] . Am. Anthrop, 1975, 77 (3) : 550–565.

[190] Lee J. The alignment of contract terms for knowledge–creating and knowledge–appropriating relationship portfolios [J] . Journal of Marketing, 2011, 75 (4) : 110–127.

[191] Lepine J A, Dyne L V. Peer responses to low performers: An attributional model of helping in the context of groups [J] . Academy of Management Review, 2001, 26 (1) : 67–84.

[192] Lewicki Roy J, McAllister Daniel J, Bies Robert J. Trust and distrust: New relationships and realities [J] . Academy of Management Review, 1998, 23 (3) : 438–458.

[193] Li J. Team production with inequity–averse agents [J] . Portuguese Economic Journal, 2009, 8 (2) : 119–136.

[194] Liang Guo, Ganesh Iyer. Multilateral bargaining and downstream competition [C] . 2013 (Working Paper) .

[195] Liedorp F, Koetter M, Lelyveld I, Medema L, Koning R.H. Peer monitoring or contagion? Interbank market exposure and bank risk [C] . 2010 (Working Paper) .

[196] Lim Noah. Social loss aversion and optimal contest design [J] . Journal of Marketing Research, 2010, 47 (4) : 777–787.

[197] Lindell M K, Whitney D J. Accounting for common method variance in cross–sectional research designs [J] . Journal of Applied Psychology, 2001, 86 (1) : 114–121.

[198] Loughry M L, Tosi H L. Performance implications of peer monitoring[J]. Organization Science, 2008, 19 (6) : 876–890.

[199] Luo Y D. Opportunism in inter-firm exchanges in emerging markets [J]. Management and Organization Review, 2006, 2 (1): 121-147.

[200] Luo Y. Are joint venture partners more opportunistic in a more volatile environment? [J]. Strategic Management Journal, 2007, 28 (1): 39-60.

[201] Macneil Ian R. Contracts: adjustment of long-term economic relations under classical, neoclassical and relational contract law [J]. Northwestern University Law Review, 1978, 72 (6): 854-902.

[202] Macneil Ian R. The new social contract, an inquiry into modern contractual relations [M]. New Haven, CT: Yale University Press, 1980.

[203] Madajewicz M. Does the credit contract matter? The impact of lending programs on poverty in Bangladesh [C]. 2004 European University Institute Conference, 2004.

[204] March J G, Simon H A. Organizations [M]. New York: Wiley, 1958.

[205] Marshall A. Principles of Economics (8th edition) [M]. London: Macmillan, 1920.

[206] Masclet D, Noussair C, Tucker S, Villeval M C. Monetary and nonmonetary punishment in the voluntary contributions mechanism [J]. American Economic Review, 2001, 93 (1): 366-380.

[207] McFarland R G, Bloodgood J M, Payan J M. Supply chain contagion [J]. Journal of Marketing, 2008, 72 (2): 63-79.

[208] Miles R E, Snow C C. Causes of failures in network organizations [J]. California Management Review, 1992, 34 (4): 53-72.

[209] Miles R E, Snow C C. Organizations: New concepts for new forms [J]. California Management Review, 1986, 28 (3): 62-73.

[210] Mirrless J. The optimal structure of incentives and authority within an organization [J]. Bell Journal of Economics, 1976, 7 (1): 105-

131.

[211] Mitnick Barry M. The theory of agency and organizational analysis [C] . Annual Meeting of the American Political Science Association, 1987.

[212] Mohnen A, Pokorny K, Sliwka D. Transparency, inequity aversion, and the dynamics of peer pressure in teams: Theory and evidence [J] . Journal of Labor Economics, 2008, 26 (4) : 693–720.

[213] Molitemo T P, Mahony D M. Network theory of organization: A multilevel approach [J] . Journal of Management, 2011, 37 (2) : 443–467.

[214] Mooi E A, Ghosh M. Contract specificity and its performance implications [J] . Journal of Marketing, 2010, 74 (2) : 105–120.

[215] Morgan R T, Hunt S D. The commitment–trust theory of relationship marketing [J] . Journal of Marketing, 1994, 58 (3) : 20–38.

[216] M ü llersdorf M, Zander V, Eriksson H.. The magnitude of reciprocity in chronic pain management: Experiences of dispersed ethnic populations of muslim women [J] . Scandinavian Journal of Caring Sciences, 2011, 25 (4) : 637–645.

[217] Mytelka L, Farinelli F. Local clusters, innovation systems and sustained competitiveness[C]. UNU–INTECH Discussion Paper Series, 2000(4): 561–562.

[218] Nahapiet J, Ghoshal S. Social capital intellectual capital and the organizational advantage [J] . Academy of Management Review, 1998, 23 (2) : 242–266.

[219] Nair Harikesh S, Manchanda Puneet, Bhatia Tulikaa. Asymmetric social interactions in physician prescription behavior: The role of opinion leaders [J] . Journal of Marketing Research, 2010, 47 (5) : 883–895.

[220] Neter John, Wasserman William, Kutner Michael H. Applied linear

statistical models: Regression, analysis of variance, and experimental designs [M] . Homewood: Richard D. Irwin Inc, 1990.

[221] Noordewier TG, John G, Nevin JR. Performance outcomes of purchasing arrangements in industrial buyer–vendor relationships [J] . Journal of Marketing, 1990, 54 (4) : 80–93.

[222] Noordhoff C, Kyriakopoulos K, Moorman C, Pauwels P, Dellaert B. The bright side and dark side of embedded ties in business–to–business innovation [C] . ERIM Report Series Reference No. ERS–2011–008–MKT, 2011.

[223] Nunnally. Psychometric theory [M] . New York: McGraw–Hill, 1978.

[224] Okura M, Zhang W. Group lending model under sequential moves [J] . International Journal of Economics & Finance, 2012, 4 (5) : 1–13.

[225] Orr S W. The economics of shame in work groups: How mutual monitoring can decrease cooperation in teams [J] . KYKLOS, 2001, 54 (1) : 49–66.

[226] Ostrom Elinor. Collective action and the evolution of social norms [J] . Journal of Economic Perspectives, 2000, 14 (Summer) : 137–158.

[227] Ouchi W G, Price R L. Hierarchies, clans, and theory Z: A new perspective on organization development [J] . Organizational Dynamics, 1978: (3) ; 25–44.

[228] Ouchi W G. A conceptual framework for the design of organizational control mechanisms [J] . Management Science, 1979, 25 (9) : 833–848.

[229] Ouchi W G. Markets, bureaucracies, and clans [J] . Administrative Science Quarterly, 1980, 25 (1) : 129–141.

[230] Ouchi W G. The relationship between organizational structure and organizational control[J].Administrative Science Quarterly, 1977, 22(1): 95–113.

[231] Paal B, Wiseman T. Group insurance and lending with endogenous social collateral[J]. Journal of Development Economics, 2011, 94(1): 30–40.

[232] Palmatier Robert W, Dant Rajiv P, Grewal Dhruv, Evans Kenneth R. Factors influencing the effectiveness of relationship marketing: A meta–analysis [J] . Journal of Marketing, 2006, 70 (July) : 136–153.

[233] Palmatier Robert W. Interfirm relational drivers of customer value [J] . Journal of Marketing, 2011, 72 (July) : 76–89.

[234] Pasupuleti V. A study of joint liability versus individual liability in micro finance institute with respect to default rate (loan repayment) . SSRN 1745442, 2010 (Working Paper) .

[235] Paxton Julia, Graham Douglas, Thraen Cameron. Modeling group loan repayment behavior: New insights from burkina faso [J] . Economic Development and Cultural Change, 2000, 48 (3) : 639–655.

[236] Pechmann Cornelia, Wang Liangyan. Effects of indirectly and directly competing reference group messages and persuasion knowledge: Implications for educational placements [J] . Journal of Marketing Research, 2010, 47 (1) : 134–145.

[237] Pekka Y. la–Anttila. Industrial in change–how to stay competitive in the global competition [R] . The Seareh Institute of the Finnish eeonomy (ETLA) , Opening Seminar, Helsinki : Marina Congress Center, 2004 (6) .

[238] Peter A Bamberger, Racheli Levi. Team–based reward allocation structures and the helping behaviors of outcome–interdependent team members [J] . Journal of Managerial Psychology, 2009, 24 (4) : 300–327.

[239] Piore MJ, Sabel CF. The second industrial divide [M] . New York: Basic Books. 1984.

[240] Podsakoff Philip M, MacKenzie Scott B, Lee Jeong-Yeon, Podsakoff Nathan P. Common method biases in behavioral research: A critical review of the literature and recommended remedies [J]. Journal of Applied Psychology, 2003, 88 (5): 879-903.

[241] Polit D F, Beck C T. The content validity index: Are you sure you know what's being reported? critique and recommendations [J]. Research in Nursing & Health, 2006, 29 (5): 489-497.

[242] Pollack Jeffrey M, Vanepps Eric M, Hayes Andrew F. The moderating role of social ties on entrepreneurs' depressed affect and withdrawal intentions in response to economic stress [J]. Journal of Organizational Behavior, 2012, 33 (6): 789-810.

[243] Porter M E. Clusters and the new economics of competition. Watertown: Harvard Business Review, 1998.

[244] Porter M E. On competition [M]. Boston: Harvard Business School Publishing, 1998.

[245] Pouder R, St. John C. Hot spots and blind spots: Geographical clusters of firms and innovation [J]. Academy of Management Review, 1996, 2 (4): 1192-1196.

[246] Powell W W. Neither market nor hierarchy: Network forms of organization [J]. Research in Organizational Behavior, 1990, 12: 295-337.

[247] Powell W. Neither market nor hierarchy [J]. The Sociology of Organizations: Classic, Contemporary, and Critical Readings, 2003, 315: 104-117.

[248] Pratt John W. Risk aversion in the small and the large firm [J]. Econometrica, 1964, 32 (12): 122-136.

[249] Preacher K J, Rucker D D, Hayes A F. Addressing moderated mediation hypotheses: Theory, methods, and prescriptions [J].

Multivariate Behavioral Research, 2007, 42 (1): 185-227.

[250] Prouder Richard, John C H S. Hot spots and blind spots: Geographical clusters of firms and innovation [J]. Academy of Management Review, 1996, 21 (4): 1192.

[251] Provan K G, Kenis P. Modes of network governance: Structure, management, and effectiveness [J]. Journal of Public Administration Research and Theory, 2008, 18 (2): 229-252.

[252] Provan K G, Amy F, Joerg S. Interorganizational networks at the network level: A review of the empirical literature on whole networks[J]. Journal of Management, 2007, 33 (3): 479-516.

[253] Rabin M. Incorporating fairness into game theory and economics [J]. American Economic Review, 1993, 83 (5): 1281-1302.

[254] Rai Ashok S, Sjöström Tomas. Is grameen lending efficient? Repayment Incentives and Insurance in Village Economies [J]. Review of Economic Studies, 2004, 71 (1): 217-234.

[255] Rao Raghunath Singh, Chandy Rajesh K., Prabhu Jaideep C.. The fruits of legitimacy: Why some new ventures gain more from innovation than others [J]. Journal of Marketing, 2008, 72 (4): 58-75.

[256] Raykov T. Behavioral sacle reliability and measurement invariane evaluation using latent variable modeling [J]. Behavior Therapy, 2004, 35 (2): 299-331.

[257] Rhoades L, Eisenberger R. Perceived organizational support: A review of the literature [J]. Journal of Applied Psychology, 2002, 87 (4): 698-714.

[258] Rindfleisch Aric, Antia Kersi, Bercovitz Janet, Brown James R, Cannon Joseph, Carson Stephen J, Ghosh Mrinal, Helper Susan, Robertson Diana C, Wathne Kenneth H. Transaction costs, opportunism, and governance: Contextual considerations and future

research opportunities [J] . Marketing Letters, 2010, 21 (3) : 211-222.

[259] Rindfleisch H A. Organizational trust and interfirm cooperation: An examination of horizontal versus vertical alliances [J] . Marketing Letters, 2000, 11 (1) : 81-95.

[260] Rios Kimberly, Ybarra Oscar, Sanchez-Burks Jeffrey. Outgroup primes induce unpredictability tendencies under conditions of distrust [J] . Journal of Experimental Social Psychology, 2013, 49 (3) : 372-377.

[261] Roberta Dessi. Implicit contracts, managerial incentives and financial structure [J] . Journal of Economics & Management Strategy, 2001, 10 (3) : 359-390.

[262] Rodolfo V ά zquez-Casielles, Iglesias Victor, Varela-Neira Concepci ό n. Collaborative manufacturer-distributor relationships: The role of governance, information sharing and creativity [J] . Journal of Business & Industrial Marketing, 2013, 28 (8) : 620-637.

[263] Rogerson W. The first-order approach to principal-agent problems [J] . Econometrica, 1985 (53) .

[264] Rokkan A I, Heide J B, Wathne K.H. Specific investments in marketing relationships: Expropriation and bonding effects [J] . Journal of Marketing Research, 2003, 40 (2) : 210-224.

[265] Ross S. The economic theory of agency: The principals' problem [J] . American Economic Review, 1973, 63: 134-139.

[266] Rowe W G, Wright P M. Related and unrelated diversification and their effect on human resource management controls [J] . Strategic Management Journal, 1998, 18 (4) : 329-338.

[267] Ryu S, Min S, Zushi N. The moderating role of trust in manufacturer-supplier relationships [J] . Journal of Business & Industrial Marketing, 2008, 23 (1) : 48-58.

[268] Sacchetti S, Tomlinson P. Economic governance and the evolution of industrial districts under globalization: The case of two mature European industrial districts [J]. European Planning Studies, 2009, 17 (12): 1837–1859

[269] Sahlins M. Stone age economics [M]. New York: Aldine De Gruyter, 1972.

[270] Samha S A, Palmatier R W, Dant R P. Poisoning relationships: perceived unfairness in channels of distribution [J]. Journal of Marketing, 2011, 75 (3): 99–117.

[271] Sappington D. Incentives in principal–agent relationships [J]. Journal of Economic Perspectives, 1991, 5: 45–66.

[272] Sarin Shikhar, Challagalla Goutam, Kohli Ajay K. Implementing changes in marketing strategy: The role of perceived outcome–and process–oriented supervisory actions [J]. Journal of Marketing Research, 2012, 49 (4): 564–580.

[273] Schul Yaacov, Mayo Ruth, Burnstein Eugene. The value of distrust [J]. Journal of Experimental Social Psychology, 2008, 44 (5): 1293–1302.

[274] Schxnitz H. Collective effieiency: Growth path for small–scale industry[J]. Journal of Development Studies, 1995, 31 (4): 529–566.

[275] Scott A J. New industrial spaces: Flexible production organization and regional development in north America and western Europe [M]. London: Pion, 1989.

[276] Scott A J. Regions and the world economy: the Coming Shape of Global Production Competition and Political Order. Oxford: OUP, 1999.

[277] Seggie S H, Griffith D A, Jap S D. Passive and active opportunism in interorganizational Exchange [J]. Journal of Marketing, 2013, 77 (6): 73–90.

[278] Sewell G, Barker J R. Coersion versus care-using irony to make sense of organizational surveillance [J]. The Academy of Management Review, 2006, 31 (4): 934-961.

[279] Sharma M, Zeller M. Repayment performance in group-based credit programs in Bangladesh: An empirical analysis [J]. World Development, 1997, 25 (10): 1731-1742.

[280] Sheng S, Zhou K Z, Li J J. The effects of business and political ties on firm performance: Evidence from China [J]. Journal of Marketing, 2011, 75 (1): 1-15.

[281] Sidanius J, Pratto F, Laar CV, Levin S. Social dominance theory: Its agenda and method [J]. Political Psychology, 2004, 25 (6): 845-880.

[282] Sidanius Jim, Van Laar Colette, Levin Shana, Sinclair Stacey. Ethnic enclaves and the dynamics of social identity on the college campus: The good, the bad, and the ugly [J]. Journal of Personality and Social Psychology, 2004, 87 (1): 96-110.

[283] Sijtsma K. Reliability beyond theory and into practice [J]. Pcychometrika, 2009. 74 (1): 169-173.

[284] Skarmeas D, Katsikeas C S, Schlegelmilch B B. Drivers of commitment and its impact on performance in cross-cultural buyer-seller relationships: The importer' s perspective [J]. Journal of International Business Studies, 2002, 33 (4): 757-783.

[285] Skarmeas D. The role of functional conflict in international buyer-seller relationships: Implications for industrial exporters [J]. Industrial Marketing Management, 2006, 35 (5): 567-575.

[286] Sloane A, O' Reilly S. The emergence of supply network ecosystems: A social network analysis perspective [J]. Production Planning & Control: The Management of Operations, 2013, 24 (7): 621-639.

[287] Slotegraaf R J，Atuahene-Gima K. Product development team stability and new product advantage：The role of decision-making processes [J] . Journal of Marketing，2011，75（1）：96-108.

[288] Soda Giuseppe，Zaheer Akbar. A network perspective on organizational architecture：Performance effects of the interplay of formal and informal organization [J] . Strategic Management Journal，2012，33（6）：751-771.

[289] Sparrowe R T，Liden R C. Process and structure in leader-Member exchange [J] . Academy of Management Review，1997，22（2）：522-552.

[290] Stamer Jorg Meyer. Understanding the determinants of vibrant business development：The systemic competitiveness perspective [R] . www.mesopar2ner.com，Draft Paper，2003.

[291] Stephen A T，Galak J. The effects of traditional and social earned media on sales：A study of a microlending marketplace [J] . Journal of Marketing Research，2012：1-16.

[292] Stephen A T, Toubia O. Deriving value from social commerce networks[J]. Journal of Marketing Research，2010，47（2）：215-228.

[293] Stiglitz J E. Peer monitoring and credit markets [J] . The World Bank Economic Review，1990，4（3）：351-366.

[294] Storper M，Harrison B. Flexibility，hierarchy and regional development：The changing structure of industrial production systems and their forms of governance in the 1990s [J] .Research Policy. 1991，20（5）：407-422.

[295] Strauss Anselm，Corbin Juliet. Basis of qualitative research：Grounded theory pocedures and techniques [J] . Modern Language Journal，2006，77（2）：129.

[296] Strauss Anselm，Corbin Juliet. Grounded theory research：Procedures，

canons and evaluative criteria[J]. Qualitative Sociology, 1998, 13(1): 3–21.

[297] Strauss Anselm. Qualitative analysis for social scientists: Presenting case materials: Data and interpretations [M] . Cambridge, UK: Cambridge University Press, 1987.

[298] Stump R L, Heide J B. Controlling supplier opportunism in industrial relationships [J] . Journal of Marketing Research, 1996, 33 (4) : 431–441.

[299] Tassel EV. Group lending under asymmetric information [J] . Journal of Development Eeonomics, 1999, 60: 3–25.

[300] Thibaut J W, Walker L. Procedural justice: A psychological analysis. Hillsdale, NJ : Erlbaum, 1975.

[301] Thibaut John W, Kelley Harrold. The social psychology of groups [M] . New York: Wiley, 1959.

[302] Tracey Paul, Clerk Gordon L. Alliances, networks and competitive strategy: Rethinking clusters of innovation [J] . Growth & Change, 2003, 34 (1) : 1–16.

[303] Tsui A S. Contextualization in Chinese management research [J] . Management and Organization Review, 2006, 2 (1) : 1–13.

[304] Ulaga W, Reinartz W J. Hybrid offerings: How manufacturing firms combine goods and services successfully [J] . Journal of Marketing, 2011, 75 (6) : 5–23.

[305] Uslay Can, Altintig Z Ayca, Winsor Robert D. An empirical examination of the "rule of three" : Strategy implications for top management, marketers, and investors [J] . Journal of Marketing, 2010, 74 (2) : 20–39.

[306] Uzzi B. Social structure and competition in interfirm networks: The paradox of embeddedness [J] . Administrative Science Quarterly,

1997，（42）：35-67.

[307] Uzzi B. The sources and consequences of embeddedness for the economic performance of organizations: The network effect [J]. American Sociological Review, 1996, 61 (4): 674-698.

[308] Vinhas A S, Heide J B, Jap S D. Consistency judgments, embeddedness, and relationship outcomes in interorganizational networks [J]. Management Science, 2012, 58 (5): 996-1011.

[309] Wallenburg C M, Schäffler T. The interplay of relational governance and formal control in horizontal alliances: A social contract perspective [J]. Journal of Supply Chain Management, 2014, 50 (2): 41-58.

[310] Wang C C, Lin G C S, Li G. Industrial clustering and technological innovation in China: New evidence from the ICT industry in Shenzhen [J]. Environment and Planning, 2010, 42 (8): 1987-2010.

[311] Wang D T, Gu F F, Dong M C. Observer effects of punishment in a distribution network [J]. Journal of Marketing Research, 2013, 50 (5): 627-643.

[312] Wang X, Yang Z. Inter-firm opportunism: A meta-analytic review and assessment of its antecedents and effect on performance [J]. Journal of Business & Industrial Marketing, 2013, 28 (2): 137-146.

[313] Wathne K H, Heide J B. Opportunism in interfirm relationships: Forms, outcomes, and solutions [J]. Journal of Marketing, 2000, 64 (4): 36-51.

[314] Wathne K H, Heide J B. Relationship governance in a supply chain network [J]. Journal of Marketing, 2004, 68 (1): 73-89.

[315] Weber Alfred. Theory of the location of industries [M]. Chicago: University of Chicago Press, 1909.

[316] Wei Jiang, Xiang Yongsheng. Co-evolution of cultural embeddedness and industrial cluster' s development [J]. Studies in Dialectics of

Nature，2012，28（3）：114-118.

[317] Weijters B，Baumgartner H. Misresponse to reversed and negated items in surveys：A review [J] . Journal of Marketing Research，2012，XLIX（October）：1-11.

[318] Weitzman M L. The "ratchet principle" and performance incentives [J]. The Bell Journal of Economics，1980，11（1）：302-308.

[319] Welbourne T M，Balkin D B，Gomez-Mejia L R. Gainsharing and mutual monitoring：A combined agency-organizational justice interpretation [J] . Academy of Management Journal，1995，38（3）：881-899.

[320] Wenner MD. Group credit：A means to improve information transfer and loan repayment performance [J] .Journal of Development Studies，1995，32（2）：263-281.

[321] Wieseke J，Kraus F，Ahearne M，et al. Multiple identification foci and their countervailing effects on salespeople' s negative headquarters stereotypes [J] . Journal of Marketing，2012，76（3）：1-20.

[322] Wilkinson I. A history of network and channels thinking in marketing in the 20th century [J]. Australasian Journal of Marketing，2001，9（22）：23-53.

[323] Williamson O E，Ouchi W G. The narkets and hierarchies program of research：Origins，implications，prospects. Pennsylvania：University of Pennsylvania，center for the study of organizational innovation，1980.

[324] Williamson Oliver E. The theory of the firm as governance structure：From choice to contract [J] . Journal of Economic Perspectives，2002，16（3）：171-195.

[325] Wilson R. The structure of incentives for decentralization under uncertainty [M] . La Decision，1969.

[326] Winter E. Transparency and incentives among peers [J] . The RAND

Journal of Economics, 2010, 41 (3): 504–523.

[327] Wong A, Tjosvold D, Yu Z. Organizational partnerships in china: Self–interest, goal interdependence, and opportunism [J] . Journal of Applied Psychology, 2005, 90 (4): 782–791.

[328] Wu F, Sinkovics R R, Cavusgil S T, Roath A S. Overcoming export manufacturers' dilemma in international expansion [J] . Journal of International Business Studies, 2007, 38 (2): 283–302.

[329] Wu J B, Hom P W, Tetrick L E, Shore L M, Jia L, Li C, Song L J. The norm of reciprocity: Scale development and validation in the chinese context [J] . Management and Organization Review, 2006, 2 (3): 377–402.

[330] Wydick B. Group lending under dynamic incentives as a borrower discipline device[J]. Review of Development Economics, 2002, 5(3): 406–420.

[331] Wydick Bruce. Can social cohesion be harnessed to repair market failures? Evidence from group lending in Guatemala [J] . The Economic Journal, 1999, 109 (457): 463–475.

[332] Xu Jiang, Mei Li, Shanxing Gao, Yongchuan Bao, Jiang Feifei. Managing knowledge leakage in strategic alliances: The effects of trust and formal contracts[J]. Industrial Marketing Management, 2013, 42(6): 983–991.

[333] Yang Yong, Zhou Qin . Cluster networks, knowledge spillovers and entrepreneurship: Evidence from high–tech clusters in U.S. [J] . Journal of Industrial Engineering and Management, 2013, 27 (2): 32–37.

[334] Yang Z, Su C, Fam K S. Dealing with institutional distances in international marketing channels: Governance strategies that engender legitimacy and efficiency [J] . Journal of Marketing, 2012, 76 (3):

41–55.

[335] Yi Liu, Yadong Luo, Pianpian Yang, Vladislav Maksimov. Typology and effects of co–opetition in buyer–supplier relationships: Evidence from the Chinese home appliance industry [J] . Management and Organization Review, 2014, 10 (3) : 439–465.

[336] Yin R K. Applications of case study research [M] . Newburry Park CA: Sage, 1993.

[337] Yin R K. Case study research: Design and methods [M] . Beverly Hills, Calif: Sage Publications, 1984.

[338] Yin R K. The case study crisis: Some answers [J] . Administrative Science Quarterly, 1981, 26 (1) : 58–65.

[339] Zaheer Akbar, Gözüb ü y ü k Remzi, Milanov Hana. It's the connections: The network perspective in interorganizational research[J]. The Academy of Management Perspectives, 2010, 24 (1) : 62–77.

[340] Zeller, Manfred. Determinants of repayment performance in credit groups: The role of program design, intragroup risk pooling, and social cohesion [J] . Economic Development and Cultural Change, 1998, 46 (3) : 599–620.

[341] Zhang Chuang, Zhang Tao, Zhuang Guijun . Impacts of channel tie strength on the channel power exercises : From the perspective of relational embeddedness [J] . Journal of Management Science, 2012, 25 (3) : 56–68.

[342] Zhang Weiying, Deng Feng . Information, incentive and joint responsibility : A legal and economic interpretation of lian–zuo and bao–jia systems in ancient china [J] . Social Sciences in China, 2003, 141 (3) : 99–111.

[343] Zhang Z, Waldman D A, Wang Z. A Multilevel Investigation of Leader–Member Exchange, Informal Leader Emergence, and Individual and

Team Performance [J] . Personnel Psychology, 2012, 65 (1) : 49-78.

[344] Zhao Min, Xie Jinhong. Effects of social and temporal distance on consumers' responses to peer recommendations [J] . Journal of Marketing Research, 2011, 48 (3) : 486-496.

[345] Zhao Xinshu, Lynch John G, Chen Qimei. Reconsidering Baron and Kenny: Myths and truths about mediation analysis [J] . Journal of Consumer Research, 2010, 37 (2) : 197-206.

[346] Zhilin Yang, Chenting Su. Institutional theory in business marketing: A conceptual framework and future directions [J] . Industrial Marketing Management, 2014, 43: 721-725.

[347] Zhilin Yang, Chenting Su. Understanding asian business strategy: Modeling institution-based legitimacy-embedded efficiency [J] . Journal of Business Research, 2013, 66: 2369-2374.

[348] Zhou Kevin Zheng, Poppo Laura, Yang Z. Relational ties or customized contracts? An examination of alternative governance choices in China[J]. Journal of International Business Studies, 2008, 39 (3) : 526-534.

[349] Zhou Kevin Zheng, Poppo Laura. Exchange hazards, relational reliability, and contracts in China: The contingent role of legal enforceability[J]. Journal of International Business Studies, 2010, 41(5): 861-881.

[350] Zhou Mi, Zhao Xiping, Si Xunlian . An empirical study of relation between intra-team networks centrality, networks quality and knowledge transfer success [J] . Studies in Science of Science, 2009, 27 (9) : 1384-1392.

[351] Zhuang Guijun, Xu Wen, Zhou Xiaolian . The impact of relationship marketing orientation on marketing channel behaviors [J] . Journal of Industrial Engineering and Management, 2008, 22 (3) : 5-10.

[352] Zhuang Guijun, Zhou Xiaolian. Power, conflict and cooperation: Empirical research on channel behaviors between industrial and commercial enterprises in China [J]. Management World, 2002, 102 (3): 117-124.

[353] 彼得. 德鲁克. 管理——任务、责任、实践 [M]. 北京：社会科学出版社，1987.

[354] 蔡宁，杨旭. 协作行为对企业集群竞争力的影响 [J]. 徐州建筑职业技术学院学报，2002，2 (3): 1-2.

[355] 曹艳爱. "公司 + 农户"模式违约机理及影响因素分析——基于渠道权力理论的角度 [J]. 安徽农业科学，2014，42 (15): 4880-4882，4908.

[356] 常向群. 关系抑或礼尚往来？——江村互惠、社会支持网和社会创造的研究 [M]. 沈阳：辽宁人民出版社，2009.

[357] 陈伟，周文，郎益夫. 集聚结构、中介性与集群创新网络抗风险能力研究——以东北新能源汽车产业集群为例 [J]. 管理评论，2015，27 (10): 204-217.

[358] 陈晓萍，徐淑英，樊景立. 组织与管理研究的实证方法（第二版）[M]. 北京：北京大学出版社，2012.

[359] 陈晓萍，徐淑英，樊景立. 组织与管理研究的实证方法 [M]. 北京：北京大学出版社，2008.

[360] 陈支武，黄雅艳. 公司治理结构与公司社会责任履行 [J]. 湖南工业大学学报（社会科学版），2016，21 (2): 41-47.

[361] 戴圣（西汉）. 崔高维点校. 礼记 [M]. 沈阳：辽宁教育出版社，1997.

[362] 党兴华，常红锦. 网络位置、地理临近性与企业创新绩效——一个交互效应模型 [J]. 科研管理，2013，34 (3): 7-13.

[363] 费孝通，刘豪兴. 乡土中国 [M]. 北京：生活·读书·新知三联书店，1985.

［364］冯根福．双重委托代理理论：上市公司治理的另一种分析框架——兼论进一步完善中国上市公司治理的新思路［J］．经济研究，2004，（12）：16–25.
［365］冯小东．柔性制造背景下组织支持与员工绩效关系研究——基于社会交换理论以汽车产业一线生产员工为对象的研究［D］.吉林大学，2014.
［366］高阔，甘筱青．“公司＋农户”模式：一个文献综述（1986—2011）［J］.经济问题探索，2012，（2）：109–115.
［367］高维和，黄沛，王震国．渠道冲突管理的“生命周期观”-- 机会主义及其治理机制［J］．南开管理评论，2006，9（3）：28–33.
［368］工秉安．产业集群竞争力构成要素模型研究 -- 以晋江运动鞋产业集群为例［J］．福建行政学院福建经济管理干部学院学报，2005，（2）：42–44.
［369］何慧超．团体贷款对我国村镇银行的适用性研究［D］．中国政法大学，2013.
［370］胡克敏，郭锦墉．商品契约中农户违约行为研究的文献综述［J］．商业研究，2008，（6）：194–197.
［371］胡琴芳，张广玲，国外小团体治理模式研究的进展与启示［J］．学习与实践，2015，（2）：51–59.
［372］胡琴芳，张广玲，江诗松，周南．基于连带责任的供应商集群内机会主义行为治理研究——一种网络治理模式［J］．南开管理评论，2016，（1）：97–107.
［373］胡琴芳，张广玲，寿志钢．渠道关系中连带责任对机会主义行为的影响机制研究：网络治理视角［C］．2016 中国市场营销国际学术年会，2016 年 7 月．
［374］黄程，符正平．珠江三角洲地区企业集群的分类及其特征［J］．管理评论，2003，15（6）：59–61.
［375］黄光国，胡先缙．人情与面子：中国人的权力游戏［M］．北京：

中国人民大学出版社，2010.
[376] 黄光国 . 人情与面子 [J] . 经济社会体制比较，1985，（3）：55-62.
[377] 贾雷，周星，朱晓倩 . 不信任研究脉络梳理与未来展望 [J] . 外国经济与管理，2012，34（8）：73-80.
[378] 李飞，王高，杨斌，等 . 高速成长的营销神话——基于中国 10 家成功企业的多案例研究 [J] . 管理世界，2009，（2）：138-151.
[379] 李怀祖 . 管理研究方法论 [M] . 西安：西安交通大学出版社，2004.
[380] 李惠娟 . 我国中小企业集群的特点、存在问题及对策 [J] . 经济与社会发展，2005，3（12）：79-81.
[381] 李军训，王岳龙，彭苏秦 . 基于模糊综合评价法的我国纺织产业集群风险研究 [J] . 科技管理研究，2013，33（5）：159-162.
[382] 李丽君，黄小原 . 委托代理理论方法在产品定价中的应用 [J] . 中国软科学，2003，（8）：135-137.
[383] 李平，曹仰锋 . 案例研究方法：理论与实例——凯瑟琳·艾森哈特论文集 [M] . 北京大学出版社，2012.
[384] 李双燕，万迪昉 . 互惠对工作要求—工作满意度曲线关系的调节作用 [J] . 南开管理评论，2008，11（6）：103-109.
[385] 李晓凤，佘双好 . 质性研究方法 [M] . 武汉：武汉大学出版社，2006.
[386] 李星 . 企业集群创新网络多主体合作创新机理研究 [D] . 武汉大学，2011.
[387] 栗志坤，零售连锁分店店长的激励与约束——一个委托代理理论分析 [D]，山东大学，2010
[388] 梁颖琳，向家宇 . 现代社会交换理论思想渊源述评 [J] . 今日南国，2009，124（5）：218-220.
[389] 刘军 . 一般化互惠：测量、动力及方法论意涵 [J] . 社会学研究，

2007，（1）：99–114.

[390] 刘善庆，叶小兰，陈文华. 基于AHP的特色产业集群竞争力分析——以赣、粤、闽陶瓷特色产业集群为例[J]. 中国软科学，2005，（8）：141–146.

[391] 刘学，项晓峰，林耕，等. 研发联盟中的初始信任与控制战略：基于中国制药产业的研究[J]. 管理世界，2007，（11）：90–100.

[392] 刘有贵，蒋年云. 委托代理理论述[J]. 学术界，2006，116（1）：69–78.

[393] 刘中艳，李明生. 旅游产业集群竞争力测度的GEMS模型构建及应用[J]. 经济地理，2013，33（11）：187–192.

[394] 卢杰. 家具产业集群竞争力比较研究——基于江西南康、广东顺德、四川新都家具产业集群的比较[D]. 南昌大学，2009.

[395] 陆少波. 产业集群竞争力影响因素的理论探究[D]. 上海交通大学，2005.

[396] 罗伯特·K·殷. 案例研究：设计与方法[M]. 周海涛，李永贤，李虔，译. 重庆：重庆大学出版社，2004.

[397] 罗家德. 中国商道：社会网与中国管理本质[M]. 北京：社会科学文献出版社，2011.

[398] 吕力. 案例研究：目的、过程、呈现与评价[J]. 科学学与科学技术管理，2012，33（6）：30–35.

[399] 马飞，赵予新. "订单"模式下的农户机会主义行为的分析和治理[J]. 农村经济与科技，2008，19（7）：32–33.

[400] 马林诺夫斯基. 西太平洋的航海者[M]. 梁永佳，李绍明，译. 北京：华夏出版社，2002.

[401] 马歇尔·萨林斯. 石器时代经济学[M]. 张经纬，郑少雄，张帆，译. 北京：生活·读书·新知三联书店，2009.

[402] 毛基业，李晓燕. 理论在案例研究中的作用——中国企业管理案例论坛（2009）综述与范文分析[J]. 管理世界，2010，（2）：

113-140.
[403] 孟令国. 声誉的隐性激励效应分析 [J]. 经济与社会发展，2005, 3 (2): 35-38.
[404] 孟令国. 中国企业管理层隐性激励机制研究——兼论显性激励的不完全性 [D]. 暨南大学，2005.
[405] 邱学文. 中国农村集群型企业的特点、趋势及推广条件 [J]. 中国农村经济，2002 (8): 53-57.
[406] 任星耀，廖隽安，钱丽萍. 相互依赖不对称总是降低关系质量吗? [J]. 管理世界，2009, (12): 92-105.
[407] 任星耀，朱建宇，钱丽萍，等. 渠道中不同机会主义的管理：合同的双维度与关系规范的作用研究 [J]. 南开管理评论，2012, 15 (3): 12-21.
[408] 宋镇照. 社会学 [M]. 台北：五南图书出版社，1997.
[409] 陶建平，谭偲凤. 新型农业经营主体联保贷款的机制设计：基于多任务委托代理理论的分析 [J]. 金融经济学研究，2016, 31 (5): 106-116.
[410] 涂国平，冷碧滨. 基于博弈模型的“公司 + 农户”模式契约稳定性及模式优化 [J]. 中国管理科学，2010, 18 (3): 148.
[411] 王爱群，夏英. 合同关系与农业垂直一体化应用比较研究 [J]. 农业经济问题，2006, (7): 38-40.
[412] 王炳成，李洪伟. 丰田生产模式的实现基础研究——供应商集群的视角 [J]. 技术经济与管理研究，2009, (6): 120-124.
[413] 王发明，周颖，周才明. 基于组织生态学理论的产业集群风险研究 [J]. 科学学研究，2006, 24 (8): 79-82.
[414] 王缉慈. 关于我国服装业的地方集群战略研究 [J]. 江苏纺织，2002, (11): 5-11.
[415] 王剑，陈运森. 委托代理理论抑或行为科学? ——相对业绩评价理论基础的实证检验 [J]. 经济管理，2011, 33 (10): 58-69.

[416] 王铭铭 . 西方人类学名著提要 [M] . 南昌：江西人民出版社，2004.

[417] 王文莉，孙倩，胡平仂 . 农村信用社最优股权结构问题研究——基于双重委托代理理论的实证分析 [J] . 宏观经济研究，2015，(11)：93-105.

[418] 王文亮，孟丽莎，冯军政 . 民营科技企业集群生命周期特点与战略选择 [J] . 经济经纬，2005，(3)：116-119.

[419] 王艳梅，赵希男，郭梅 . 同事压力与团队激励关系的模型分析 [J] . 管理工程学报，2008，22 (3)：138-140.

[420] 魏江，向永胜 . 文化嵌入与集群发展的共演机制研究 [J] . 自然辩证法研究，2012，28 (3)：114-118.

[421] 魏江，周泯非 . 产业集群治理：理论来源、概念与机制 [J] . 管理学家：学术版，2009，(6)：50-59.

[422] 魏钧，陈中原，张勉 . 组织认同的基础理论、测量及相关变量 [J] . 心理科学进展，2007，15 (6)：948-955.

[423] 温忠麟，张雷，侯杰泰，刘红云 . 中介效应检验程序及其应用 [J] . 心理学报，2004，36 (5)：614-620.

[424] 吴海平，宣国良 . 价值网络的本质及其竞争优势 [J] . 经济管理，2002，(24)：11-17.

[425] 吴继红 . 基于社会交换理论的双向视角员工——组织关系研究 [D] . 四川大学，2006.

[426] 吴明隆，涂金堂 . SPSS 与统计应用分析 [M] . 大连：东北财经大学出版社，2012.

[427] 吴明隆 . 结构方程模型——AMOS 的操作与应用 (第 2 版) [M] . 重庆：重庆大学出版社，2010.

[428] 向希尧，朱伟民 . 基于资源基础理论的产业集群竞争优势分析 [J] . 经济与管理，2005，19 (11)：16-19

[429] 肖斌卿，黄金，瞿慧 . 产业集群关联度、集群企业信贷可得与风险

传染［J］. 产业经济研究，2016，（2）：74-86.

［430］谢清隆. 社会交换理论视域下的运动员学习成效研究——以台湾地区大专院校甲组体育运动员为例［D］. 苏州大学，2011.

［431］徐占忱，何明升. 论企业集群的生产力属性及其特点［J］. 生产力研究，2005，（5）：66-68.

［432］薛薇. 统计分析与 SPSS 的应用［M］. 北京：中国人民大学出版社，2011.

［433］杨勇，周勤. 集群网络、知识溢出和企业家精神——基于美国高科技产业集群的证据［J］. 管理工程学报，2013，27（2）：32-37.

［434］姚小涛，席酉民. 社会网络理论及其在企业研究中的应用［J］. 西安交通大学学报（社会科学版），2004，23（3）：22-27.

［435］伊志宏，宋华，于亢亢. 基于资源整合的技术创新模式：神华集团的案例研究［J］. 管理案例研究与评论，2008，1（1）：1-13.

［436］张闯，张涛，庄贵军. 渠道关系强度对渠道权力应用的影响——关系嵌入的视角［J］. 管理科学，2012，25（3）：56-68.

［437］张闯，秦冬露. 渠道建言与渠道沉默：概念模型与研究命题［J］. 经济管理，2016，（11）：131-145.

［438］张闯，社会网络视角下的渠道权力结构与策略研究［M］. 大连：东北财经大学出版社，2008.

［439］张闯. 渠道权力结构的过度倾斜与权力失效_基于农产品营销渠道的研究［J］. 财经论丛，2006，125（5）：96-101.

［440］张广玲，胡琴芳. 连带责任治理在供应商集群中的有效性研究［J］. 管理科学，2014，（4）：23-32.

［441］张江华. 卡里斯玛、公共性与中国社会有关差序格局的再思考［J］. 社会，2010，30（5）：1-24.

［442］张维迎，邓峰. 信息，激励与连带责任——对中国古代连坐、保甲制度的法和经济学解释［J］. 中国社会科学，2003，141（3）：99-112.

[443] 张伟，刘兴坤 . 国外团体贷款激励研究述评 [J] . 外国经济与管理，2012，34（4）：11–28.

[444] 张霞 . 案例研究方法的规范性及现状评估——中国企业管理案例论坛（2007）综述 [J] . 管理世界，2008，4（1）：115–121.

[445] 张新安，何惠，顾锋 . 家长式领导行为对团队绩效的影响：团队冲突管理方式的中介作用 [J] . 管理世界，2009，（3）：121–133.

[446] 郑风田，郎晓娟 . 小额信贷“株连制”模式研究述评 [J] . 经济学动态，2009，（4）：127–132.

[447] 郑胜利 . 经济体制转轨时期中国产业集群研究 [D] . 福建师范大学，2003.

[448] 郑志刚 . 经济学视角下的古代连坐和保甲制度——对《信息、激励与连带责任》一文的评论 [J] . 学术界，2004，107（4）：257–260.

[449] 周立群，曹利群 . 农村经济组织形态的演变与创新 [J] . 经济研究，2001，（1）：69–75.

[450] 周立群，邓宏图 . 为什么选择了“准一体化”的基地合约——来自塞飞亚公司与农户签约的证据 [J] . 中国农村观察，2004，（3）：2–11.

[451] 周密，赵西萍，司训练 . 团队成员网络中心性、网络信任对知识转移成效的影响研究 [J] . 科学学研究，2009，27（9）：1384–1392.

[452] 周泯非 . 集群治理与集群学习间关系及共同演化研究 [D] . 浙江大学，2011.

[453] 周荣华，张明林 . 绿色食品生产中农户机会主义治理分析 [J] . 农村经济，2013，（1）：119–122.

[454] 周志娟，金国婷 . 社会交换理论综述 [J] . 中国商界，2009，（1）：281.

[455] 朱方伟，王莉莹，王国红 . 基于成长特性的高新技术产业集群风险

研究［J］. 研究与发展管理，2004，16（4）：8-13.

［456］朱小斌，林庆. 中小企业集群竞争优势来源的演化差异——基于浙江绍兴纺织业集群的案例研究［J］. 管理世界，2008，（10）：75-86.

［457］庄贵军，周筱莲. 权力、冲突与合作：中国工商企业之间渠道行为的实证研究［J］. 管理世界，2002，102（3）：117-124.

［458］邹文篪，田青，刘佳. "投桃报李"——互惠理论的组织行为学研究述评［J］. 心理科学进展，2012，20（11）：1879-1888.